김정은 시대의 북한

: 정치사상·경제·문학예술·대남전략

지은이 한승호

아주대학교 교양대학 겸임조교수다. 동국대학교에서 북한학 박사학위를 받았다. 대통령 직속 통일준비위원회 전문관, 북한연구학회 대외협력이사로 활동했다.
주요 저서로 『북한의 조선예술영화』(2018), 『NK POP 북한의 전자음악과 대중음악』(2018), 『공화국의 립스틱』(2021) 등이 있다. "Implications of the Kim Jong-un Regime's Political Ideologies"(2018) 등 30편 이상의 논문을 KCI, SSCI 등 등재학술지에 게재했다.

김정은 시대의 북한
: 정치사상·경제·문학예술·대남전략

© 한승호, 2022

1판 1쇄 인쇄__2022년 05월 10일
1판 1쇄 발행__2022년 05월 15일

지은이__한승호
펴낸이__양정섭

펴낸곳__경진출판
　　　　등록__제2010-000004호
　　　　이메일__mykyungjin@daum.net
　　　　사업장주소__서울특별시 금천구 시흥대로 57길(시흥동) 영광빌딩 203호
　　　　전화__070-7550-7776　팩스__02-806-7282

값 17,000원
ISBN 978-89-5996-879-4 93340

김정은 시대의 북한

: 정치사상·경제·문학예술·대남전략

한승호 지음

2008년 8월 김정일 와병설 이후 우리 사회에서는 김정일의 수명이 길지 않았다는 것을 어느 정도 예상했다. 그럼에도 불구하고 2011년 12월 17일 김정일의 사망은 우리 사회에서 급작스러운 일이었다. 김정일의 사망으로 우리 사회 전문가들의 북한 전망은 각기 다양했다.

1994년 7월 8일 김일성 사망 당시와 마찬가지로 북한 급변사태가 발생할 것이라는 예측, 군부 집단지도체제가 등장할 것이라는 전망, 후견인(장성택)의 섭정체제로 정치체제가 유지될 것이라는 예상 등 다양한 주장들이 난무했다. 북한의 주체사상을 제대로 연구했다면 김일성 직계 외의 장성택이나 집단지도체제 등의 전망을 하기란 쉽지 않다. 김정은 체제가 들어선 지 10년차가 되어가는 시점에서 섭정 혹은 북한 급변사태, 군부도발 가능성과 같은 주장들이 실제 일어날 가능성은 희박해 보인다.

2013년 12월 12일 장성택은 처형되었고, 군부의 위상이 김정일 시대와 달리 점점 약화되어 가고 있다는 것은 김정은 권력 기반이 결코 취약하지 않다는 것을 보여주는 단적인 예이다. 뿐만 아니라 김정은 시대에서도 북한 사회의 근간을 이루고 있는 주체사상 및 선군사상, 유일사상10대원칙, 당규약 등은 김일성·김정일 시대와 마찬가지로 중요한 사상적 역할을 하고 있다. 이는 2022년 김정은 중심의 정치체제를 더욱 공고화하는 기제로서의 역할을 하고 있다.

북한 체제 및 김정은 정권의 안정성은 정치사상의 변화, 엘리트 변동, 정치·경제 구조의 변화, 대내외 정책 변화, 통제역량 정도 등 다양한 요인에 대한 분석을 통하여 가능하다. 어느 사회에서나 권력을 장악한 집단 및 개인은 자신의 지배를 정당화하고자 특정 지배이데올로기를 만들어 피지배집단에 주입해왔다. 북한 역시 체제 혹은 사회를 유지하기 위해 끊임없이 구호 및 이데올로기, 담론 등을 생산하고 있다. 그리고 이는 정치, 경제, 문학예술 등의 사회 전반으로 확산되고 있다.

김정은 시대의 북한 당국은 과거에 방식을 그대로 차용하고 있다. 김정은을 중심으로 단결을 강요하는 새로운 구호와 담론 등이 꾸준히 생산되고 있다. 예컨대 '백두산대국(2012)', '사회주의 문명국(2012)', '마식령 속도(2013)', '조선속도(2014)' 등이 있다.

김정은 시대의 북한 당국이 구호 및 담론을 재생산하는 이유는 강성국가 건설의 마지막 단계인 경제에서의 가시적인 성과를 이끌어내기 위한 의도로 분석된다. 새로운 구호는 체제 결속력 증대 및 최고지도자인 김정은에 대한 충성을 유도하고 있다. 이는 내부 역량을 집중하여 경제 발전을 도모하려는 전략이다. 실제로 2021년 12월 31일 북한은 당 중앙위원회 전원회의에서 과학기술 발전 및 농업에서의 역량을 집중하면서 경제에서의 강성국가 건설을 재차 강조했다.

김정은 시대의 국가발전전략은 작금의 김정은 중심의 정치체제를 유지 및 공고화하는 틀 속에서 이루어지고 있다. 이는 2014년 신년사 "우리앞에 나서고있는 투쟁과업은 방대하고 난관도 있지만 위대한 김일성-김정일주의 기치따라 나아가는 우리의 혁명위업은 필승불패"라는 문구에 잘 드러나 있다. 북한 공식 문헌에는 김정은 정권의 '핵무력-경제건설의 병진노선'은 '김일성-김정일주의' 기치를 따른다고 했으나 구체적인 의미와 내용에 대한 설명이 아직 부족한 상황이다. 김일성-김정일 시대의 주체사상, 선군사상의 이론화 작업이 시간을 거쳐 이론화가 이루어졌듯이 김정은 시대의 새로운 정치사상도 이론화되기까지 상당한 시간이 걸릴 것으로 보인다.

이에 이 책에서는 김정은 시대에 새롭게 등장한 정치사상, 즉 '김일성-김정일주의'와 '김정일-애국주의', '사회주의 문명국' 등의 김정은 시대의 정치사상을 고찰하고, 경제에서의 발전 전략을 농업과 축산업, 수산업을 통해 살펴보고자 한다. 마지막으로 김정은의 음악정치와 영화정치를 집중적으로 분석해 문화예술 동향을 분석해 보고자 한다.

2022년 4월

한승호

차례

제1장 김정은 시대의 북한 정치사상

1. 김정은 시대의 새로운 이데올로기 등장

북한은 1980년대 말부터 시작된 동구 사회주의권 국가들의 체제전환이라는 대외적인 정치경제 환경의 급격한 변화를 맞게 된다. 또한 1990년대 중반 대내적으로 발생한 자연재해 및 누적된 경제문제는 북한 당국이 계획경제를 직접 운영할 수 없는 능력 상실로 이어졌다. 북한 당국의 배급제 중단은 주민들의 생존에 위협이 되었다.

1990년대 중반 북한 사회에서의 배급제 중단은 대량 아사로 이어지는 직접적인 계기가 됐고, 북한 주민들은 생계를 위해 암시장으로 몰렸다. 당시의 장마당은 북한 당국의 감시와 통제 등과 같은 제재로 인해 장마당에 참여한 사람들은 '등짐장사'로 시작하였다. 이후로 장마당은 점차 지역 간 물자를 유통시켜 이익을 얻는 '되거리장사', 철도나 차량을 이용한 도매 장사인 '달리기장사', '차판장사' 등으로 전문화되어 나갔다. 현재 북한 전역에는 500개 이상의 장마당이 있으며, 점차 조직화되고 대형화되고 있다.

2002년 '7.1조치'로 북한사회에서는 장마당이 합법화되고, 2003년 종합시장으로 개편됐다. 북한 당국의 장마당 합법화는 시장화 현상을 촉발시키는 계기가 됐다. 북한 주민들은 장마당에서 단순 생계유지를 위한 활동을 넘어 경제적으로 이득을 취하기 위한 시장경제 활동을 하기 시작했다. 김정은 시대에서도 북한 당국은 시장을 부정적으로 인식하고 있지만, 시장의 통제 정도는 약화하는 변화를 보이고 있다. 북한 장마당의 위상이 강화되고, 지배력 역시 당국에서 돈주로 이동하고 있다. 그러나

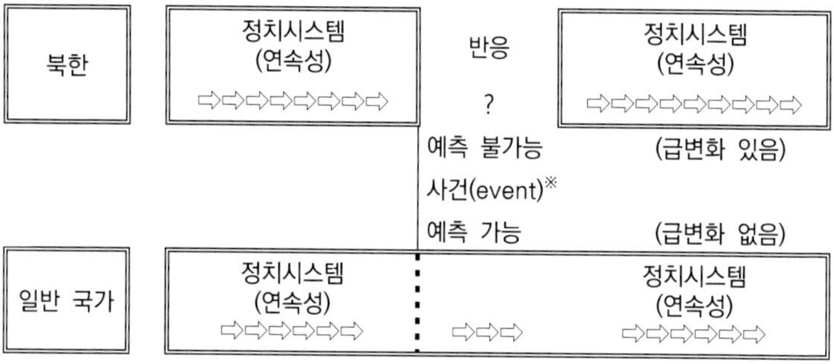

〈그림 1〉 북한 정치시스템의 이산사건적 특성

※ 범례: 대외적 사건: 동구사회주의권 붕괴 → 이데올로기 문제 발생
대내적 사건: 자연재해 → 식량 및 경제 문제 발생

돈주의 실체는 아직 파악이 되지 않고 있다.

일반국가에서는 어떠한 사건이 발생하더라도 정치시스템은 선형의 연속성을 지니고 있다. 그러나 북한은 대내외적으로 어떠한 강력한 사건이 발생하게 되면 김일성–김정일–김정은 중심의 정치체제를 유지하기 위해 선형적이던 정치시스템에 급격한 변화가 발생한다. 대표적으로 북한 당국은 1990년 전후 동구 사회주의권 붕괴, 1994년 최고지도자의 사망, 1990년대 중반 발생한 극심한 자연재해 등 비동기적으로 발생한 사건이 최고지도자 중심의 정치체제 근간을 흔들거나 위협이 되지 않도록 변화된 환경에 맞게 새로운 전략과 정책으로 선제적인 대응을 하고 있다.

북한 체제에 있어서 예측 불가능한 새로운 사건들은 북한 당국이 기존에 유지하던 정치·경제 정책에 변화를 유인하고 있다. 특히 작금의 김일성–김정일–김정은 중심의 정체체제 유지를 위해 북한 당국은 주체사상에 이어 붉은기사상, 선군사상, 강성대국론 등과 같은 새로운 정치사상을 생산하며 변화를 도모했다.

북한 당국은 사회통제에 있어서도 급격한 변화를 보이고 있다. 예를 들어 장마당시장에 대한 전략도 통제 전략에서 묵인 전략 또는 관망 전략으로 선회하였다. 김정은 시대들어 장마당은 북한 경제에서 차지하는 비중이 늘고 있으며 점차 합법화되는 추세를 보이고 있다.

북한 당국에 있어서 비동기적(급작스러운 사건)으로 발생하는 대내외 각종의 사건들은 김일성–김정일–김정은 중심의 정치

체제를 유지하는 데 있어서 위협하는 요인이다. 북한 당국은 이러한 위협요인을 제거하기 위한 수단으로 변화된 환경에 맞는 새로운 정책과 전략으로 체제를 이끌고 있다. 예컨대 북한 당국은 시장을 합법화하면서 시장 상인들에게 통일된 복장과 규격화된 매대 사용을 권장하고 있다. 그리고 장마당에서 발생한 소득과 관련해서는 소득세 개념의 '국가납부금' 징수를 하고 있다. 북한의 국가납부금은 시장의 통제를 이어감과 동시에 징세를 통해 국가 운영자금을 확보하고 있다.

북한에서 수령은 사회정치적 생명체를 준 아버지로서 의식주 및 교육, 직장 등 모든 것을 해결해주는 절대자이다. 그러나 1990년대 중반 고난의 행군기 이후로 북한 최고지도자는 주민들에게 최소한의 생계 지원조차 하지 못하고 있다. 김정은 시대의 북한 당국은 부족한 물적토대를 극복하기 위해 만성적인 식량난과 경제문제를 적극적으로 해결하고자 내부 역량을 결집하고 있다.

사회주의 계획경제와 배치되는 장마당의 합법화 및 시장에서의 장마당의 영향력 확대는 작금의 김정은 중심의 정치 체제 유지에 위협 요인이 될 수 있다. 이에 북한 당국은 1990년대 이후 태생인 '장마당 세대'에 대한 사상교양 강화를 통해 체제 유지의 근간을 마련하고 있다. 또한 '장마당'에 맞서 국영상점을 재정비하는 등의 북한 주민들의 사회 일탈 현상을 막고 있다. 결국 김정은 시대에 생산된 정치사상은 김정은 중심의 정치체제를 유지 및 공고화하기 위한 수단으로 존재하고 있다.

2. '김일성 – 김정일주의'의 등장과 의미

2012년 4월 6일 김정은은 당 중앙위원회 책임일군들과 한 담화 '위대한 김정일 동지를 우리 당의 영원한 총비서로 높이 모시고 주체혁명위업을 빛나게 완성해나가자'에서 "온 사회의 김일성 – 김정일주의화"를 당의 최고 강령으로 선포하였다.[1] 김정은의 '4.6 담화' 이후 북한은 당규약을 개정하면서 '김일성 – 김정일주의'를 공식 이데올로기로 규정하였다. 북한 공식 문헌에 당의 지도사상으로 김정일주의가 명시된 것은 처음이다.

김정은의 이러한 방식은 1970년대 초에 등장한 김정일이 이미 김일성주의화를 매개로 권력의 정통성을 확보한 경험에 기초하고 있다. 당시 김정일은 김일성의 후계자로 등장했지만 해방 이후 세대로서 공산당 권력의 정통성인 혁명경력이 전무했기에 이를 보완하기 위해 내세운 업적이 '주체사상'을 '김일성주의'로 발전시킨 것이다.[2]

---

1) "오늘 우리 당과 혁명은 김일성 – 김정일주의를 영원한 지도사상으로 확고히 틀어쥐고나갈것을 요구하고있습니다. 김일성 – 김정일주의는 주체의 사상, 리론, 방법의 전일적인 체계이며 주체시대를 대표하는 위대한 혁명사상입니다. 우리는 김일성 – 김정일주의를 지도적지침으로 하여 당건설과 당활동을 진행함으로써 우리 당의 혁명적성격을 고수하고 혁명과 건설을 수령님과 장군님의 사상과 의도대로 전진시켜나가야 합니다. 온 사회의 김일성 – 김정일주의화는 우리 당의 최고강령입니다. 온 사회의 김일성 – 김정일주의화는 온 사회의 김일성주의화의 혁명적계승이며 새로운 높은 단계에로의 심화발전입니다." 『로동신문』, 2012년 4월 19일.
2) 탁진·김강일·박홍제, 『김정일 지도자』 2부, 동경: 동방사, 1984, 12~22쪽.

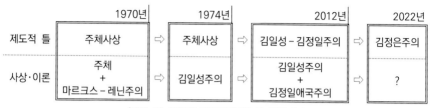

참고: 한승호, 「북한 사회주의 정치체제(political system)와 통치담론의 지속성」, 『통일과 법률』 7호, 2011.

위 〈그림 2〉에 나타나듯, 1974년 2월 19일 김정일은 "온 사회를 김일성주의화하기 위한 당 사상 사업의 당면한 몇가지 문제에 대하여"라는 연설을 통하여 가족국가적 운영 지침을 새로운 통치 이념으로 제시하였다.3) 동시에 1974년 2월 후계자로 내정된 김정일은 유일사상10대원칙과 함께 충실성의 4대 원칙(신격화, 신조화, 절대화, 무조건성)을 제시하면서 권력을 공고화하기 위한 노력을 시작하였다.4)

김정은 역시 김정일과 마찬가지로 권력의 정통성을 확보하기 위해 정치사상을 활용하고 있다.5) 예컨대 2012년 4월 11일 제4차 당대표자회에서 북한 당국은 '온 사회의 김일성-김정일주의화'를 당의 최고 강령으로 수정하였다. '김일성-김정일주의'가 당

---

3) 안찬일, 『주체사상의 종언』, 을유문화사, 1997, 115~116쪽.

4) 위의 책, 175~178쪽.

5) "전당과 온 사회를 김일성-김정일주의화하기 위한 오늘의 장엄한 투쟁의 불길속에서 위대한 정치가, 위대한 전략가, 위대한 령도의 거장으로서 경애하는 김정은 동지의 령도의 위대성은 날을 따라 더욱 남김없이 과시되고 있다." 리영호, 「전당과 사회의 김일성-김정일주의화 위업 실현에서 이룩하신 불멸의 업적」, 『천리마』 1호, 평양: 천리마사, 2014, 17쪽.

의 최고 강령이 되었다는 것은 선군사상 역시 주체사상과 더불어 김정은 시대의 공식적인 이데올로기, 즉 정치사상이 된 것을 의미한다.6) 김정은 시대의 이러한 행태는 김정일이 '주체사상'을 '김일성주의화'하면서 주체사상을 실천이데올로기에서 순수이데올로기로 격상시킨 것과 같다. 또한 2013년 8월 9일 북한은 "당의 유일사상체계 확립의 10대 원칙"을 39년 만에 "당의 유일적령도체계 확립의 10대 원칙"으로 바꾸고, "온 사회를 김일성-김정일주의화하기 위하여 몸바쳐 투쟁해야 한다"고 강조하면서 김정일의 권력 공고화 전략을 답습하고 있다. 김정은이 "당의 유일적령도체계 확립의 10대 원칙"으로 바꾼 것은 김정은을 중심으로하는 혁명적 규율과 질서를 확고히 하는데 의미가 있다.

북한 당국은 김일성-김정일주의에 대해 "로동계급 혁명사상 발전의 가장 높은 단계를 이루는 완성된 혁명사상으로서 주체시대, 선군시대의 유일하게 올바른 지도사상, 지도리론, 지도방법"이라고 강조하면서 김정은 시대에 생산된 '김일성-김정일주의'가 김일성주의를 계승하고 있다는 것을 보여주고 있다.7) 즉 김정은은 김일성의 주체사상과 김정일의 선군사상을 '김일성-김정일주의'를 통하여 체계화 및 정식화함으로서, 백두혈통으로 이

---

6) 북한 당국은 김정일을 김일성과 같이 수령으로 격상시켰고, 기존 김일성동지의 당을 김일성-김정일 동지의 당으로 명명하고 있다. 김정은, 『우리의 사회과학은 온사회의 김일성-김정일주의화 위업수행에 적극 이바지하여야 한다』, 평양: 조선로동당출판사, 2012, 5쪽; 『로동신문』, 2012년 4월 19일.

7) 오천일, 「김일성-김정일주의는 주체시대를 대표하는 위대한 혁명사상」, 『철학연구』 4호, 평양: 과학백과사전출판사, 2012, 4쪽.

어지는 3대 세습의 사상적 정통성을 확보하는 효과를 갖게 되었다. 더불어 선군사상으로 요약되는 김정일주의를 김일성주의로 격상시킴으로써, 김정은 시대의 북한 발전전략에 필요한 실천이데올로기를 생산할 수 있는 공간도 확보하는 효과를 거두었다. 결국 김정은 시대에 생산된 '김일성－김정일주의'는 김정은 권력의 정당성을 확보하는 동시에 향후 이데올로기 해석권을 독점하면서, 김정은 시대에 맞는 새로운 노선을 제시하고 여기에 대중을 동원할 수 있는 실천이데올로기의 신구상을 펼 수 있게된 것이다.8)

3. '김정일애국주의'의 내용과 함의

2012년 5월부터 북한 공식 문헌에는 '김정일애국주의'라는 신조어가 등장했다.9) 북한의 『로동신문』, 『조선중앙TV』, 각종 학술지 등 공식문헌에 '김정일애국주의'는 반복적으로 사용되고 있다.10) 북한 최고지도자인 김정은이 '김정일애국주의'를 주제

---

8) 김근식, 「김정은 시대의 '김일성－김정일주의': 주체사상과 선군사상의 추상화」, 『한국과 국제정치』 84호, 2014, 78~85쪽.

9) 『조선중앙통신』에서는 2012년 5월 11일 게재된 「김정은동지의 인민관, 후대관이 집약되여있는 강령적문헌」이라는 기사에서 처음으로 '김정일애국주의'라는 단어를 사용하였고 『로동신문』에서는 2012년 5월 12일자 기사 「숭고한 후대관으로 일관된 애국주의」에서 처음으로 등장했다. 이후 『로동신문』에서는 2012년 5월 21일자 '김정일애국주의 교양을 강화하자'는 사설을 통해 본격적으로 사용됐다.

로 '노작'『김정일애국주의를 구현하여 부강조국건설을 다그치자』를 발표하면서 북한 사회에서 더욱 부각되었다.11) 김정은이 '김정일애국주의'와 관련된 노작을 발표하면서『로동신문』을 비롯한『조선중앙TV』등 공식 매체들은 '김정일애국주의'를 학습하고 실천해야 한다는 내용을 대내외적으로 선전하고 있다.12)

북한 당국이 '김정일애국주의'에 의미를 부여하는 노력은 김정은이 직접 연설한 2013년, 2014년, 2015년 신년사를 통해서도 확인이 가능하다.13) 특히 2015년 신년사에서 북한 당국은 '5대교

---

10) 2012년 이후『로동신문』과『조선중앙통신』,『조선중앙TV』등의 북한 매체에서는 '김정일애국주의'를 앞세워 일하고 있다는 내용의 인터뷰들과 이를 실천하는데 앞장서자는 내용의 기사들이 게재되고 있다.

11) 이 노작은 김정은이 2012년 7월 26일 로동당 중앙위원회 책임일군들과 한 담화이며 2012년 8월 3일『조선중앙통신』과『로동신문』,『조선중앙TV』등을 통해 공개되었다.

12)「김정일애국주의교양을 강화하자」,『로동신문』, 2012년 5월 21일;「김정일애국주의교양을 더욱 심도있게」,『로동신문』, 2012년 8월 5일;「애국은 실천속에서 빛난다」,『로동신문』, 2012년 9월 14일;「현실발전의 요구에 맞게 김정일애국주의 교양을 강화하여 학생들을 혁명의 계승자로 튼튼히 준비시켜나가겠다」,『로동신문』, 2012년 9월 26일;「애국자의 자세」,『로동신문』, 2012년 10월 20일;「김정은원수님의 지도밑에 전군선전회의일군회의 진행」,『조선중앙통신』, 2013년 3월 28일 등에 발표되었고 이와 관련된 다수의 글들이 꾸준히 발표되고 있다. 또한 '연속좌담회'「천만군민을 부강조국건설에로 부르는 애국의 강령 (1)~(3)」, 2012년 10월 8일~14일; '선전선동'「김정일애국주의로 심장을 불태워 강성국가건설의 열풍을 일으키자」; '선전선동'「김정일애국주의를 높이 발휘하여 강성국가건설의 모든 전선에서 새로운 양양을 일으키자」; '노래묶음'「김정일애국주의로 불타는 심장의 노래」등이『조선중앙TV』에서 지속적으로 방영되고 있다.

13) 북한 당국은 2013년, 2014년 신년사를 통해 '김정일애국주의'가 '부강조국 건설의 원동력'이라고 언급한 바 있다. 또한 신년사를 통해 이에 대한 실천이 중요하다는 것을 강조하면서 '김정일애국주의'에 대한 의미를 부여하였다.『로동신문』, 2013년 1월 1일;『로동신문』, 2014년 1월 1일.

양' 중 하나로 김정일애국주의교양을 제시하였고 각종 매체를 통하여, 각종 학습을 통하여 강조하였다.14) 이처럼 북한 당국이 각종 매체를 통하여 '김정일애국주의'를 강조하고, '김정일애국주의'를 주제로 한 예술전시회를 개최하는 것은 김정일의 애국주의를 본받아야한다는 것을 강조하기 위한 것이다.15) 북한 당국이 설명하고 있는 김정일애국주의의 의미와 내용을 구체적으로 살펴보면 〈표 1〉과 같다.

〈표 1〉 김정일애국주의의 의미와 내용

의미	• 김정일애국주의교양을 강화하는 것은 김정은 동지의 숭고한 뜻을 받드는 더없이 보람찬 사업
목적	• 김정일의 불멸의 애국 업적을 빛내며 강성국가건설을 힘있게 다그쳐나가기 위한 중요한 요구 • 반체대결전에서 승리를 이룩하고 우리 조국의 존엄을 더 높이 떨치기 위한 필수적 요구
과업	• 모든 당원 및 근로자들을 김열일애국주의로 무장 • 김정일동지의 인생관, 미래관으로 무장 • 김정일애국주의 교양을 혁명실천과 결부하여 진행 • 김정일애국주의교양사업 적극 독려 • 김정일애국주의교양 보도선전 적극

출처: 『로동신문』, 2012년 5월21일; 2014년 12월 10일.

북한에서 '김정일애국주의'라는 신조어를 통하여 김정일처럼 북한을 위해 애국하자는 것은 당위적이다. 하지만 단순히 김정일의 행적과 행동을 따라 배우자는 데에만 국한한 것이 아니다.

---

14) 2015년 제시된 5대교양은 위대성교양, 김정일애국주의교양, 신념교양, 반제계급교양, 도덕교양 등 총 5개이다. 『조선중앙통신』, 2015년 1월 1일.

15) 『로동신문』, 2014년 12월 10일.

첫째, '김정일애국주의'는 김정은 정권의 정통성 강화와 이어져 있다. 2011년 12월 김정일이 사망했을 때 북한 공식매체에서 주로 언급되었던 것이 "우리에게는 김정일동지 그대로이신 김정은동지께서 계신다", "장군님 그대로이신 김정은동지께서 계시여 주체혁명위업의 대는 굳건하며 선군혁명위업은 필승불패이다"[16]와 같이 김정은이 김정일을 그대로 계승한 인물이라는 것을 강조한 문구들이다.[17] 이는 북한의 최고지도자가 되기 위해 수십 년간 준비했던 김정일과는 달리 단시일 내에 최고지도자 자리에 등극한 김정은이 김정일과 연결되어 있다는 강조함으로써 김정은은 갑자기 등장한 최고지도자가 아니라 김정일을 이을 수 있는 준비된 유일한 지도자라는 것을 알리기 위한 것으로 볼 수 있다. '김정일애국주의'는 이러한 작업을 김정일의 이상과 염원을 현실화 시키자고 하면서 미래지향적으로 구체화 시킨 것이라고 볼 수 있다.

둘째, 김정은 시대에서도 김정일이 추진했던 정책들을 계승하겠다는 의미가 담겨 있다.[18] 김정일은 강성국가건설 과업을 실

16) 「우리에게는 존경하는 김정은동지께서 계신다」, 『조선중앙통신』, 2011년 12월 19일; 「슬픔을 딛고 일어서는 인민들」, 『조선중앙통신』, 2011년 12월 20일.

17) 북한에서 이러한 의도를 가진 문구들은 계속 등장하고 있다. 「조국통일유훈관철은 우리 세대의 성스러운 임무」, 『로동신문』, 2012년 10월 22일; 「위대한 김정일동지의 전사, 제자로서의 혁명적본분을 다해나가자」, 『로동신문』, 2012년 12월 4일; 「김정일동지는 위대한 인간, 결출한 령도자이시였다」, 『조선중앙통신』, 2012년 12월 8일 등의 글들이 대표적이다.

18) "김정일애국주의를 구현한다는것은 조국의 부강발전과 후손만대의 행복을 위한 장군님의 구상과 념원을 철저히 실현하며 조국의 륭성번영을 위한 모든 사업을

현하기 위해 국정을 운영했다. 즉 김정일을 따라 배우고 그의 사업들을 충직하게 계승한다는 것은 김정일 시대의 과업을 그대로 이어 나가겠다는 것을 의미한다. 이미 김정은은 "오늘 우리가 사회주의강성국가건설위업을 실현해나가는데서 김정일애국주의를 구현하는것이 매우 중요한 요구로 나섭니다", "선군시대의 참다운 애국자가 되여 사회주의강성국가를 보란듯이 일떠세워야 합니다"라고 언급한 바 있다.[19] 이는 김정일 시대의 목표였던 강성국가건설을 반드시 달성하겠다는 의미이며 최고지도자가 김정일에서 김정은으로 바뀌었더라도 지금까지 추진해오던 정책들에 변화되는 일은 없을 것이라는 것을 말한 것으로 볼 수 있다.

기본적으로 북한은 국가에 대한 최대한의 사랑과 희생, 헌신을 강조하고 있다. 하지만 '김정일애국주의'는 김정일의 애국심을 본받아서 애국을 하자는 점에서 일반적인 애국주의와는 다르다. 북한이 '김정일애국주의'에 대해 언급한 문건들에 공통적으로 김정일이 생전에 걸어온 길을 설명하면서 김정일의 애국심을 칭송하고 있다. 즉 북한에서 '김정일애국주의'는 김정일의 애국심을 사회 전 구성원이 따라 배우고 이를 실천해 나가자는 것을 선전하고 있는 것이다. 김정은은 김정일에 대해 "그 누구보다도

장군님식대로 해나간다는것을 말합니다. 우리는 장군님께서 생전에 구상하고 실천해오시던 사업들을 충직하게 계승하고 완성하여 장군님의 리상과 념원이 이 땅우에 현실로 펼쳐지도록 하여야 합니다." 『조선중앙통신』, 2012년 8월 3일.

19) 『조선중앙통신』, 2012년 8월 3일.

조국과 인민을 열렬히 사랑하여 조국을 위해 한생을 모두 바친 조국역사에 불멸의 업적을 이룩한 절세의 애국자"라고 강조하면서 김정일의 애국심을 강조하면서 이를 본받아 '김정일애국주의'의 구현해야 할 것을 사회 구성원들에게 주문하고 있다.

제2장 김정은 시대의 경제

: 농축수산업

1. 북한 신년사의 구성 내용

북한 「신년공동사설」은 일반적으로 최고지도자의 새해 인사가 가장 앞선다. 이후 지난 해의 업적을 부문별로 평가하고, 신년의 정책 방향을 제시하는 순으로 구성되어 있다. 「신년공동사설」은 ① 정치, ② 경제(공업·경공업 부문, 농축수산부문 등), ③ 군사, ④ 사회문화(체육, 예술, 교육 등), ⑤ 대남(남북관계), ⑥ 대외 등과 같이 크게 6개의 부문으로 구분되어 있다.

북한 「신년공동사설」에서 신년도 정책 방향과 관련하여 가장 먼저 언급되는 분야는 특정되어 있지 않다. 예컨대, 2012년에는 정치부문이, 2013년에는 경제부문이, 2015년에는 정치군사부문

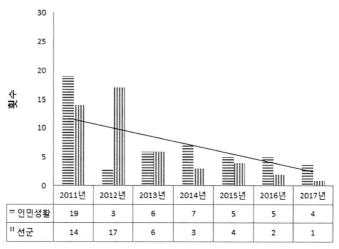

	2011년	2012년	2013년	2014년	2015년	2016년	2017년
☰ 인민생활	19	3	6	7	5	5	4
‖ 선군	14	17	6	3	4	2	1

〈그림 1〉 북한 신년공동사설에 언급된 '선군'과 '인민생활' 단어 횟수

이, 2016년에는 경제부문이 가장 먼저 언급되었다. 북한 「신년공동사설」에서 가장 먼저 언급되는 부문이 매년 바뀌는 것은 당이 역점을 두는 우선 사업 순위에 따라 결부되기 때문이다.

〈그림 1〉에 나타나듯이 2011년 이후의 북한 「신년공동사설」에서 언급된 '인민생활'은 '선군'보다 더 많으며 '인민생활'과 관련된 내용이 매년 포함되어 있다는 것이 특징이다.[1] 예외적으로 2012년 「신년공동사설」에서는 '선군', '김일성·김정일'등과 같은 정치적인 용어가 많이 등장한 바 있다. 이는 2011년 12월 17일

---

1) 김정일 시대에서 북한 당국은 선군유일사상체계를 확립하여 선군사상에 의하여 국가가 작동할 수 있는 토대를 구축했다. 2000년대 이후 북한 사회에서 '선군'은 핵심 용어이다. 백학순, 『북한 권력의 역사: 사상·정체성·구조』, 한울, 2010, 701쪽.

김정일의 급작스러운 사망으로 인한 조문 정국 하에서 북한 당국이 김정은을 중심으로 유일적 영도체계 수립을 확립하고, 김정은 중심의 권력기반을 공고화하기 위한 의도로 볼 수 있다.

2012년과 2013년, 2014년도 「신년공동사설」에서 북한 당국은 '경공업과 농업은 경제건설의 주공전선'이라는 점을, 2016년 「신년공동사설」에서는 '선군'이 아닌 '인민생활문제를 제일의 국사'로 내세우고 있다는 점을, 2017년 「신년공동사설」에서는 '국가경제발전5개년 전략'수행을 각각 강조한 바 있다. 2016년도 「신년공동사설」까지 북한 당국이 국가의 정책으로 '인민생활향상'이라는 다소 추상적인 단어를 통한 비전을 제시했다면, 2017년 「신년공동사설」에서는 과년도와 비교하여 보다 구체적으로 '국가경제발전5개년 전략'을 강조했다는 점이 특징이다.

2017년 「신년공동사설」에 등장한 '국가경제발전5개년 전략'은 2016년 5월부터 9일까지 개최된 제7차 당대회에서 이미 언급된 바 있다. 당시 북한 당국은 경제발전 전략의 목표로 '경제에서의 자립성과 주체성을 강화하고, 과학기술 강국, 식량의 자급자족, 경공업 발전 등'을 언급하고 있다. 2016년 제7차 당대회에서 구체적으로 실천 전략과 관련한 내용의 언급이 없었고, 2017년 「신년공동사설」에서도 구체화된 계획을 제시하지 않고 있다. 북한 당국이 인민생활 향상을 위한 노력으로 대외적으로는 개방을, 대내적으로는 개혁을 정책으로 실시하여 자본과 기술력을 확보해야 한다. 그러나 2016년과 2017년 「신년공동사설」에서 북한 당국이 '자강', '자력자강' 등의 단어를 사용하고 이를 강조함

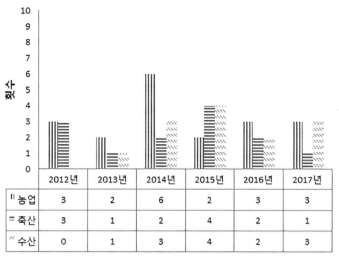

	2012년	2013년	2014년	2015년	2016년	2017년
‖ 농업	3	2	6	2	3	3
= 축산	3	1	2	4	2	1
~ 수산	0	1	3	4	2	3

〈그림 2〉 북한 신년공동사설에 언급된 '농축수산' 단어 횟수

에 따라 정책적 전환보다는 김일성·김정일 시대의 자력갱생을 통한 국가발전 방식을 답습할 것으로 전망된다.

〈그림 2〉에서 확인할 수 있듯이 북한 「신년공동사설」에서는 농업(농산 포함), 수산, 축산 등의 용어가 매년 등장하고 있다. 북한 당국은 김정일 시대에 이어 김정은 시대에서도 「신년공동사설」을 통하여 농업을 지속적으로 강조하고 있다. 이는 2012년도 북한 「신년공동사설」의 "현 시기 인민들의 먹는 문제, 식량문제를 푸는 것은 강성국가건설의 초미의 문제이다"라는 문구에 드러나듯이 식량문제가 여전히 해결되지 않고 있기 때문에 매년 신년사를 통하여 강조하고 있는 것으로 볼 수 있다.

북한 당국은 「신년공동사설」을 통하여 함남의 불길(2012), 2014

년 마식령 속도(2014), 조선속도(2015), 자력자강(2017) 등 각종의 구호를 재생산하였으나 경제문제와 만성적인 식량난을 해결하기 위한 구체적인 전략이나 방안은 찾기 어렵다. 특히 김정은 시대의 북한은 김정일 시대와 마찬가지로 70일 전투와 200일 전투 등과 같은 내부 예비자원을 총동원하고 있다. 김정은 시대의 「신년사」를 분석한 결과 북한 당국은 내부자원을 총동원하여 농축수산업에서의 생산력을 높여 부족한 식량과 경제적인 문제를 해결하고자 선전선동의 활동을 강화하고 국가적으로 역량을 집중할 것으로 분석된다. 그러나 북한의 경제문제와 만성적인 식량난을 해결하기 위해서는 대중동원을 통한 방식이 아닌 외부로부터의 경제적 지원과 기술력 이전 등이 우선적으로 확보되어야 할 것이다.

2. 신년사의 과년도 평가 의미

2012년도 「신년공동사설」을 제외하고 2013년 「신년공동사설」에서 북한 당국은 농축수산업 부문을 비롯한 경제 전반의 영역에서 과년도의 업적을 짧게 언급했다. 이와 관련해서는 첫째, 김정은이 최고지도자로서 보여줄 수 있는 업적이 미비했기 때문이다. 2011년 12월 17일 김정일이 사망하기 직전까지 북한 내에서의 공식적인 자료는 당중앙, 즉 김정일에 의한 지침 체계에 의해 작성이 되었다. 따라서 김정일이 사망하기 이전에 김정은으로의 권력 승계가 완성이 되었더라도 공식적으로 김정은의 이름으로 진행한 사업은 극히 일부에 지나지 않는다. 이러한 상황 하에서 김정은의 지시에 의해 이루어진 사업을 「신년사」를 통하여 평가하기에는 다소 한계가 있었던 것으로 보인다.

둘째, 2012년 북한 내에 발생한 극심한 자연재해 때문이다. 이는 2012년 5월 『로동신문』을 통하여 중점적으로 보도한 내용을 통해 가뭄피해의 정도를 가늠할 수 있다.[2] 또한 동년 6월과 8월 사이에 발생한 북한 전역의 홍수 피해와 관련된 보도를 통하여 2012년 한 해 동안에 발생한 자연재해가 북한의 식량 수급에 큰 영향을 끼쳤다는 것을 확인할 수 있다.[3] 2012년 북한의 최고 지도자로 김정은이 등극했지만 대내적으로 발생한 자연재해로 인하여 가시적인 성과물로 제시할 수 있는 정치적인 명분이 약했기 때문이다.

<표 1>에 보이듯이 북한 당국은 2015년까지 '인민생활 향상'이라는 추상적인 단어를 사용하다가 2016년부터 보다 구체적인 성과물과 관련된 단어를 사용하고 있다. 북한 당국이 「신년공동

---

2) 북한 당국은 가뭄이 심하여 강냉이, 감자, 밀, 보리포전부터 피해를 막기 위한 대책 강구를 요구했으며, 4월 27일부터는 자강도와 양강도를 제외한 대부분의 지방에서는 비가 전혀 내리지 않는다고 보도하였다. 『로동신문』, 2012년 5월 25일; 『로동신문』, 2012년 5월 27일; 『로동신문』, 2012년 5월 30일.

3) 북한 『로동신문』은 7월 중에는 홍수 피해를 예방하는 내용과 관련된 보도를 집중적으로 한 반면, 8월과 9월 중에서는 홍수 피해 내용에 초점을 맞춰 보도를 했다. 『로동신문』, 2012년 7월 21일; 『로동신문』, 2012년 7월 24일; 『로동신문』, 2012년 8월 1일; 『로동신문』, 2012년 8월 5일; 『로동신문』, 2012년 8월 24일; 『로동신문』, 2012년 9월 14일.

〈표 1〉 북한 당국의 농축수산 부문 과년도 평가

연도	전년도 성과
2012년	인민생활대진군에서 성과가 이룩되고 21세기 경제강국의 강력한 토대 구축
2013년	복잡하고 첨예한 정세와 혹심한 자연재해 속에서도 인민생활향상에 진전
2014년	농업부문 일꾼들이 어려운 조건과 불리한 기후 속에서도 농업생산에서 혁신을 일으켜 인민생활 향상에 이바지
2015년	어려운 환경과 불리한 조건에서도 농업과 수산을 비롯한 여러 부문에서 생산적 앙양이 일어나 경제강국 건설과 인민생활의 밝은 전망 제시
2016년	장천남새전문협동농장이 건설되고, 사회주의 바다향기, 과일향기가 넘쳐나 인민들에게 기쁨 선사
2017년	수많은 협동농장들이 최고생산년도수준을 돌파

사설」에서 가시적으로 성과를 언급한 것은 김정은 시대에서 북한 경제가 상대적으로 호전되고 있다는 것을 보여주는 대목으로 평가할 수 있다. 주목할 만한 것은 2013년부터 북한의 물가와 환율은 안정세를 유지하고 있으며, 이는 북한에서 경제난이 발생한 이후 26년 만의 매우 이례적인 현상이다.[4]

북한 당국이 농축수산 부문에서 과년도 평가를 긍정적으로 한 것은 첫째, 2014년 북한 당국이 김정은의 노작인 '5.30 담화'를 토대로 취한 개혁조치가 농업부문에서의 변화를 촉진시켰기 때문이다.[5] 북한의 '5.30 담화'를 통하여 농업 생산체제는 기존 4~6명의 분조단위 관리제에서 가족단위의 자율경영제로 바꾸고, 생산 분배는 국가가 40%만 가져가고 개인이 60%를 갖는

---

4) 양문수, 「최근의 북한경제 해석과 평가를 둘러싼 몇 가지 논쟁」, 『KDI 북한경제 리뷰』 18권 12호, 2006, 12쪽.
5) 『통일뉴스』, 2015년 1월 9일; 『통일뉴스』, 2015년 5월 6일.

형태로 전환하였다. 무엇보다도 가족 1명당 지급되는 토지도 1,000평(0.3ha) 정도가 된다.[6] 김정은 시대의 북한 당국이 추진한 농업 부문에서의 이러한 개혁은 식량 생산을 증대하는데 일정 정도 영향을 끼친 것으로 보인다. 그러나 북한에서 농업 생산량의 증대가 일시적인 현상인지 지속적으로 유지될 것인지에 대해서는 지속적으로 고찰해야 할 것이다.

둘째, 2012년 '12.1 조치'를 통하여 지역 특성에 맞는 경제 개발구를 추진 중인 정책에 대한 자신감 때문이다.[7] 북한은 외자유치와 수출 확대를 위해 2013년 5월 29일 '경제개발구법' 제정을 하면서 법·제도적인 인프라를 구축했다.[8] 또한 외자유치 전담기구를 정비하고, 경제특구 및 경제개발구 개발 중심의 발전전략을 추구하고 있다.[9] 무엇보다도 김정은 시대의 북한 당국은 2013

---

6) 현대경제연구원 편, 「북한 농업개혁이 북한 GDP에 미치는 영향」, 『현안과 과제』 14-36호, 2014.09.24, 1~3쪽.

7) 북한의 경제개발구 추진일지는 다음과 같다. (2012.12.1.) 기업소 독립채산제 실시, 경제개발구 추진; (2013.3.1.) 기업소 독립채산제 전면 실시, 협동화폐제 실시; (2013.3.31.) 당 중앙위 전원회의, 김정은 경제개발구 언급; (2013.5.29.) 최고인민회의, 경제개발구법 제정; (2013.10.16.) 국가경제개발총국을 국가경제개발위원회로 승격 및 민간급 단체인 조선경제개발협회 설립; (2013.10.16.~17.) 조선경제개발협회, 평양서 '특수경제지대개발에 관한 평양국제토론회' 개최; (2013.11.6.) 경제개발구 관련 운영규정 3건 채택; (2013.11.11.) 개성고도과학기술개발구 착공식; 2013.11.21 신의주 특수경제지대와 13개 지방급 경제개발구 발표; (2014.6.11.) 원산-금강산 국제광관지대 발표; (2014.6.18.) 무역성을 대외경제성으로 확대 개편(합영투자위원회, 국가경제개발위원회 통합); (2014.7.23.) '은정첨단기술개발구' 등 6개 경제개발구 추가 지정; (2015.1.1.) 김정은 신년사, 경제개발구 적극 추진 언급; (2015.1.14.) 13개 지방급 경제개발구 개발총계획 작성 공개. 『통일뉴스』, 2015년 1월 19일.

8) 『조선중앙통신』, 2013년 11월 21일.

년 5월 29일 최고인민회의에서 경제개발구법을 제정하였다. 북한 당국은 법·제도적인 구축을 토대로 외국 기업을 유인하기 위하여 전국적으로 경제개발구를 설치하고 북한 기업과 연계하여 국가 발전을 도모하고 있다.

북한 당국의 이러한 적극적인 자세는 김정은 시대의 특징이며 북한 내 지역을 균형적으로 발전시킬 수 있는 기회이다. 그러나 2017년 「신년사」에서 북한이 '자강력'을 강조한 만큼 경제특구를 중심으로 시장경제 제도를 수용할 것으로 전망되지는 않는다.

셋째, 북한의 곡물 총 생산량이 꾸준히 유지되고 있기 때문이다. 〈그림 3〉에 나타난 바와 같이 2015년도를 제외하고 북한 내에서의 곡물 총 생산량은 480만톤 정도를 꾸준히 유지하고 있다.[10] 2015년 북한에서의 가뭄 피해 규모는 전체 논 면적의 약 30%에 해당하는 면적으로 농작물 생산량이 100톤 정도 줄어들 것으로 예상되었다. 그러나 2015년도 북한의 곡물 총 생산량은 30만톤 정도 감소되었으며 2016년도에는 2014년도 총 생산량만큼 회복한 것이 특징이다. 무엇보다도 2013년 이후 북한에서의 시장환율은 1 US달러당 7,000원~8,000원(북한)의 수준에서 횡보하고 있으며, 시장에서의 쌀 가격은 1kg당 6,000원~7,000원(북한) 수준에서 하향 안정화 되고 있다.[11]

9) 임을출, 「김정은 시대의 경제특구 정책: 특징, 평가 및 전망」, 『동북아경제연구』 27권 3호, 2015, 228쪽.
10) 2015년 북한은 100년래의 왕가뭄로 농촌에서 심한 피해를 받고 있다며 가뭄의 심각성을 전달했다. 『조선중앙통신』, 2015년 6월 16일.

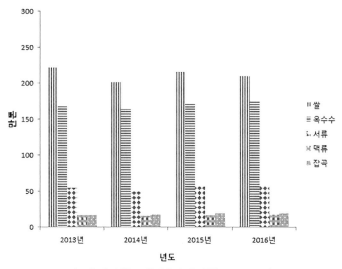

〈그림 3〉 북한 곡물생산량 추정치(2013~2016)

출처: 『농촌진흥청』, 보도자료 2014.12.22.; 2015.12.23.; 2016.12.24.

　〈그림 3〉에 내용을 살펴보면 2015년도의 가뭄과 2016년도 홍수 피해 규모가 확대되었음에도 불구하고 김정은 시대의 북한은 곡물 총 생산량을 일정 정도 유지하고 있다. 이는 2016년 12월 6일과 7일 평양 인민문화궁전에서 열린 제8차 조선농업근로자동맹 대회를 개최할 수 있는 명분을 제공한 것으로 추측된다. 1982년 12월 열린 제7차 조선농업근로자동맹 대회 이후 34년 만에 열린 행사로써 북한 당국은 '토지정리와 자연흐름식물길공사가 성과적으로 추진되어' 생산량이 증대되었다고 평가하며 대

---

11) 이석, 「총론: 2014년 북한경제 평가와 2015년 전망」, 『KDI북한경제리뷰』, 2015년 1월, 6쪽.

회를 통하여 농축산부문에서의 자신감을 보였다.[12] 특히 본 대회를 통하여 북한 당국은 '김정일이 전국적으로 본보기로 내세운 사리원시 미곡협동농장, 재령군 삼지강협동농장, 룡천군 신암협동농장, 태천군 은흥협동농장, 함주군 동봉협동농장들에 대해서는 농업생산과 농촌건설의 본보기로 선전'하며 따라앞서기, 따라배우기, 경험교환운동 등과 같은 노력을 강조하였다. 이는 북한 당국이 농업 생산량 극대화를 위하여 각종의 대중운동을 지속적으로 추진하겠다는 의지를 표명한 것으로 보인다. 김정은 시대의 북한 「신년공동사설」에 드러난 농축산 부문에서의 북한 당국의 과년도 평가는 전반적으로 긍정적이다. 2017년도 신년사에서 북한 최고지도자의 반성이 이례적으로 언급되었지만 이는 북한 주민과의 동질감, 유대감을 형성하기 위한 정치공학적인 전략으로 볼 수 있다.

3. 농업 부문의 특성

2012년과 2013년 「신년사」에서 김정은은 강성국가 건설을 위한 선결조건으로 농업부문, 즉 식량문제의 해결이 시급하다고 언급을 했다. 북한 당국이 농업에서 생산량을 극대화하기 위하여 과학화와 집약화, 주인의식 등 다양한 방법을 제시하며 대중

---

12) 『로동신문』, 2016년 12월 8일.

을 향한 독려를 이어가고 있다. 북한은 「신년공동사설」을 통하여 농업부문에서의 발전을 도모하기 위한 방법으로 각종의 방안을 제시함과 동시에 정책도 언급하고 있다. 김정은 시대의 북한 「신년사」 중에서 2013년 신년사에서 언급된 "경제관리방법을 개선하고 완성하겠다"는 목표를 제시한 대목과 2015년 "경제관리방법을 확립하기 위한 사업을 적극 실시하겠다"는 의지를 표명한 대목이 대표적이다.

〈표 2〉 연도별 농업부문에서의 주요 과업 및 방침

연도	구분 내용
2012년	강성국가 건설의 주공전선인 농업부문 (인민들의 먹는 문제, 식량문제를 푸는 것은 강성국가건설 초미의 문제)
2013년	농업은 여전히 올해 경제건설의 주공전선 (과학화, 집약화 수준을 높여 알곡생산목표 달성)
2014년	인민생활향상을 위한 투쟁에서 농업을 주타격 방향으로 하여 총집중 (과학적 영농방법, 간석지 건설, 온실남새와 버섯 재배)
2015년	농업·축산·수산 3대축으로 하여 인민들의 먹는 문제 해결 (물절약 농법, 영농물자 보장, 온실과 버섯생산기지의 정상화)
2016년	농산, 축산, 수산부문 혁신을 통한 인민생활 개선 (과학농법, 종합적 기계화, 농자재 보장 등으로 알곡생산 계획 달성)
2017년	농업, 수산업을 획기적으로 발전시켜 인민생활향상에 진전 (과학영농방법 도입, 두벌농사면적 확대, 과일과 남새, 버섯 생산량 증대)

북한은 김정은 시대에 들어서면서 2012년도의 '6.28 방침'과 2014년도의 '5.30 담화'를 통하여 농업과 관련하여 가족농의 허용, 경제와 관련하여 인센티브제의 도입과 같은 개혁을 추진한 바 있다. 북한의 이러한 정책의 결과가 2015년도를 제외하고 매년 1% 내외의 경제 성장률과 농축수산업에서의 생산량 증대로

이어지고 있다.13) 그러나 북한은 대내적으로는 김정일 시대와 마찬가지로 김정은 시대에서도 경제를 정치영역에서 해결책을 마련하고, 대외적으로 대북 제재의 강화가 지속화되고 있기에 지속적인 경제 성장을 하기에는 한계가 있다.

2014년과 2015년 「신년사」에서 농업생산기반시설과 관련된 내용에 많은 분량을 할애한 것이 특징이다.14) 북한의 농업생산기반 정비 사업은 김정일 시대에 이어 지속적으로 추진되고 있는 사업으로써 주요 사업으로는 냉습지 개량 사업, 간석지 사업, 자연흐름식 물길공사 등이다. 특히 북한은 김정일 시대의 모범인 사리원시 미곡협동농장을 비롯한 3중3대혁명붉은기를 수여받은 농장을 김정은 시대에서도 선전의 도구로 활용하고 있다.15)

북한은 냉습지 개량사업과 관련하여 2012년에는 3만여 정보(ha)를, 2014년에는 4만여 정보(ha)를 각각 개량했다.16) 냉습지 개량면적이 가장 큰 곳은 황해남도(2102년, 13,000정보 → 2014년

---

13) 통계청 편, 『2016 북한의 주요통계자료』, 통계청, 2016, 100~103쪽.

14) 2014년 1월 31일 북한은 최초로 〈전국 농업부문 분조장대회〉를 개최했다. 이는 북한이 2013년 12월 28일 내각 전원회의 확대회의를 통하여 언급한 농업생산 증대와 김정은이 2014년 신년공동사설에서 강조한 농업의 발전을 관철하기 위해 개최된 행사로 분석된다. 『연합뉴스』, 2014년 1월 31일.

15) 문예출판사 편, 「령도적단위의 영예를 빛내이는 길에서: 3중3대혁명붉은기 사리원시 미곡협동농장에서」, 『천리마』 5호, 2015, 51쪽; 「사회주의농촌테제의 기치를 높이 들고 농업생산에서 혁신을 일으키자(15시30분 방영)」, 『조선중앙TV』, 2014년 2월 7일.

16) 『로동신문』, 2012년 2월 7일; 『조선중앙통신』, 2014년 3월 18일.

20,000정보)이다.[17] 북한이 냉습지 개량에 집중하는 이유는 지하수면이 높거나 주위의 찬물이 모여들어 언제나 습하고 온도가 낮아 생산성이 떨어지기 때문이다.

김정은이 북한의 최고지도자로 공식적으로 등극한 이후 두 번째로 교시한 담화가 "사회주의 강성국가 건설의 요구에 맞게 국토관리사업에서 혁명적전환을 가져올 데 대하여"이다.[18] 김정은은 본 담화에서 간석지개간사업과 논과 밭 등의 토지개량사업의 중요성을 언급하며 국토관리사업에 적극적인 면을 보였다. 북한에서 가장 큰 간석지인 대계도 간석지(2012.5.16., 내부망 건설 완료)와 곽산 간석지(2012.5.16., 2단계 건설 완료)는 김정은 시대에 완공되었다.[19] 북한에서 간석지 확충은 김일성 시대부터 이어져온 대형 국책 사업이며 경작지를 확충하기 위한 목적으로 추진되고 있다. 김정은 시대에서도 북한은 룡매도간석지(2016.1.18., 4구역건설 시작), 홍건도간석지(2016.10.6., 1단계 공사완료), 평북도 선천군 간석지(2016.10.6., 1단계 공사완료) 등의 개간사업을 지속적으로 추진하고 있으며 간석지 개간을 통하여 식량의 생산력을 증대하려는 노력을 기울이고 있다.[20]

북한은 2002년 10월 최초로 평안남도 개천－남포 태성호 간 수로(160km)를, 2005년 10월 평안북도 백마－철산 수로(280km)

17) 『로동신문』, 2012년 2월 7일; 『조선중앙통신』, 2014년 3월 18일.
18) 『조선중앙통신』, 2012년 5월 8일.
19) 『로동신문』, 2012년 5월 17일.
20) 『로동신문』, 2016년 1월 18일; 『로동신문』, 2016년 10월 7일.

를, 2009년 9월 황해북도 곡산군−신계군 간 '자연흐름식' 수로 (220km)를 각각 완공했다.[21] 북한은 중소규모의 수로를 평원군·숙천군·대동군·개천시·증산군을 비롯한 평안남도의 시·군과 남포시의 군·구역 등지에 건설했다. 특히 북한 당국은 정주시·룡천군·염주군·동림군을 비롯한 평안북도 지방에서 중소규모 물길 공사로 인하여 많은 면적의 농지에서 안전한 수확을 할 수 있다면서 대내외적으로 선전하고 있다. 북한이 김일성 시대에 이어 김정은 시대에서도 농업생산기반 정비에 지속적인 관심을 기울이고 있는 것은 첫째, 최고지도자의 위대성을 과시하기 위한 정치적인 의도와 둘째, 만성적인 식량문제를 해결하기 위한 경제적인 의도, 셋째 생산기반 확충을 위해 노력한 일꾼들에게 포상을 함으로써 체제 결속력을 높이기 위한 사회문화적인 의도로 분석된다.

4. 축산 부문의 특성

북한은 김정은 시대에 최고인민회의를 12기 5차(2012년 4월), 6차(2012년 9월), 7차(2013년 4월), 13기 1차(2014년 4월), 2차(2014년 9월), 3차(2015년 4월), 4차(2016년 6월) 총 7차례 개최했다. 최고인민회의 13기 1차회의 국가예산결정서에서 이례적으로 농업, 축

---

21) 『연합뉴스』, 2009년 9월 29일.

산, 수산부문으로 구분하여 명시한 부문은 특징적이다.[22) 2015년도 「신년공동사설」과 제7차 당대회 중앙위원회 사업총화문에서도 농업·축산·수산으로 구분하여 언급한 것은 김정은 시대의 변화상이다.

〈표 3〉 연도별 축산부문에서의 주요 과업 및 방침

연도	주요 내용
2012년	농산과 축산을 결합하는 고리형 순환생산체계 확립 (우리 식의 유기농법 수용으로 농업생산에 필요한 영농물자와 설비들을 제때에 보장)
2013년	축산과 수산, 과수부문을 결정적으로 추켜세워 인민들의 식생활을 개선 (세포등판개간 등 대자연개조 실현)
2014년	축산을 적극 발전시켜 인민생활향상에 기여 (세포지구 축산기지건설 등 제 기일에 완공)
2015년	농업·축산·수산 3대축으로 하여 인민들의 먹는 문제 해결 (축산기지의 정상화, 당의 구상대로 세포지구 축산기지건설 완공)
2016년	농산, 축산, 수산부문 혁신을 통한 인민생활 개선 (축산에서의 빠른 발전)
2017년	세포지구 축산기지의 정상운영 보장을 위한 대책수립

〈표 3〉에서 보는 바와 같이 2015년도 「신년공동사설」에서 '농업·축산·수산 3대축'으로 구분하고 있다. 북한이 농산, 축산, 수산부문을 통상적으로 농업으로 지칭했던 틀에서 탈피하여 농업과 축산, 수산으로 세분화하고 구분하는 것은 '고리형순환생산체계'를 구축하기 위한 것으로 분석된다. 북한은 김정일 시대에

---

22) 『통일뉴스』, 2014년 4월 10일.

서도 '고리형순환생산체계'[23]를 적극적으로 도입해야 할 것을 지침으로 내린바 있으나 2012년 김정은이 신년사에서 언급하면서 본격적으로 구체화된 것으로 보인다.[24]

축산부문에서 대표적인 대규모 건설은 강원도 세포지구 축산기지와 평안북도 청천강계단식 발전소가 있다. 강원도 세포지구 축산기지 건설사업은 2012년 12월에 시작되어 2016년 10월 완공되었다.[25] 2017년 「신년사」에서 북한은 '세포지구 축산기지의 정상운영을 보장하기 위한 대책을 세우며 과일과 버섯, 남새(채소)생산을 늘려'주민의 생활을 향상시킬 수 있는 방안을 마련해야한다고 강조했다. 이는 축산에서 고리형 순환생산체계를 확립하기 위한 목적으로 강조한 것이다. 북한이 강원도 고산군에 있는 고산과수종합농장과 세포지구 축산기지를 연계하여 종합농축산관광지로 개발하려는 것은 국가적 차원으로 대규모의 자본이 투입 없이 축산물 생산을 늘릴 수 있기 때문이다. 2015년 「신년사」에서 농산, 축산, 수산 등의 3개 축을 내세운 바 있으나 지속적인 노력동원만으로 과업을 달성하기에는 한계가 있다.

---

23) 고리형순환체계는 축산단지에서 나오는 분뇨를 활용해 부족한 퇴·액비를 생산하여 농가에 보급하여 농작물 소출을 증대시키고, 액비 생산과 더불어 바이오가스(메탄가스)를 생산하고 태양열을 활용하여 전기생산 및 축사 난방을 하여 축산물 생산에 효율성을 높이는 정책이다. 김관호 외, 『통일농업 마스터 플랜 수립을 위한 기초연구』, 한국농어촌공사 농어촌연구원, 2016, 388쪽.

24) 『조선중앙통신』, 2010년 11월 9일; 『로동신문』, 2012년 1월 1일.

25) 『노컷뉴스』, 2013년 8월 22일.

5. 어업 부문의 특성

김정은 시대에 들어 2013년 12월 26일 북한은 처음으로 수산부문 열성자회의를 평양에서 개최했다.[26] 이후 북한은 매년 연말을 전후로 하여 수산부문 열성자회의를 개최하고 있다.[27] 북한에서 농업과 수산업이 경제에서 차지하는 비중은 약 22%이며 성장률은 1.2%로 소폭 성장했다. 2012년부터 2014년까지 북한의 농업과 수산업의 성장률은 평균 2.3%로 경공업 성장률 2.5%와 더불어 최고의 수준이다.[28] 북한이 수산업 부문에 역량을 집중하는 것은 대내적인 차원과 대외적인 차원으로 인한 것으로 분석된다.

대내적인 차원으로 북한은 주민의 식량문제 해결을 할 수 있다. 2013년도를 기준으로 북한의 1인당 1일 단백질 섭취량은 55g으로 우리나라의 1인당 1일 단백질 섭취량 99.2g 보다 현격히 낮은 수치이다.[29] 북한이 주민의 단백질 섭취량을 단기간 내에 높이기 위해 '물고기 잡이'를 적극적으로 권장하는 것은 단기간 내에 큰 투자 없이 단백질을 제공할 수 있기 때문이다.

---

26) 『조선중앙통신』, 2013년 12월 27일.
27) 「군대의 수산부문 공로자들을 노동당 청사에서 표창」, 『조선중앙통신』, 2014년 12월 27일; 「제3차 수산부문열성자회의 개최」, 『조선중앙통신』, 2015년 12월 28일; 「인민군 제4차 수산부문열성자회의 개최」, 『조선중앙통신』, 2016년 12월 30일.
28) 이유진, 「최근 북한의 수산업 동향과 정책방향 연구」, 『산은조사월보』, 2015, 82쪽.
29) 국회입법조사처 편, 「북한 주민의 영양섭취 현황과 시사점」, 『지표로 보는 이슈』, 2016년 3월 25일, 2쪽.

대외적인 차원으로 북한의 수산업은 유엔 안전보장이사회의 대북교역 제한 및 금지 품목에서 제외가 되어 수출입이 자유로워 식량문제 해결에 도움이 된다. 2016년 1월부터 11월까지 북한이 중국에 수출한 수산물의 규모는 약 1억7천만 달러(2천2억 원 상당)로 2015년도와 비교해 75% 증가했다. 북한의 수산업은 전체 대중 수출에서 7% 비중을 차지하며 대중 수출 규모에서 네 번째로 크다.[30] 북한의 수산물은 대북제재가 강화되고 있는 상황 하에서 외화벌이의 유인한 수단이기 때문에 국가적 역량을 집중하고 있는 것으로 분석된다.

〈표 4〉에 보이듯이 2014년 「신년공동사설」에서는 수산부문 발전을 위한 국가적인 대책 마련이 언급되어 있다. 2014년 김정은의 새해 첫 번째 현지지도는 제534군부대 수산물 냉동시설이었다.[31] 북한 당국이 수산업을 활성화 시키기 위한 대표적인 노력으로 '황금해','사회주의 바다향기', 이채어경' 등과 같은 구호를 적극적으로 생산하여 『로동신문』이나 『조선중앙TV』와 같은 매체를 통한 반복이다. 그러나 김정은 시대의 북한은 수산부문에서의 생산량 증산을 위한 노력으로 생산기반시설을 확충하기 위한 방법을 구체적으로 언급하고 있는 것이 특징이다.

2016년 7월 30일 김정은은 새롭게 건설된 인민군 어구종합공장 현지지도시 '이 공장은 만점짜리 공장'이라고 언급한 바 있다.

---

30) 『Voice of America』, 2017년 1월 20일.

31) 『조선중앙통신』, 2014년 1월 7일.

이후 2017년 신년사에 북한 당국은 '동해안지구에 종합적인 어구생산기지를 구축하겠다'면서 수산업 발전을 위한 현대화된 공장 건설 계획 구상을 대내외적으로 선보였다. 북한 당국의 이러한 의지는 2017년 「신년사」에 반영되어 '양어양식의 확대'를 도모하겠다는 의지로 해석된다.

〈표 4〉 연도별 어업부문에서의 주요 과업 및 방침

연도	주요 내용
2012년	언급 없음
2013년	수산을 적극 발전시켜 인민생활향상에 기여 (인민들의 식생활 개선)
2014년	수산부문 발전을 위한 국가적 대책 수립 (고깃배와 어구현대화, 과학적방법과 바닷가양식 활성화 등)
2015년	농업·축산·수산 3대축으로 하여 인민들의 먹는 문제 해결 (양어기지의 정상화, 수산업의 발전으로 물고기대풍)
2016년	농산, 축산, 수산부문 혁신을 통한 인민생활 개선 (수산에서 빠른 발전 도모)
2017년	농업, 수산업을 획기적으로 발전시켜 인민생활향상에 진전 (적극적인 어로전, 양어와 양식 확대, 현대적인 고기배 생산, 동해안지구에 종합적인 어구생산기지 구축 등 수산업의 물질적·기술적토대 강화

북한은 2017년 「신년사」에서도 농축수산 부문 중에서 수산과 관련된 내용을 가장 많이 언급하면서 수산업에서의 중요성을 재차 강조하고 있다. 특히 북한 당국이 수산업을 통하여 경제를 회생하겠다는 적극적인 의지는 김정은의 현지지도 동향과 당의 기관지인 『로동신문』 기사를 통해서도 확인할 수 있다.[32) 김정은 시대의 「신년사」에 드러난 북한 당국의 전략은 식량 문제를

보다 수월하게 해결할 수 있는 수산업의 중요성을 지속적으로 강조하고, '자력자강'을 기치로 내부 역량을 결집하는데 집중할 것으로 분석된다.

6. 농축수산업 전략: 경제적 함의

1950년대 김일성은 "강냉이는 밭곡식의 왕"이라면서 옥수수를, 1998년 김정일은 "감자는 쌀과 같다"면서 감자를 각각 강조했다.[33] 김일성에 이어 김정일 시대에서도 북한 지형에 적합한 품종을 발굴하고 농산물의 생산 증진을 독려하는 것은 식량에서의 수급 문제가 지속적으로 발생하고 있다는 것을 의미한다. 북한은 산지와 밭의 비율이 높은 조건에서 주식인 쌀만으로는 전체 식량수요를 충족시킬 수 없기에 옥수수 주작재배를 강조하고 있다. 김정일 시대에서는 식량문제 해결의 대안으로 옥수수에서 감자증산으로 대체되었다. 이는 김정일의 정치적인 입지를 구축하기 위한 요인과 화학비료가 부족한 현실에서 다비성 작물인 옥수수 재배가 비효율적이라는 경제적 요인으로 인하여 감자로 대체된 것으로 판단된다.[34]

---

32) 2015년 김정은은 '5월9일메기공장', '평양메기공장', '삼천메기공장' 등을 적극적으로 현지지도하면서 한 해 동안에만 총 10차례의 수산부문 현지지도를 단행하였다.
33) 부경생 외, 『북한의 농업: 실상과 발전방향』, 서울대학교출판부, 2001, 253쪽.
34) 위의 책, 51쪽.

1999년과 2004년 「신년공동사설」에서 "내각의 역할을 높이고 경제관리를 개선해나가야 한다"면서 경제관료를 내각에 임명하고 경제에서의 건설을 위한 구조적인 변화를 시도했다. 김정은 시대에서도 북한은 내각 총리인 박봉주는 경제관료 출신으로 2016년 제7차 노동당 대회에서 정치국 상무위원과 당 중앙군사위원회 위원으로 임명했다.[35] 경제관료 출신인 박봉주를 당 중앙군사위원회 위원으로 임명한 것은 군수공업에서의 발전을 도모하고 '국가경제발전5개년전략'을 성공적으로 마무리하려는 의도로 분석된다.

김정은 시대에서 북한은 국가 모든 경제활동을 통제하고 생활수단을 분배하는 권한을 그대로 유지하고 있는 것이 특징이다.[36] 특히 2009년, 2012년, 2016년 북한은 지속적으로 헌법을 개정하며 정치·경제·사회문화 등에서의 제도를 재정비하고 있지만 정치적 측면에서 수령중심의 체제를, 경제적 측면에서 국가가 모든 생산수단의 소유를 유지하고 있다. 대표적인 예로 북한은 경제운영에 대한 이념적 배경은 주체적 경제사상이며, 그 구체적 실행은 '청산리 방법'과 '대안의 사업체계'로 규정하고 있다. 이는 북한이 김일성 시대 때부터 정치사상교양 활동을 통한 집단주의의 구현을 의미한다. 「조선대백과사전」에서는 사회

---

35) 2017년 북한의 내각 구성은 총리에 박봉주, 부총리에 로두철, 리무영, 김덕훈, 임철웅, 리주오, 리룡남, 고인호, 전광호 등으로 되어 있다.

36) 길태근, 「북한의 사회적 불평등 재생산구조에 대한 이론적 모델 구성」, 『계간 북한연구』 여름호, 1994, 148~149쪽.

주의를 정의하면서 집단주의에 대하여 다음과 같이 설명하고
있다.

사회주의는 집단주의에 입각해서 운영되는 사회이며 그 내부의
협동적 소유, 국가적 소유 상관없이, 집단적 형태로 운영되는 사회
주의이다.[37)

위 문구에 나타나듯, 북한에서 사회주의의 본질은 집단주의이
다. 이는 1994년 김정일의 "사회주의는 과학이다"라는 연설이
사회주의를 집단주의로 재정의하는 근거가 되었다.[38) 북한에서
집단주의가 사회의 발전이 개인의 발전을 가져오고 또한 개인의
발전이 사회의 발전을 가져온다는 이론에 기초하고 있기 때문에
김정은 시대에서도 개인의 희생을 통한 집단의 이익이 존중되는

---

37) 백과사전출판사 편, 『조선대백과사전』 13, 평양: 백과사전출판사, 1998, 95~98쪽.
38) 력사는 개인주의에 기초한 사회에서는 인민대중의 자주성이 실현될 수 없다는
    것을 보여주고 있다. 인민대중의 자주성을 실현하자면 개인주의에 기초한 사회로
    부터 집단주의에 기초한 사회, 사회주의, 공산주의에로 넘어가야 한다는 것이 인류
    사회 발전의 력사적 총화이다. 자본주의는 개인주의를 극소수 자본가들의 무제한
    한 탐욕으로 전환시키고 개인주의에 기초한 사회의 적대적 모순을 극도에 이르게
    하였다. 한편 자주성을 위한 인민대중의 투쟁은 새로운 발전단계에 들어섰다. 현시
    대는 인민대중이 자기 운명의 주인으로 세계를 지배하는 주인으로 등장한 자주성
    의 시대이다. 이것은 개인주의에 기초한 사회가 집단주의에 기초한 사회로 넘어가
    는 것이 력사발전의 필연적요구로 되고 있다는 것을 말하여 준다. 집단주의는 사람
    의 본성적 요구이다. 사람은 사회적 집단을 이루고 활동하여야 생존하고 발전할
    수 있다. 사람은 개별적으로가 아니라 사회성원들의 집단적 협력에 의해서만 자연
    과 사회를 개조할 수 있으며 자주적요구를 실현할 수 있다. 김정일, 「사회주의는
    과학이다」, 『김정일 선집』 13, 평양: 조선로동당출판사, 1998, 454~455쪽.

사회적 풍토가 지속되는 것이다.

북한은 농업에서의 생산성 증대를 위하여 '적기적작', '적시적작'이라는 주체농법을 활용하고 있다. 주체농법은 농지확장을 통한 단위 면적당 생산성을 높이는 방법이지만[39] 생산성을 확대하기 위해서는 자본과 기술이 확보되어야 할 것이다. 그럼에도 불구하고 김정은 시대의 북한 「신년공동사설」에 드러난 식량문제 해결 전략은 김정일 시대에서 적극적으로 활용했던 대중동원을 위한 담론의 재생산, 자체의 내부 동력을 활용하는 방법을 반복하는 것에 불과하다. 따라서 당분간은 북한이 김정은 체제 하에서 경제에서의 개혁·개방정책을 추진하지 않을 것으로 전망된다.

7. 농축수산업 전략: 사회문화적 함의

북한의 경제위기는 1990년대 중반의 식량난에서 극명하게 나타났고 배급사정 역시 악화되기 시작했다.[40] 이에 김정일은 식량문제 해결을 위한 노력으로 대중동원에 총력을 기울였다. "70일 전투와 200일 전투에서 자랑한 승리"를 이루었다는 2017년 「신년공동사설」의 문구를 통해 알 수 있듯이 김정은 시대에서도

---

39) 김일남 외, 『조선농업사』 4, 평양: 농업출판사, 1991, 115쪽.
40) 『로동신문』, 1997년 1월 28일.

대중동원은 반복되고 있다. 김정은 체제 하에서 북한이 '자강력제일주의'와 같은 담론을 재생산하는 전략은 이미 김정일 시대의 산물인 '강계정신'41)과 '대홍단정신'42) 등과 같은 담론을 통한 정치행태를 답습하고 있는 것이다.

김정은 집권 이후 북한의 신년사 구호를 살펴보면 '강성부흥(2012)', '경제강국(2013)', '강성국가(2014)', '최후의 승리(2015)', '강성국가(2016)', '사회주의의 승리(2017)' 등이며 주로 경제에 초점이 맞춰져 있다. 북한이 경제강국 건설을 위하여 각종의 담론을 재생산하는 것은 내부 예비를 동원하기 위한 전략으로 볼 수 있다. 그러나 김정은 시대의 북한은 누적된 경제문제와 식량난 해결을 위해 개혁과 개방을 통한 발전이 아닌 작금의 정치체제를 안정적으로 유지하면서 경제발전을 도모하는 정책을 반복하고 있다. 김정일 시대에서 북한이 "우리시대의 영웅 모범따라 배우기 결의 모임"과 같은 영웅을 활용했다면 김정은 시대의 북한은 리경심(2013)을 공화국 영웅으로, 전경선(2013)을 따라

---

41) 강계정신은 김정일의 자강도 현지지도(1998년 1월 16일~21일까지) 이후 등장한 구호로서 강계의 혁명정신을 가장 어려운 시련속에서 당과 수령, 사회주의를 수호하는 백절불굴의 투쟁정신이라는데 있다. 북한은 강계혁명정신을 세 가지로 정리하였다. 첫째, 령도자만 굳게 믿고 받드는 절대숭배의 정신 강조. 둘째, 령도자의 구상과 의도를 실현하기 위해 투쟁하는 결사관철의 정신 강조. 셋째, 자신의 힘을 믿고 자기 단위의 살림살이를 자체로 꾸려나가는 자력갱생, 간고분투의 정신 강조이다. 『로동신문』, 1998년 2월 16일; 『로동신문』, 2000년 4월 22일.

42) 대홍단 정신은 김정일이 대홍단군에 대한 현지지도 후 등장한 주민동원 담론으로서 대홍단정신의 목표는 감자농사혁명으로 인민의 먹는 문제를 해결하는 것이다. 배성인, 「1990년대 북한의 지배담론의 변화」, 『북한연구』 3편, 2000, 175쪽.

배워야 할 본보기로 내세우고 있는 것이 대표적인 예이다.

　김정은이 북한의 최고지도자로 등극한지 5년이 지났지만 아직도 식량문제를 자체적으로 해결하지 못하고 있는 상황이지만 400여 개의 장마당이나 농민시장이 국가의 배급 역할을 대신함으로써 북한 주민들은 변화된 사회에 적응하고 있다. 북한에서 국가의 배급기능이 약화됨에 따라 신흥 자본가와 소규모 상인들이 사회에서 부각이 되고 있다. 이는 북한 사회의 근간인 최고지도자를 중심으로 한 '사회주의 대가정론'과 대중동원 체제의 균열을 야기시킬 수 있는 요인이다. 그러나 2015년 북한은 「신년공동사설」에서 '위대성 교양'을 추가하면서 적극적으로 정치사상교양사업을 실시하고 있다. 또한 작금의 경제위기 현상이 사회적 현상으로 확대 및 전이되지 못하도록 이동통신, 거주이전 등의 통제를 강화하고 있다. 북한 당국이 정치에서의 통제, 사회에서의 통제를 강화하는 것은 김정은 중심의 정치체제를 안정시키고, 체제 결속력을 높이기 위한 전략으로 볼 수 있다. 따라서 북한은 식량문제를 해결하고 경제강국건설 목표를 달성하기 위해, 첫째로 체제유지를 위한 담론을 생산하고, 둘째로 주민을 대상으로 한 선전선동 활동을 강화하고, 셋째로 공안기구를 통한 물리적 통제를 유지할 것으로 전망된다.

제3장 김정은 시대의 문학예술

: 조선예술영화

1. 북한에서의 '영화' 의미

북한은 "영화예술은 우리 당의 위력한 선전수단으로서 혁명투쟁과 건설사업에서 커다란 역할을 하고 있으며 전반적문학예술 발전에서 매우 중요한 자리를 차자하고 있다"고 설명하면서 영화를 정치체계와 주체사상, 선군사상 등에 종속시키고 있다. 이에 북한은 작가들에게 당의 노선과 정책, 본질 등을 이론적으로 충분히 이해해야 할 것을 강조하고 있으며 당의 요구를 반영한 영화를 제때에 만들어내기 위해 적극 노력해야 한다고 주문하고 있다.[1]

우리 당에 있어서 영화예술은 오늘 광범한 근로인민대중을 교양하는 가장 중요한 선전수단으로 당사상사업의 위력한 무기로 되고 있다.

우리 영화예술은 주체혁명위업을 위한 우리 당사상사업을 반영한 주체적이며 혁명적인 영화예술이다.

우리 영화예술은 우리 혁명의 요구에 맞게 사회적현실이 요구하는 절박한 인간문제를 내세우고 그것을 예술적으로 밝혀낸다.

우리 영화예술은 형상의 중심에 사람일반이 아니라 육체적생명보다도 사회정치적생명을 더 귀중히 여기는 자주적인 인간전형을 내세운다.

우리 영화예술은 그 내용이 혁명적인 것으로 하여 사람들에게 참다운 생활의 진리를 깨우쳐주며 그들을 혁명과 건설의 보람찬 투쟁에로 이끌어준다.[2]

위 문구에 드러나듯이 결국 북한에서는 "예술영화를 비롯한

1) "우리 문학작품에 당정책을 기동적으로 반영하기 위해서는 작가들이 속도전의 주체적창작원칙을 철저히 구현해야 하며 항상 긴장되고 동원된 태세에서 혁명적으로 살며 일하여야 한다. 그러기 위해서는 모든 작가들이 수령님의 교시와 그 구현인 당정책학습을 모든 사업에 확고히 앞세워야 하며 당정책의 옹호관철자로, 해설선전자로 되기 위하여 아글타글해야 한다." 문예출판사 편, 「당정책을 더욱 민감하게 반영하자」, 『조선문학』 9호, 문예출판사, 1977, 4쪽; 김정일, 「영화예술을 발전시키는데서 나서는 몇가지 문제에 대하여」, 『김정일선집』 6권, 평양: 조선로동당출판사, 1995, 41쪽.
2) 민병남, 「영화예술은 대중교양의 위력한 수단」, 『조선영화』 3호, 평양: 문학예술종합출판사, 1993, 23~26쪽.

모든 영화제작은 작가들이 당 정책의 요구에 맞는 종자를 잡고 이를 토대로 영화 제작"을 하고 있다.3) 이는 김정은 시대에 제작·방영된 조선예술영화 〈들꽃소녀〉에도 예외 없이 적용되고 있다. 따라서 북한 영화를 이해하는데 있어서 단순히 영화적 측면, 순수 문학으로만 이해하고 분석하면 북한 영화의 본질을 이해하지 못하고 잘못 해석하는 오류를 범하게 되는 것이다.

북한에서 영화는 흥행보다 사회 전 구성원들을 교양하는 목적에 초점이 맞추어져 있다. 그렇다고 하여 북한 당국이 관객을 전혀 고려하지 않고 영화를 제작하는 것은 아니다. "관객에게 흥미를 끌 수 있도록 내용과 형식을 인상 깊게 재구성하는 것은 연출가에게 있어서 중요한 문제이다"라는 문구에 드러나듯이 북한 역시 흥행 및 관객의 흥미 유발에 관심이 많다.4) 여기에서 언급된 흥미 유발, 즉 흥행은 자본주의 사회에서 이해하는 흥행의 목적과 의미로 이해해서는 안 된다. 북한에서 언급한 흥행은 선전선동의 파급효과를 극대화시키기 위한 목적 하에 관객으로부터의 흥미를 유발해야 한다는 것을 강조하는 것으로서 그 목적이 사회 전 구성원들을 교양하는데 있다.5) 따라서 조선예술영화 〈들꽃소녀〉를 통해 당이 하고자 하는 말이 무엇인지를 파악하는 것이 북한 영화를 올바르게 이해하는 것이다.

---

3) 김정일, 『김정일선집』 2권, 평양: 조선로동당출판사, 1993, 137쪽.
4) 한송남, 『연출가의 영화적 재구성』, 평양: 문학예술출판사, 2008, 70쪽.
5) 위의 책, 70쪽.

2. 4.25예술영화촬영소의 역할

북한 인민군 총정치국 소속 조선4.25예술영화촬영소는 1959년 5월 16일 조선인민군2.8영화촬영소로 창립되었고 이후 1996년 조선인민군4.25예술영화촬영소로 명칭을 바꾸었다.[6] 4.25예술영화촬영소 산하에는 '월미도 창작단'과 '대덕산 창작단', '월비산 창작단' 등이 있으며 "혁명전통주제, 군사물주제영화와 계급교양주제영화를 비롯하여 영웅적인민군대와 인민들에 대한 사상교양사업에서 중요한 역할을 담당수행하는 수많은 예술영화들을 만들어내고" 있다.[7] 4.25예술영화촬영소에 소속된 창작단들의 활동은 다부작인 조선예술영화 〈민족과 운명〉 이후 구체적으로 드러나고 있지 않은 상황이다.

4.25예술영화촬영소에서 처음으로 제작한 영화는 조선예술영화 〈붉은 전사들〉이다. 이후 2001년 제작한 조선예술영화 〈복무의 길〉에 이르기까지 조선인민군4.25예술영화촬영소에서 창작한 영화는 400여 편 정도에 이르며 2012년에 제작한 조선예술영화 〈종군작곡가 김옥성〉(제1, 2부)까지 총 450여 편 정도 제작하였다.[8] 이는 북한에서 조선예술영화촬영소 다음으로 많이 제작

---

6) 조선인민군4.25예술영화촬영소는 〈김일성상〉 계관인, 로력영웅, 인민예술가, 인민배우, 공훈예술가, 공훈배우들을 가진 관록있는 영화창작집단으로, 완벽한 영화창작조건을 갖춘 현대적인 군사물영화창작기지로 내외에 알려져 있다. 백과사전출판사 편, 『조선대백과사전』 19권, 평양: 백과사전출판사, 2000, 116~117쪽.

7) 원대성, 「유훈의 뜻을 받드는 마음: 조선인민군4.25영화예술촬영소를 찾아서」, 『조선영화』 7호, 평양: 문학예술종합출판사, 1996, 32쪽.

한 수치이다.

4.25예술영화촬영소는 조선예술영화촬영소와 마찬가지로 영화 창작과 더불어 경희극 〈약속〉(1996), 〈축복〉(1997), 〈동지〉(1999), 〈웃으며 가자〉(2000), 〈철령〉(2003), 〈생명〉(2005) 등과 같은 대작을 주도적으로 창작하고 있다.9) 북한에서 경희극은 연극예술형태로서 국립연극단에서 주도적으로 창작을 했다.10) 그러나 북한에서 1997년 10월 7일 중앙방송 정론을 통해 등장한 '선군후로'와 1998년 4월 25일 인민군 창건일에 처음으로 언급된 '선군혁명사상 및 선군혁명령도', 동년 5월 27일 평양방송 정론에 구체적으로 언급된 '선군정치' 등의 용어가 사회적으로 담론화 및 이론화, 체계화되면서부터 4.25예술영화촬영소가 주도적으로 경희극을 제작하기 시작했다. 즉 '선군'의 등장으로 문학예술에서도 '선군'을 반영한 '선군혁명문학예술'을 적극적으로 창작하면서 4.25예술영화촬영소의 역할이 더욱 커졌던 것이다.11)

4.25예술영화촬영소에서 제작한 영화는 빠른 시일 내에 완성하여 북한의 대중운동인 '속도전' 정책을 적극 반영하기도 하였다. 대표적인 영화로는 조선예술영화 〈한 자위단원의 운명〉 40여일, 조선예술영화 〈처녀 리발사〉는 20여 일 만에 완성된 작품

---

8) 『로동신문』, 2001년 7월 15일.

9) 『로동신문』, 1999년 9월 4일; 『로동신문』, 2001년 7월 15일; 『로동신문』, 2005년 6월 13일.

10) 『로동신문』, 2003년 5월 30일.

11) 『로동신문』, 2004년 11월 28일.

이 있다.12) 즉 북한 당국은 영화작품뿐만 아니라 가용할 수 있는 모든 부문에서 정치적으로 활용하고 있다. 이는 내부자원을 극대화하고 총동원하기 위한 목적으로 볼 수 있다.

3. 김정은 시대의 북한영화 개괄

북한은 매년 조선예술영화촬영소, 조선4.25예술영화촬영소 등을 통하여 20여 편 내외로 조선예술영화를 제작·방영하고 있다. 그러나 북한 공간문헌을 통하여 확인한 결과 2012년도에 조선예술영화촬영소에서 제작한 영화는 찾을 수 없었으며 조선4.25예술영화촬영소에서 제작한 영화는 총 3편에 불과했다. 이는 북한의 조선예술영화 제작 편수가 예년에 비해 급격히 줄어든 수치이며 이례적이다.13)

북한 당국이 2012년 영화예술 부문에서의 제작 편수를 현격히 줄인 것은 2011년 12월 17일 김정일 사망에 따른 조문정국 분위기 속에서 이루어진 조치로 볼 수 있다. 그렇다고 하여 북한 당국이 영화예술을 포함하여 전반에 걸쳐 문학예술부문의 기능과

---

12) 홍국원, 「우리식 영화창조체계는 주체의 사회주의 영화예술을 발전시켜나가는 위력한 무기」, 『조선영화』 7호, 평양: 문학예술종합출판사, 1994, 31~34쪽.

13) 1994년 7월 8일 김일성 사망 이후 1995년 북한에서 제작된 조선예술영화는 단편영화 4편을 포함하여 총 22편이 제작·방영되었다. 조선중앙통신사 편, 『조선중앙년감 1995』, 평양: 조선중앙통신사, 1996, 235쪽.

역할을 축소시킨 것은 아니다. 2012년도 신년공동사설에서 확인할 수 있듯이 북한은 당의 문예방침을 철저히 관철하며 명작을 더 많이 내놓아야 할 필요가 있다는 것을 강조하고 있다.14)

2012년 조선4.25예술영화촬영소에서 제작·방영한 영화를 구체적으로 살펴보면 조선예술영화 〈들꽃소녀〉와 〈폭발물처리대원〉, 〈종군작곡가 김옥성〉(제1, 2부)가 있다. 그중에서도 2012년 북한에서 처음으로 선보인 영화는 조선예술영화 〈들꽃소녀〉이다. 특히 본 영화는 2011년 12월 17일 김정일 사망 이후 북한에서 처음으로 선보인 조선예술영화라는데 상징적 의미가 있다.15)

북한 당국은 조선예술영화 〈들꽃소녀〉를 "1996년 6월 김일성 대원수님에 대한 절절한 그리움을 안고 현지지도표식비에 정성껏 마련한 들꽃묶음을 놓아드려 김정일장군님의 마음속에 깊은 추억을 남긴 한 소녀를 원형으로 하여 영화를 만들었다"면서 감흥이 큰 영화로 소개하고 있다.16) 본 영화의 제목과 북한이 본 영화를 소개하는 기사를 통해 확인 가능한 사실은 주인공 이름이 불명확하다는 것과 주인공은 숨은 곳에서도 묵묵히 최고 지도자에 충성을 다하는 영웅적 면모를 지닌 인물이라는 것이

---

14) 문학예술부문에서는 창작도 편성도 형상도 우리 식으로 할 데 대한 당의 문예방침을 철저히 관철하며 모든 면에서 손색이 없는 명작들을 더 많이 내놓아야 한다. 대고조의 벽찬 현실에 발을 붙인 생동하고 통속적인 군중예술활동을 활발히 벌리며 청년들과 인민들이 풍부한 문화정서생활을 할 수 있는 조건들을 더 잘 갖추어주어야 한다. 『로동신문』, 2012년 1월 1일.

15) 『민주조선』, 2012년 4월 1일.

16) 『조선중앙통신』, 2012년 3월 30일.

다. 이는 1977년 김정일 지시에 의해 만들어진 조선예술영화 〈이 세상 끝까지〉와 그 궤적을 같이 하고 있다.[17] 즉 북한은 김정일 이 김일성 시대의 이름 없는 영웅인 태성할머니를 영웅화한 것 과 같이 김정은 시대에서도 태성할머니와 같은 이름 없는 영웅 인 들꽃소녀들을 영웅화하고 있는 것이다.

4. 조선예술영화 〈들꽃소녀〉의 종자

북한은 문학예술에서 "종자란 작품의 핵으로서 작가가 말하려 는 기본 문제가 있고 형상의 요소들이 뿌리내릴 바탕이 있는 생활의 사상적 알맹이"라고 설명하고 있다.[18] 문학예술 작품에 있어서 작품의 기초이며 핵심인 종자가 그만큼 중요하다는 것을 언급한 것으로 볼 수 있다.[19] 특히 북한은 "훌륭한 종자를 잡으

---

17) 1957년 8월 최고인민회의 제2기 대의원선거의 날이였다. 그날 선거장을 찾으신 어버이수령 김일성동지의 손을 꼭 잡고 북받치는 감격과 기쁨을 금치 못하며 평생 수령님을 한번만이라도 만나뵙는 것이 소원이였는데 이제는 죽어도 한이 없을 것 같다고 말씀올린 김화숙할머니, 오늘도 태성할머니라 불리우는 그의 진정에 넘친 목소리는 그 어떤 광풍이 불어와도 오직 수령님만 굳게 믿고 따르는 길에 영원한 행복이 있음을 수많은 인생체험을 통하여 뼈저리게 절감한 우리 인민의 신념의 목소리였다. 『우리민족끼리』, 2013년 10월 5일; 혁명의 준엄한 시기 오직 수령님을 믿고 따르려는 우리 인민의 한결같은 심정을 담아 말씀올린 태성할머니 에 대하여 수령님과 지도자 동지께서 하신 뜻깊은 말씀들에 대한 해설사업도 하고 예술영화 〈이 세상 끝까지〉에 대한 실효모임도 자주 조직하는 등 여러 가지 형식과 방법으로 태성할머니따라배우기 위한 정치사업을 진행하였다. 『로동신문』, 1992 년 3월 27일.

18) 김정일, 『영화예술론』, 평양: 조선로동당출판사, 1973, 17쪽.

려면 무엇보다도 먼저 당정책의 요구에 맞게 종자를 잡는 원칙을 철저히 견지해야한다"고 강조하고 있다.[20] 결국 북한 문학예술은 수령의 교시와 당정책의 요구에 부합하는 것을 종자로 잡아 작품을 제작·보급하고 있는 것이다.[21]

북한에서 종자론은 문학예술작품에 국한하여 존재하는 것이 아니다. "농업을 비롯한 모든 분야에서 우리 당이 제시한 종자론을 철저히 구현하기 위한 된바람을 일으켜야 한다"는 문구에서도 확인할 수 있듯이 북한은 종자론을 문학예술분야와 더불어 사회 전 분야에 걸쳐 적용하고 있다.[22]

조선예술영화 〈들꽃소녀〉 역시 기존에 제작된 북한 영화들과 같이 생활사건, 일화들이 종자의 요구에 맞게 설정된 작품이다. 따라서 본 영화 역시 수령중심의 유일사상을 문화예술에 결합시켜 수령관을 작품에 드러내는 구조의 틀[23]을 벗어나지 못하고

---

19) 위의 책, 17쪽.

20) 김정웅, 『종자와 작품창작』, 평양: 사회과학출판사, 1987, 77쪽.

21) 종자를 잡은 다음 거기에 세부를 집중시키고 력점을 찍어 풀어나갈데 대한 당의 새로운 문예리론은 수령님의 교시와 당정책을 구현하는 것을 자기 사명으로 하고 있는 우리의 혁명적문학예술의 또하나의 중요한 창작원칙을 밝혀준 독창적 사상이며 리론이다. 우리의 당적문학예술창작은 자기 작품에서 수령님의 혁명사상과 당이 요구하는 문제에 대한 사상예술적구현을 떠나서는 자기 창작의 그 어떤 의의도 가질수 없다. 현종호, 「종자를 잡은 다음 거기에 세부를 집중시키고 력점을 찍어 풀어나가는 것은 혁명적문학예술작품의 사상예술적 수준을 높이는 기본담보」, 『조선문학』 8호, 평양: 문예출판사, 1974, 5쪽.

22) 『로동신문』, 2001년 1월 1일.

23) 전영선, 「문학예술 창작이론으로서 종자론」, 『북한의 문학과 문예이론』, 동국대학교출판부, 2003, 123쪽.

있지만 전개과정이 지금까지와는 다르다. 예컨대 영화는 시작부터 손수건에 그려진 들꽃, 등장인물 홍장미의 모교에서 보내온 편지, 홍장미에 대한 화려한 소개 등을 보여주면서 관객으로 하여금 주인공이 홍장미인 것으로 이야기를 이끌어가고 있다. 물론, 등장인물 홍장미는 만경대학생소년궁전소조에 있을 때 들꽃소녀에 대한 노래이야기의 주인공으로 출연하면서 들꽃소녀로 불렸던 인물이다. 그러나 등장인물 홍장미는 본 영화에서의 주인공은 아니다. 조선예술영화 〈들꽃소녀〉의 주인공은 영화 중반부에 가서야 등장인물 홍장미가 아니라 등장인물 신정희가 주인공임을 밝히고 있다. 이는 보통의 북한 영화에서 볼 수 없는 독특한 설정이다.

"예술작품에 있어서 내용과 형식은 고정불변한 것이 아니고 새로운 시대적 내용과 요구에 맞게, 그리고 인민대중의 사상 그리고 정서적 지향에 맞게 발전하는 것"[24]이라는 북한 공간문헌에 드러나듯, 북한에서 제작되는 영화는 시대적 변화상을 반영하며 작가의 독창성이 필요하다는데 강조하고 있다.[25] 그렇다고 하여 김정은 시대의 첫 번째 제작된 영화인 조선예술영화 〈들꽃소녀〉를 계기로 북한 영화가 기존의 선전선동을 위해 제작하던

---

24) 사회과학출판사 편, 『문학예술사전』, 평양: 사회과학출판사, 1972, 185쪽.

25) "창작가들은 독창적이며 비반복성의 원칙을 철저히 구현하는 창작가적인 자세를 가져야 하며 생활에 대한 개성적이며 독창적인 탐구를 하여야 하며 작품창작에서 개성화와 독창성의 원칙을 구현해야 한다." 문예출판사 편, 「위대한 수령님께서 제시하신 웅대한 강령을 높이 받들고 혁명적문학작품창작에서 새로운 양양을 일으키자」, 『조선문학』 11호, 평양: 문예출판사, 1980, 11쪽.

방식에서 벗어나 새로운 변화를 도모하고 있는 것으로 해석해서는 안 된다. 김정은 시대에서도 북한은 영화를 비롯한 모든 문학예술 작품에서 당의 검열을 적극적으로 하고 있으며, 당의 요구 및 정책을 충실히 반영한 작품만 대내외적으로 선보이고 있기 때문이다. 예컨대 조선예술영화 〈들꽃소녀〉에서 '전투기 330호기 랜딩기어 고장'은 영화 전개에 있어서 중요한 사건이다. 영화 속 이 사건은 등장인물 간 갈등의 원인이 되며 극중 긴장을 고조시키고 있다.

> 비행기 330호의 착륙시 앞바퀴에서 나타난 이상한 현상으로 인한 각이한 판단, 아무리 정희가 330호기의 앞바퀴가 3초 늦어나왔다고 주장해도 신대원의 오유와 착각으로 치부하는 분대장과 일부 지휘관들, 량심과 동요와의 내적고심 끝에 식당근무라는것도 잊고 국가까지 손에 든채 련대장을 찾아가 330호기의 훈련이륙을 중지시켜줄 것을 요구하는 정희, 그로 인한 주도기의 해체와 분대장의 모범분대장경험토론회 참가 포기, 수리소에 와서도 계속 정상가동으로만 나오는 330호기 앞바퀴 상태가 정희에게 주는 심리적 불안과 고충.26)

위 문구에서처럼 영화 초반부에서는 주인공 신정희가 부대 내에서 크고 작은 분란을 일으키는 인물로 묘사되고 있다. 그러나 이러한 갈등은 330호기 비행기 앞바퀴의 비정상 작동과 그

---

26) 심영택, 「작은것과 큰 것」, 『조선예술』 8호, 평양: 문학예술출판사, 2012, 68쪽.

원인이 밝혀지면서 해결이 된다. 조선예술영화 〈들꽃소녀〉에서 비행기 330호는 김정일이 행사에 참관하는 경축행사에서 선보이고, 실전에 배치될 비행기였기에 특별한 의미를 지니고 있다.27) 조선예술영화 〈들꽃소녀〉에서 언급된 '330호기 비행기'와 '앞바퀴의 비정상 작동'이 의미하는 것은 단순히 비행기의 오작동과 관련된 이야기만을 하는 것이 아니다. 본 영화에서 언급된 비행기는 북한에서의 최고지도자인 김정일이 참관하는 행사에 실전 배치될 비행기로서 김일성 시대부터 강조된 '수령결사옹위정신'과도 밀접한 관련이 있다. 즉 북한 공간문헌에 나타난 "무엇보다도 최고지도자를 결사옹위해가는 길에서 자그마한 얼룩고 남기지 않으려는 주인공 신정희의 순결한 지향세계"라는 문구에서 알 수 있듯이 북한 당국은 최고지도자를 수호하고 충성하는 것이 미덕이라는 것을 사회 전 구성원들에게 보여주고 있다.28)

5. 선군시대의 모범: 들꽃소녀

조선예술영화 〈들꽃소녀〉는 현지지도표식비에 정성껏 마련한 들꽃묶음을 놓은 소녀들 중 한 명이 군에 입대하여 비행구분

---

27) 위의 책, 69쪽.

28) 장현일, 「〈들꽃〉의 아름다움을 돋구어낸 탐구적인 화면형상」, 『조선예술』 3호, 평양: 문학예술출판사, 2013, 55쪽.

대의 신호수로서 묵묵히 최선을 다하는 모습을 그리고 있다.[29] 지금까지 북한에서 제작된 모든 영화가 선전선동을 목적으로 하고 있기에 전개과정 및 내용은 단편적이고 예측이 가능하다. 그러나 본 영화는 기존 여성군인을 대상으로 제작된 조선예술영화 〈녀병사의 수기〉와 〈우리 정치 지도원〉 등에서 연출된 것과는 차별화되어 있다. 특히 본 영화에서는 등장인물 홍장미와 신정희 사이에서 주인공이 누구인지 가늠하기 어렵게 작품에서 주인공을 숨기고 있다. 이는 관객으로 하여금 흥미를 유발하는 기제로 작동하고 있다.

> 장미: 〈분대장 동지, 어서 땀을 닦으십시오. 여직껏 손풍금을 메고 오느라구...〉
>
> 영미: 〈내게도 있어요. 야, 헌데 이거 뭔가 잘못된 것 같다. 아, 이왕이면 장미꽃이 더 고왔을 걸, 동무 이름처럼 말이에요.〉
>
> 얼굴을 붉히는 장미: 〈거기엔 사연이 있습니다.〉 (…중략…)
>
> 그렇다. 거기엔 사연이 있었다. 하지만 나는 그 사연이 처음 만난 분대장동지와 나의 병사시절의 첫 송아지동무인 정희동무 앞에서 어쩐지 나를 내세우는 자랑같아 애써 그 물음에 대답을 피하였다. 〈이제 앞으로의 복무생활을 통하여 이 수건에

---

29) 영화 초반에 등장하는 표식비에는 다음과 같이 적혀 있다. "위대한 수령 김일성동지께서와 지도자 김정일동지께서는 1952년 6월 22일 이곳에 오시여 비행기 009호기를 몸소 보아주시면서 공군부대의 전투준비를 하루 빨리 완성하여 비행사들과 기술근무원들의 성장과 건강을 잘 돌보아줄 때 대하여 가르쳐주시였다.".

수놓은 그 들꽃의 사연을 이들 스스로가 느끼게 되도록 하
자.〉 이것이 바로 이때의 나의 심정이었다.[30]

위 문구에서 드러나듯이 조선예술영화 〈들꽃소녀〉에서 등장
인물 홍장미의 대사는 그녀가 들꽃소녀라는 것을 암시하고 있
다. 실제 영화 속 등장인물 홍장미는 부대 내에서 군무생활을
잘하는 인물로 그려지고 있다.

조선예술영화 〈들꽃소녀〉는 등장인물 홍장미와 신정희 간의
관계 및 이들의 가치관을 상호 비교하고 있다. 〈표 1〉에 나타나
듯이 영화 속 인물인 홍장미는 자신의 모범적인 면을 타인에게
내세우고 자랑하거나 보여주기 위한 노력에 앞장서는 인물이다.

〈표 1〉 등장인물 신정희와 홍장미 비교

	홍장미	신정희
인물	소년궁전에서 들꽃소녀 역을 연기했던 인물	들꽃소녀
행동	콩을 찾는 것도 중요하지만 상학시간에 늦으면 안 된다고 재촉하는 인물	비행장 주변에 새가 날아들면 안 된다고 바닥에 떨어진 콩을 줍는 인물
특징	자신의 행동을 타인에게 드러내고 싶어 하는 경향이 강함	개인의 이익보다도 수령과 국가의 이익에 역점을 두는 경향이 강함

예를 들면, 인물 홍장미는 비행장 활주로 주변에 떨어진 콩을
줍다가 상학시간에 늦어 영예사진을 못찍는 것에 아쉬워하는

---

30) 리숙경, 「들꽃소녀」, 『조선예술』 12호, 평양: 문학예술출판사, 2012, 61쪽.

인물이다. 이와는 반대로 주인공 신정희는 자기를 드러내지 않고 묵묵히 주어진 일을 끝까지 완수해 내는데 역점을 두는 인물이다.[31] 영화 속 등장인물 홍장미는 주인공 신정희의 행동을 이해하지 못하는 인물로 묘사되고 있다. 주인공 신정희의 대사 "병사는 어떤 경우에도 명령받은 시간을 어길 권리가 없는 것이다. 장미 동무에게 미안한 생각이 든다. 그때 장미 동무를 먼저 보내여 보고하게 하였더라면 그는 처벌도 받지 않았을 것이고 오늘 그처럼 소망하던 영예사진도 찍어 부모님들과 모교에도 자랑스럽게 보냈을 것이다."라는 문구를 통하여 드러나듯, 본 영화에서 주인공 신정희는 자신에게 주어진 임무를 완수하는 것에 충실함과 더불어 동료 병사를 걱정하는 인물로 그려지고 있다.[32] 이처럼 북한 당국이 조선예술영화 〈들꽃소녀〉의 주인공 신정희를 "선군시대 인민군의 전형"으로 그려냄에 있어서 영웅화하는 것은 주인공의 사상정신세계와 면모를 사회 전 구성원들이 따라 배울 수 있도록 환경을 조성하기 위한 것이다.[33] 특히 조선예술

---

31) 그때 그 일(1996년 6월 현지지도표식비에 들꽃묶음을 올려 놓은 것)은 누구나 다 할수 있는 일이였어. 그런데도 아버지 장군님께서는 산골마을의 이름없는 한 소녀의 소박한 마음도 기특히 여겨주시고 온 나라가 다 아는 들꽃소녀로 내세워주셨어. (…중략…) 그런데 장미동무, 정작 군복을 입고 복무의 자욱을 떼고 보니 난 아직 아버지 장군님께서 그토록 내세워주신 그 들꽃소녀의 높이에 서자면 내자신이 너무나 멀었다는 것을 온몸으로 깨닫게 되었어. 리숙경, 앞의 글, 79쪽.

32) 위의 글, 66쪽.

33) "선군시대 인민군군인들을 형상함에 있어서 그려내는 것은 그들을 당과 혁명, 조국과 인민의 믿음직한 수호자, 조국의 부강번영과 인민의 행복의 창조자로서 더욱 철저히 준비시키고 선군혁명의 주력군으로서의 사명과 역할을 보다 훌륭히 수행해나가도록 하는데서 사회성원들이 인민군군인들의 숭고한 사상정신세계와 면모

영화 〈들꽃소녀〉는 주인공 신정희를 중심으로 이야기를 풀어가지만, 주인공 신정희와 등장인물 홍장미와의 서로 다른 가치관을 비교하고 인물 각각의 시각으로 삶을 보다 입체적으로 관객들에게 보여줌으로써 기존 북한 영화들과 달리 흥미를 유발하고 있다.[34]

6. 영화 속 주인공 '신정희'의 숨은 영웅화

조선예술영화 〈들꽃소녀〉에서 주인공 신정희는 수령이나 조국에 충실하면서 명예와 보수를 바라지 않고 묵묵히 일하는 인물로 묘사되고 있다. 북한에서 주인공 신정희와 같은 인물을 숨은 영웅으로 부르고 있다.[35] 현재 북한에서 이 숨은 영웅들은

를 잘 알고 그들을 본받아 선군시대 강성국가건설을 위한 보람찬 투쟁에 적극 떨쳐나서게 하는데서도 중요한 의의를 가진다." 박근효, 「선군시대 소설문학에서 인민군군인들이 지닌 열렬한 조국애에 대한 예술적형상화」, 『사회과학원학보』 1호, 평양: 사회과학출판사, 2013, 41쪽.

34) 개울가에서의 대화 장면. "정희: 〈이 수건에 수놓은 들꽃엔 사연이 있다지? 그리고 오늘 아침 받은 그 편지에 들꽃소녀라는건?〉, 장미: 〈우리 소년궁전에선 그 이야기(들꽃소녀)를 가지고 노래이야기를 창작했는데 내가 그 주인공인 들꽃소녀역을 했거던. 학교와 공장들, 궁전무대에서 숱한 공연을 하면서 난 선생님들과 동무들 그리고 우리 인민반에서까지 들꽃소녀로 불리우게 됐어. 그래서 난 그 들꽃소녀처럼 살고싶어 대학통지서를 입대증으로 바꾸었어. 그런데 군복입은 지금도 그렇게 불러줄줄은 … 아마 다들 내가 그렇게 살길 바래서겠지 뭐.〉" 리숙경, 앞의 글, 65쪽.

35) 북한에서 숨은 영웅은 "그 어떤 바람이 불어와도 오직 한 마음 당과 수령을 위하여, 북한과 인민을 위하여, 몸 바쳐 투쟁하여 소문 없이 큰일을 한 열렬한 애국자,

당 지도부가 대중에게 요구하는 주체형의 공산주의자의 전형으로 활용되고 있다.36) 숨은 영웅의 중요한 표상은 개인의 이익이나 공명을 위해서가 아니라 인민대중의 혁명위업을 위하여 자기의 모든 것을 다바쳐 헌신적으로 투쟁한다는 영웅적 삶이다.37) 따라서 북한에서 숨은 영웅은 사회 전 구성원들에게 있어서 영웅의 참 모습이기도 하지만 무엇보다도 모든 사람들이 따라 배워야 할 훌륭한 본보기이다.38)

숨은 영웅들의 사상정신적 특질은 수령님과 당에 대한 높은 충실성이며 조국과 인민에 대한 끝없는 헌신성이다.

숨은 영웅들은 수령님과 당에 대한 높은 충성심을 가지고 당의

참다운 공산주의자로 커다란 위훈을 세우고도 그 어떤 평가나 보수도 바람이 없이 오직 혁명을 위하여 모든 것을 다바쳐 꿋꿋이 일해 나가는 존재"를 말한다. 문예출판사 편, 「당6차 대회를 혁명문학 건설의 새로운 일대 양양으로 맞이하자」, 『조선문학』 3호, 문예출판사, 1980, 4~6쪽; 문예출판사 편, 「위대한 수령님께서 제시하신 웅대한 강령을 높이 받들고 혁명적문학작품창작에서 새로운 양양을 일으키자」, 『조선문학』 11호, 평양: 문예출판사, 1980, 7~12쪽.

36) 문예출판사 편, 「당정책을 더욱 민감하게 반영하자」, 『조선문학』 9호, 평양: 문예출판사, 1977, 2~4쪽.

37) 역사문제연구소 편, 「북한의 유일체제와 주체사상의 기능」, 『한국정치의 지배이데올로기와 대항이데올로기』, 역사비평사, 1994, 284~285쪽.

38) "숨은 영웅들의 모범을 따라배우는 운동은 온 사회를 주체사상화하기 위한 력사적 투쟁로정에서 이룩된 문화적 및 경제적 성과에 토대하여 합법칙적으로 일어난 대중운동이다. (…중략…) 숨은 영웅들의 모범을 따라배우는 운동이 우리 혁명의 해로운 단계에서 발생한 공산주의적대중운동으로 되는것은 또한 그것이 일군들의 사업 방법과 작품을 주체사상의 요구대로 개선하는 사업에서 이룩한 성과에 토대하여나온 대중운동이기 때문이다." 백재욱, 「숨은 영웅들의 모범을 따라배우는 운동은 우리 혁명의 새로운 단계에서 발생한 공산주의적대중운동」, 『근로자』 2권 (통권 454호), 평양: 근로자사, 1980, 48~53쪽.

로선과 정책을 관철하기 위하여 부닥치는 온갖 난관을 용감하게 이겨내면서 영웅적으로 투쟁하였다. 숨은 영웅들은 그처럼 훌륭한 행동을 하면서도 명예나 보수를 조금도 바라지 않았으며 오직 당과 수령을 위하여, 조국의 번영과 인민의 행복을 위하여 자기의 모든 것을 묵묵히 바쳤다. 이들이야 말로 우리 시대의 참다운 영웅이며 모든 사람들이 따라배워야 할 훌륭한 본보기이다.[39]

위 문구처럼 북한은 1979년부터 숨은 영웅들의 모범을 따라 배우는 운동을 전개하면서 과학기술의 발전을 지속적으로 강조하고 있다. 수령에 대한 충실성, 조국과 인민에 대한 헌신성이라는 점에서, 그리고 무엇보다도 남이 알아주거나 국가가 보상해주기를 바라지 않으면서 묵묵히 일하는 존재라는 점에서 '숨은 영웅'은 북한이 요구하는 주체형 인간의 본보기가 될 수 있었다.[40] 결국 북한은 김정은 시대에서도 영화 속 주인공인 신정희를 숨은 영웅으로 부각시킴으로써 북한의 사회 전 구성원들이 이를 따라 배우도록 사상교양하기 위한 당의 목적이 내포되어 있는 것으로 볼 수 있다. 예컨대 북한은 1997년과 1999년에는 과학의 해로 정하고 과학기술중시 풍조를 정책적으로 확산시킨 바 있다. 2003년 당시 북한은 현시기 과학기술을 빨리 발전시키

---

39) 김창성, 『영광스러운 당중앙의 현명한 령도밑에 진행되는 3대혁명붉은기쟁취운동』, 평양: 과학백과사전출판사, 1983, 77쪽.

40) 오성호, 「주체시대의 북한시 연구: 숨은영웅의 형상과 그 의미」, 『현대 문학의 연구』 36권, 2008, 395쪽.

기 위해서는 혁명과 건설에서 가장 절박하고 필수적인 요구이며 과학자, 기술자 돌격대의 활동을 강화할 필요가 있다고 강조했다.[41] 다시 말해서 북한이 김정은 시대에서도 조선예술영화〈들꽃소녀〉를 통하여 숨은 영웅, 숨은 근로자를 내세우고 이들을 따라 배워야한다고 강조하는 것은 당과 혁명에 대한 높은 충성심과 자력갱생의 혁명정신을 가지고 하루 빨리 사회주의 건설을 달성하기 위한 것으로 볼 수 있다.[42]

7. 김정은 시대의 영웅따라배우기운동

김정은 시대의 첫 번째 조선예술영화〈들꽃소녀〉는 1996년 7월 2일 신의주시 문화회관에서 김정일의 친필평가와 선물을 받은 연하고등중학교 학생 김명희, 김경희, 김성옥의 영웅적 행동을 바탕으로 제작된 영화이다.

1996년 6월 21일 저녁무렵이었다. 김명희 학생이 "내 수수께끼를 하나 낼테니 누가 먼저 맞추나 보자", "래일이 무슨 날인지 맞춰봐." 두 소녀는 한목소리로 대답하였다. "우리가 그것을 잊은줄알아. 래일 6월 22일은 아버지대원수님과 장군님이 우리 고향을 찾아주셨

---

41) 『로동신문』, 2003년 10월 31일.
42) 김창익, 「숨은 영웅들의 모범을 따라배우는 운동은 사회주의건설을 다그치는 위력한 기술개조운동」, 『근로자』 2권(통권 454호), 평양: 근로자사, 1980, 59~64쪽.

던 날이라는걸."

"그럼 우리들은 어떻게 해야할까.", "꽃다발을 만들어가지고 가야지 뭐."

새벽에 김명희학생은 김경희와 김성옥이의 머리를 곱게 빗겨주고 옷차림을 단정하게 한 다음 정성껏 만든 꽃다발을 가슴에 안고 수령님과 장군님의 현지지도표식비를 찾아 그앞에 꽃다발을 놓고 인사를 올리였다.[43]

위 문구에 나타나듯이 북한은 신의주시 연하고등중학교 김명희, 김경희, 김성옥 학생들의 행동에 대해 1996년 7월 5일 『로동신문』을 통하여 소개한 바 있다. 당시 신문에서는 김정일이 3명의 학생들에 대해 "기특한 어린이들이요"라며 친필 평가와 선물을 학생들에게 치하했다고 소개하고 있다. 신문 속에 소개된 평범한 세 소녀인 김명희, 김경희, 김성옥 학생들의 선행과 그들의 영웅적 삶은 조선예술영화 〈들꽃소녀〉의 주인공 신정희의 모습에 그대로 반영되어 있다.[44]

〈표 2〉에 나타나듯, 영화 속 주인공 신정희와 실제 숨은 영웅

---

43) 『로동신문』, 1996년 7월 5일.

44) 계류장 〈그때 그 일은 누구나 다 할수 있는 일이였어. 그런데도 아버지장군님께서는 산골마을의 이름없는 한 소녀의 소박한 마음도 기특히 여겨주시고 온 나라가 다 아는 들꽃소녀로 내세워주셨어. (…중략…) 그런데 장미동무, 정작 군복을 입고 복무의 자욱을 떼고보니 난 아직 아버지장군님께서 그토록 내세워주신 그 들꽃소녀의 높이에 서자면 내자신이 너무나 멀었다는것을 온몸으로 깨닫게 되였어. 실은 그래서 …〉. 리숙경, 앞의 글, 79쪽.

인 김명희, 김경희, 김성옥 학생들의 성격은 자신에게 주어진 일을 묵묵히 수행하고 있다는 공통점이 있다. 숨은 영웅인 김명희, 김경희, 김성옥 학생들의 이러한 정신은 영화 속 주인공인 신정희에게 그대로 반영되어 있으며 관객들에게는 모범의 표상으로서의 역할을 하고 있다. 북한이 영화 속 주인공인 신정희를 선군시대의 전형적인 모범으로 형상하는 것은 선군시대 사회 전 구성원들이 갖추어야 할 자세가 무엇인지를 보여주고 이를 따라 배우고 실천하도록 강요하기 위한 목적이다.

〈표 2〉 선군시대 인간의 전형 및 자세

	영화 속 주인공: 들꽃소녀 신정희	실존 인물: 들꽃소녀 김명희
인물의 특성	주인공 신정희는 고향마을에 있는 현지지도 표식비에 소박한 꽃묶음을 놓아 장군님께 기쁨을 드린 소중한 추억을 안고사는 병사이다.	김명희 학생은 김경희와 김성옥이의 머리를 곱게 빗겨주고 옷차림을 단정하게 한 다음 정성껏 만든 꽃다발을 가슴에 안고 수령님과 장군님의 현지지도표식비를 찾아 그앞에 꽃다발을 놓고 인사를 드리였다.
선군시대 진정한 영웅의 표상	군무생활에서 모범을 보이며 동무들을 위해 애쓰는 장미와 활주로 주변에 나타난 산비둘기를 보자 비행안전부터 생각하며 흘러있는 콩알을 줏는 정희의 모습은 병사생활의 인상적인 순간들이다.	2003년 인민군 제860비행부대, 2012년 인민군 공군 제354군부대에서 각각 근무했던 김명희는 변함없이 충성의 꽃을 피워가고 있는 애국충정의 인물이다.

출처: 「로동신문」, 2012년 4월 28일; 「로동신문」, 1996년 7월 5일; 「로동신문」, 2003년 1월 18일; 「로동신문」, 2012년 1월 21일.

〈표 2〉에서는 영화 속 주인공 신정희의 개인 성격은 숨은 영웅 김명희, 김경희, 김성옥 학생들의 생각과 행동이 일치한다. 〈표 2〉에 나타나듯이 연출가는 관객에게 선군시대 인간의 전형과

자세를 영화 속 주인공 신정희의 행동을 통하여 보이고 있다. 북한이 조선예술영화 〈들꽃소녀〉 속 주인공 신정희의 영웅적 면모, 그중에서도 숨은 영웅화 하여 이러한 면모를 사회 전 구성원들이 따라 배우도록 유인하는 것은 수령과 당에 대한 끝없는 충직한 혁명가로 키우고 공산주의적 인간개조운동을 하기 위한 목적이다.45) 즉 북한이 김정일에 의해 불리기 시작한 들꽃소녀인 김명희의 행동과 삶을 조선예술영화 〈들꽃소녀〉로 재구성하여 제작·방영한 것은 북한 사회에서 전 구성원들에게 누구나 영웅이 될 수 있으며 영웅적 행동은 그 어디에나 있다는 것을 보여주기 위한 것으로 볼 수 있다.46) 또한 북한 당국은 본 영화를 통하여 북한 주민들에게 사상교양사업을 함으로써 체제 결속력을 높이고 수령 및 당에 대한 충실성을 독려하려는 의도도 내포된 것이다.

---

45) 근로자사 편, 「숨은 영웅들의 모범을 따라배우는 운동은 새로운 형태의 공산주의적대중운동」, 『근로자』 1권(통권 453호), 평양: 근로자사, 1980, 14~16쪽.

46) "숨은 영웅들의 모범을 따라배우는 운동은 당의 현명한 령도와 수령님과 당에 대한 우리 인민의 끝없는 충성심이 하나로 결합되어 일어나고 그에 의하여 확대발전되고 있는 것이다. 당의 현명한 령도와 전체 인민의 불같은 충성심은 숨은 영웅들의 모범을 따라배우기 위한 운동의 무궁무진한 생활력과 그 불패의 위력의 원천으로 되고 있다." 근로자사 편, 「숨은 영웅들의 모범을 따라배우는 운동은 새로운 형태의 공산주의적대중운동」, 『근로자』 1권(통권 453호), 평양: 근로자사, 1980, 15쪽.

8. 애국주의 담론의 재생산

김정은 시대의 구호인 '어버이수령님과 위대한 장군님께 다진 맹세를 끝까지 지키자!'에서 확인할 수 있듯이 북한은 김일성·김정일을 받들고 김정은의 령도따라 주체혁명위업을 끝까지 완성하고자 당에 대한 충성을 끊임없이 요구하고 있다.[47] 2013년 김정은은 신년공동사설에서 '김정일 애국주의는 부강조국의 원동력'이라고 언급한 바 있으며『로동신문』에서도 '김정일 애국주의'를 학습하고 실천해야한다는 것을 강조하였다.[48] 북한이 '김정일 애국주의'라는 새로운 구호를 생산하고 담론화하는 것은 김정일을 통해 김정은 중심의 정치체제를 공고화하고 체제 결속력을 높이기 위한 수단으로 볼 수 있다.[49] 북한 당국의 이러한 의도는 조선예술영화 〈들꽃소녀〉에서도 그대로 적용되고 있다.

로대

장미의 마음속 소리.

---

47)『로동신문』, 2012년 7월 9일.

48)「김정일애국주의교양을 강화하자」,『로동신문』, 2012년 5월 21일;「김정일애국주의교양을 더욱 심도있게」,『로동신문』, 2012년 8월 5일;「애국은 실천속에서 빛난다」,『로동신문』, 2012년 9월 14일;「현실발전의 요구에 맞게 김정일애국주의교양을 강화하여 학생들을 혁명의 계승자로 튼튼히 준비시켜나가겠다」,『로동신문』, 2012년 9월 26일;「애국자의 자세」,『로동신문』, 2012년 10월 20일 등이 발표되었고 이외 에도 이와 관련된 다수의 글들이 존재한다.

49) 한승호·이수원,「김정은 시대의 새로운 구호 '김정일애국주의' 의미와 정치적 의도」,『국방정책연구』 29권 2호, 2013 참고.

"아버지장군님 받드는 우리의 마음은 그처럼 맑고 깨끗해야 하는 것이니..."

바라보는 장미.

"내 저 정희동무의 가슴속에 간직된 들꽃을 심장에 안고 복무의 순간순간을 값있게 걸으리라, 아버지장군님을 받들어모시리라!"

비행기를 향해 결례하는 정희와 장미.

여기에 울리는 주제가.

찬바람 불어도 열백번 피여도

세월의 한끝까지 해님만 따를 꽃송이[50]

위 문구에 드러나듯이 북한은 조선예술영화 〈들꽃소녀〉에서 도 2011년 12월 17일에 사망한 김정일에 대한 충성을 강조하고 있다. 김정은 시대의 새로운 구호인 '김정일 애국주의'[51]를 구현 함에 있어서 문학예술을 적극 활용하겠다는 북한 당국의 의지를 엿 볼 수 있는 대목이다.[52] 북한이 새롭게 선보인 구호 '김정일

---

50) 리숙경, 앞의 글, 80쪽.

51) "김정일애국주의는 우리의 사회주의조국과 우리 인민에 대한 가장 뜨겁고 열렬한 사랑이며 사회주의조국의 부강번영과 인민의 행복을 위한 가장 적극적이고 희생 적인 헌신입니다. 우리는 김정일애국주의의 요구대로 조국과 인민에 대한 열렬한 사랑을 지니고 사회주의조국의 부강번영과 인민의 행복을 위하여 자신의 모든 것을 깡그리 다 바침으로써 이 땅우에 주체의 사회주의강성국가를 하루빨리 일떠 세워야 한다." 최원철, 「김정일애국주의의 본질」, 『사회과학원학보』 3호, 평양: 사 회과학출판사, 2012, 12쪽.

52) 조웅철, 「김정일애국주의를 구현하는것은 선군시대 문학예술의 중요한 과업」, 『사 회과학원학보』 4호, 평양: 사회과학원출판사, 2013, 93~94쪽.

애국주의'는 말 그대로 김정일의 애국심을 따라 배우고 이를 실천하자는 것을 말한다. 북한이 '김정일애국주의'를 강조하는 것은 김정일의 정책과 노선 및 사업방식 등을 김정은 시대에서도 계속해서 추진하고 이를 실현시키겠다는 것을 대내외적으로 피력하고 있는 것으로 볼 수 있다.[53]

개울가

들꽃묶음을 손에 쥐고 생각깊이 걷는 정희. 정희의 마음속 소리로 울리는 시

해님있어 꽃들은 피여나고

꽃들은 피여 해님 따르네

오늘도 피여 전하고있겠지

내 고향의 들꽃들

그 당부 잊지 말라 설레이고있겠지

아 세월의 언덕넘어 영원할 그 당부

송이송이 천만송이에 담아안고

어제도 오늘도 피고피는

내 고향의 들꽃들

53) 「강대한 사회주의조국의 밝은 미래를 위하여 힘차게 싸워나가자」, 『로동신문』, 2012년 6월 9일; 「달리는 렬차안에서」, 『로동신문』, 2012년 7월 11일; 「경애하는 김정일동지의 불타는 애국헌신장정에 대하여」, 『조선중앙통신』, 2012년 8월 6일; 「온 나라에 김정일애국주의의 열풍을 세차게 일으키자」, 『로동신문』, 2012년 8월 9일; 「모두다 열렬한 김정일애국주의자가 되자」, 『로동신문』, 2012년 9월 4일 등의 글들 이외에도 다수의 글들이 있다.

내 한생 순결한 심장으로 받들리라

아버지 장군님을

내 고향의 들꽃처럼[54)]

주인공 신정희가 영화 속에서 부른 시의 내용을 보면 북한에서 김정일의 존재는 사망 이후에도 절대적이라는 것을 확인할 수 있다. 북한 최고지도자인 김정일의 행적을 따라 배우고 꾸준한 실천을 요구로 하는 북한 사회에서 이러한 모습은 당연할 수 있다. 그러나 김정은 시대의 북한 당국이 김정일의 애국적인 행적을 따라 배우고 실천하는 것에 국한한 것은 아니다.

김정은은 '김정일애국주의'가 북한 주민들을 대를 이어 참된 애국자로 키워주는 등대, 투쟁과 생활의 나침판이 될 것이라며 이에 대한 교양사업을 강화하여 모든 사람들을 김정일과 같은 참다운 애국자가 되도록 하여야 한다고 말하였다. 그리고는 이를 실천과 결부하여 실속 있게 진행하라고 교양사업에 대한 방향성을 제시해 주었다. 이는 북한이 주민들을 김정일의 조국관, 인민관, 후대관으로 무장시켜 국가에 충성하도록 만들고 있음을 보여 주는 대목이다.

---

54) 리숙경, 앞의 글, 78쪽.

9. 조선예술영화 <들꽃소녀>의 함의

2011년 12월 김정일이 사망했을 때 북한 공간문헌에서 자주 언급되었던 것이 "우리에게는 김정일동지 그대로이신 존경하는 김정은동지께서 계신다", "장군님 그대로이신 김정은동지께서 계시여 주체혁명위업의 대는 군건하며 선군혁명위업은 필승불패이다" 등의 문구이다.[55] 북한은 김정일 사망 이후 김정은을 부각시키는데 초점을 맞추기 보다는 김정일을 매개로 김정은이 최고지도자라는 것을 대내외적으로 알리는데 집중했다.[56] 북한의 이러한 전략은 조선예술영화 <들꽃소녀>에서도 엿보인다.

이날 위대한 장군님께서는 이러한 여성 해안 포병들의 훈련을 보아주시고 매우 만족해하시면서 그들이 조국에 대한 불타는 애국심을 안고 훈련도 잘하고 부대도 알뜰하게 꾸렸다고 높이 치하해 주시였습니다. 위대한 장군님께서는 해안 포병들의 조국애가 담긴 소박한 예술공연도 보아주시고 <내나라의 푸른하늘>을 부른 여성 군인 동무가 노래도 잘부르고 손풍금도 잘 탄다고 우리의 재간둥이들이

---

55) 「우리에게는 존경하는 김정은동지께서 계신다」, 『조선중앙통신』, 2011년 12월 19일; 「슬픔을 딛고 일어서는 인민들」, 『조선중앙통신』, 2011년 12월 20일.

56) 이러한 의도를 가진 문구들은 사용하는 글들은 최근에도 계속 등장하고 있다. 「조국통일유훈관철은 우리 세대의 성스러운 임무」, 『로동신문』, 2012년 10월 22일; 「위대한 김정일동지의 전사,제자로서의 혁명적본분을 다해나가자」, 『로동신문』, 2012년 12월 4일; 「김정일동지는 위대한 인간, 걸출한 령도자이시였다」, 『조선중앙통신』, 2012년 12월 8일 등의 글들 참조.

조국초소도 잘 지키고 군대에서 자기의 재능도 활짝 꽃피우고 있다고 뜨겁게 말씀하시였습니다. 그러시면서 이런 훌륭한 우리 병사들이 있어 조국의 방선은 그 어디에 가든 금성철벽이라고 하시며 병사들과 함께 사랑의 기념사진도 찍어 주시였습니다.[57)

조선예술영화 〈들꽃소녀〉에 소개된 위 문구는 김정일의 현지지도를 소개하는 보도이다. 김정은 시대에 제작된 영화에 김정일의 현지지도 내용이 소개된 것은 김정은이 김정일을 매개로 최고지도자로서의 지위를 확고히 하고 있다는 것을 보여주고 있다. 북한이 이렇게 김정일에 대한 충성을 다짐하는 주인공 신정희의 행동을 강조하는 근본적인 이유는 김정은이 바로 김정일의 대를 이은 유일한 후계자이며 최고 지도자이기 때문이다.

김정일 사망 이후 북한 당국은 김정은에 대한 집중적인 우상화를 시도하지 않고 김일성 - 김정일 우상화에 적극적이었다는 특징이 있다. 이는 대내외적으로 과시할 수 있는 김정은의 업적이 없다는 것과 밀접한 관련이 있으며, 김정은은 김정일과 달리 권력의 기반을 다지는데 있어서 절대적인 시간이 부족했다는 한계가 있기 때문에 나타난 현상으로 볼 수 있다.

김정일 사망 이후 북한 당국은 문학예술에서 김정일에서 김정은으로 이어지는 후계체제의 연속성을 부각시키는데 초점을 맞추면서 김정은 중심의 권력을 공고화해 나가고 있다. 김정은이

---

57) 조선예술영화 〈들꽃소녀〉에 소개된 〈보도〉 내용이다.

아닌 김일성-김정일을 문학예술의 중심에 놓고 형상하는 것은 김정은 체제가 아직 불안정한 상태임을 보여주는 대목이다.

　김정은이 등장하는 첫 번째 소설『오성산』에서도 이 같은 특징이 나타난다. 북한 당국은 1998년 8월부터 2006년까지의 남북한 간의 군 관련 사실을 서술하면서 김정은의 역할은 부분적으로 부각시키고 있다. 물론, 소설『오성산』에 김정은과 관련된 내용을 넣다보니 부분적으로 내용 전개상 부자연스러운 면이 있다. 하지만 김정일의 갑작스러운 사망으로 인하여 김정은의 활약상을 조금이라도 대내외적으로 알리기 위해 소설 후반부에 짧게 김정은의 업적을 소개하는 것은 김정은 중심의 정치체제를 공고화하겠다는 북한 당국의 의지로 볼 수 있다. 따라서 북한 당국은 향후 김정일과 관련된 작품도 선보이겠지만 김정은을 중심으로 하는 선전 작품들을 보다 많이 창작할 것으로 전망된다.

제4장 김정은 시대의 문학예술

: 음악

1. 북한의 신년방송

북한『조선중앙TV』새해 방송은 오전 8시를 전후로 하여 시작
되며 아나운서의 신년인사가 첫 번째이다. 이후 방송은 오전 9시
신년공동사설 방송 전까지 신년사와 관련된 보도에 집중하는
것이 특징이다. 하지만『조선중앙TV』는 이례적으로 2013년 1월
1일『조선중앙TV』를 통하여 8시 9분에 모란봉악단[1] 신년경축

---

1) 2012년 7월 7일 시범공연을 통하여 첫선을 보인 모란봉악단은 바이올린 3명, 첼로
   1명, 드럼 1명, 베이스 1명, 기타 1명, 피아노 1명, 건반 2명, 섹소폰 1명 등 총
   11명이 연주를 하고 있다. 모란봉악단 시범공연에서 가수는 정수향, 김유경, 박선
   향, 박미경, 김설미, 류진아 등 총 6명이었으나 김일성군사종합대학창립60돌 공연

공연 ≪당을 따라 끝까지≫이 성대히 진행되었다는 보도를 첫 번째로 했다. 특히 북한은 『조선중앙TV』와 더불어 『조선중앙통신』, 『로동신문』 등과 같은 각종 매체를 통하여 김정은의 2013년 첫 번째 공식 행보인 모란봉악단의 신년경축공연 관람 소식을 전하는데 집중했다. 북한이 최고지도자의 신년 행보 중에서 공연관람 보도에 집중한 것은 이례적이다.

북한 최고지도자의 신년 공식 행보는 신년공동사설과 더불어 당해 연도의 집중사업을 가늠할 수 있는 지표이다. 2012년 1월 1일 김정은의 첫 번째 공식 행보는 ≪근위 서울류경수제105땅크사단≫ 방문이었다.[2] 2012년 1월 1일 이후 북한의 대남비방 횟수는 급격히 증가했고 대남비난의 수위 역시 현격히 높아졌다.[3] 뿐만 아니라 북한의 대남비방은 대규모 군중대회 및 궐기모임 조직으로까지 이어졌고 2012년 한 해 동안 이례적으로 비상식적

에서 리명희가 새롭게 등장하면서 총 7명으로 구성되어 있다.

2) "김정은동지께서는 뜻깊은 새해에 즈음하여 1일 오중흡7련대칭호를 수여받은 조선인민군 근위 서울류경수제105땅크사단을 방문하시고 인민군장병들을 축하하시였다. (…중략…) 조선인민군 최고사령관으로서 첫 군부대시찰의 자욱을 자기들의 사단에 찍으신 김정은동지를 최상의 영광과 행복속에 맞이한 군부대군인들의 가슴마다에는 당중앙위원회를 목숨바쳐 사수하는 길에서 한몸그대로 성새, 방패가 되고 육탄이 되며 가증스러운 원쑤들이 우리의 최고존엄을 감히 헐뜯으면서 신성한 우리 조국을 넘겨다보며 기웃거리기라도 한다면 역적패당들을 끝까지 따라가 씨종자 하나 없이 쓸어버리고야말 멸적의 의지와 복수심이 만장약되여있었다." 『조선중앙통신』, 2012년 1월 1일.

3) 2012년 1월 한 달 동안 북한은 이명박 대통령 신년특별국정연설, 김정일 사망시 우리 정부 조치, 통일부 장관 및 연두업무 보고, 이명박 대통령 전방부대 방문, 통일교육원의 통일정책최고위 과정 개설, 키 리졸브 훈련 등을 『조선중앙통신』, 『우리민족끼리』, 『로동신문』 등을 통하여 약 22회 이상 대남비난을 하였다.

인 대남비방 및 무력공격 위협을 자행한 바 있다. 결국 북한 최고
지도자의 새해 첫 번째 공식행보는 신년공동사설과 마찬가지로
북한의 동향을 파악하는 데 있어서 중요한 단서가 될 수 있다.

  2013년 북한 당국은 "김정은 원수가 평양시민들, 주조 외교대
표들과 함께 모란봉악단 신년경축공연을 관람했다"면서 모란봉
악단의 신년경축공연에 상징적 의의를 부여하고 있다.4) 북한은
모란봉악단의 신년경축공연에 대해서 "김정은 원수를 당과 혁명
의 최고수위에 높이 모시여 위대한 대원수님들의 사상과 위업은
영원히 필승 불패하며 김일성 민족, 김정일 조선의 영광스런 천
만년 역사가 기꺼이 담보되어 있음을 천리로 새겨준 모란봉악단
의 신년경축공연이었다"5)고 『조선중앙TV』를 통하여 보도하면
서 강성번영을 위해 힘차게 대진군할 것을 북한주민들에게 주문
하고 있다. 이는 은하수관현악단의 〈2010년 신년 음악회〉 경축
공연에서 보였던 것처럼 북한 당국의 신년 정책을 잘 반영했기
때문이다.

  북한 『조선중앙통신』을 통하여 보도된 2013년 모란봉악단 신
년경축공연의 노래들을 살펴보면, 기존 음악회와는 달리 김일성
과 김정일에 대한 충성을 집중적으로 강조한 노래가 현격히 줄
었다는 것을 확인할 수 있다. 그러나 『조선중앙통신』을 통해서
는 2013년 모란봉악단 신년경축공연의 구체적인 내용과 구성,

---

4) 『조선중앙TV』, 2013년 1월 1일.
5) 『조선중앙TV』, 2013년 1월 1일.

정치적 의도 등을 명확히 파악할 수 없다.

2. 음악정치와 신년음악회의 의미

북한은 "음악예술에서 생명을 주체"로 설명하고 있다.[6] 이는 북한 음악이 주체음악이라는 것을 의미한다. 주체음악에 대해서는 "새 시대, 주체시대의 요구와 인민대중의 지향을 그 내용과 형식에서 철저히 구현한 새 형의 음악예술로서 선행한 모든 음악예술과 뚜렷이 구별된다"고 설명하고 있다.[7] 결국 북한에서의 음악은 "혁명에 이바지하는 음악을 건설 및 창조해나간다는 것을 의미"[8]하는 것으로서 북한 음악은 사회 구성원을 교화시키기 위해 존재하는 것이다.[9]

북한 당국은 김정일 시대에 들어 "음악의 감화력으로 정치를 펴나가는 것이 당의 전통이며 독특한 정치방식"[10]이라면서 음악과 정치를 결합한 '음악정치'라는 용어를 선보이고 의미를 부

---

6) 「음악에서 주체를 세운다는 것은 자기 인민의 사상감정과 정서에 맞고 자기 나라 혁명에 이바지하는 음악을 창조하고 발전시켜나간다는 것을 의미한다」, 『로동신문』, 2008년 2월 24일.

7) 김정일, 『음악 예술론』, 평양: 조선로동당출판사, 1992, 4쪽.

8) 위의 책, 19쪽.

9) 량설, 「작품의 내용을 직관적으로 전달한 깊이있는 음악형상」, 『조선예술』 10호, 평양: 문학예술출판사, 2007, 59쪽.

10) 김강혁, 「음악과 정치」, 『조선예술』 제3호, 평양: 문학예술출판사, 1998, 12~14쪽.

여하였다.11) 물론 북한에서 문학예술은 '음악정치'라는 용어 등장 이전에도 체제유지를 위한 수단으로 활용되었다. 그러나 김정일 시대 북한에서 정치방식의 하나로 음악이 집중 활용된 것은 김정일의 축적된 예술지도 경험에서 비롯된 것으로 볼 수 있다.12) 즉 김정일은 자신의 정치적 특색을 '선군'에서 찾으면서 선군시대에 맞는 정치형태를 노래에서 추구했던 것이다.13) 북한 당국의 이러한 전략은 인민무력부 산하 전문예술단인 조선인민군협주단, 조선인민군 군악단, 조선인민군 공훈합창단, 해군사령부협주단, 공군사령부협주단 등의 음악공연 활동 증가로 이어졌다.

북한은 매년 새해에 신년사학습, 지지궐기대회, 해설모임 등을 직장, 인민반, 각종 생산단위에서 진행하면서 주민들에 대한 사상교육을 강화하고 있다.14) 물론 북한에서 사상교육 학습은 새해뿐만 아니라 통상적으로 행해지고 있는 통제 전략 중 하나이다. 그중에서도 1월 1일은 한 해를 시작하는 첫 날이기 때문에 북한 당국은 신년 행사에 있어서 그 어느 때보다도 상징적 의미

---

11) 북한에서 음악과 정치를 결부시킨 글이 2000년 이전에 등장한 바 있으나 김정일의 음악정치 용어는 2000년 2월 7일 개최된 인민무력성 발표회에서 처음 등장하였다. 통일부, 『주간동향』 제473호, 통일부, 2000 참조.

12) 전영선, 「김정일 시대 통치스타일로서 '음악정치'」, 『현대북한연구』 10권 1호, 2007, 60~61쪽.

13) 위의 글, 60~61쪽.

14) 박현옥, 「위대한 당의 령도따라 새해 총진군을 다그치자」, 『월간 북한』 통권 314호, 북한연구소, 1998, 27쪽.

를 부여하고 있다. 따라서 북한 신년 행사는 북한 당국이 주력하려는 사업이 무엇이고 사회 구성원들에게 요구로 하는 것이 무엇인지를 엿볼 수 있는 기제인 것이다.

지금까지 북한은 신년사를 통하여 지난 한 해를 회고하고 새해의 비전을 제시하고 반복학습을 통하여 당의 메시지를 관철시켰다. 그러나 2000년대 중반 이후 북한은 연말 혹은 새해에 음악회를 대내외적으로 선보이기 시작했다. 이는 음악회를 통하여 피로가 누적된 북한주민들을 위로하며 비전 및 희망적인 메시지를 전달함으로서 체제 결속력을 높이고 있다. 결국 북한은 당의 지향과 요구에 부합하는 음악회를 꾸준히 제작하여 사회 구성원들에게 선보이는 것은 체제유지를 위한 선전선동 목적 때문이다. 『조선중앙TV』를 통하여 방영된 2013년 모란봉악단 신년경축공연에 김정은과 리설주의 모습이 등장한 것은 북한 당국이 본 공연에 상징적 의의를 부여하기 위한 것으로 볼 수 있다.

3. 신년음악회의 변화과정: 은하수관현악단에서 모란봉악단

북한은 매해 신년행사로 ≪학생소년들의 설맞이 모임≫을 진행하고 있다. 청소년을 대상으로 한 공연은 『조선중앙TV』를 통하여 매년 방영되고 있다. 그러나 북한 신년 행사에 변화가 나타나기 시작한 것은 〈표 1〉에 나타나듯이 2006년 신년경축특별초대공 ≪내나라의 푸른 하늘≫을 진행하면서부터이다.15) 더욱이

〈표 1〉 역대 신년경축공연 날짜 및 제목

연도	공연날짜	공연장소	공연제목
1998년	1997.12.31	평양체육관	학생소년들의 설맞이 모임 진행
1999년	1998.12.31	만경대학생 소년궁전	학생소년들의 설맞이 모임 진행
2000년	2000. 1. 1	평양체육관	학생소년들의 설맞이 모임 진행
2001년	2001. 1. 1	평양	학생소년들의 설맞이 모임 진행
2002년	2001.12.31	평양	로동계급의 설맞이 공연 진행
2003년	2002.12.31	평양 평양체육관	로동계급의 설맞이 공연 진행 학생들의 설맞이 모임 진행
2004년	2003.12.31	만경대학생 소년궁전	설맞이 모임 진행
2005년	2004.12.31	평양체육관	학생소년들의 설맞이 모임 진행
2006년	2005.12.31	평양체육관	신년경축특별초대공연 《내나라의 푸른 하늘》 진행
2007년	2007. 1. 1	모란봉극장	신년경축음악회 진행
2008년	2008. 1. 1	평양교예극장	신년경축 평양교예단 종합공연 진행
2009년	2008.12.31	동평양대극장	공훈가합창단 신년경축공연 진행
2010년	2010.12.30 2010.12.31	평양 동평양대극장	은하수관현악단의 〈2010년 신년음악회〉 삼지연악단의 〈2010년 신년음악회〉
2011년	2011. 1. 1	평양	은하수관현악단의 〈신년경축음악회〉
2012년	2012. 1. 5	동평양대극장	은하수관현악단의 〈신년경축음악회〉
2013년	2013. 1. 1	평양	모란봉악단의 〈신년경축공연〉

출처: 『로동신문』.

15) 2005년 북한은 당창건 60돌 즈음하여 조선인민군공훈국가합창단, 만수대예술단, 조선인민군협주단, 피바다가극단을 비롯한 군대와 사회의 관록있는 예술단체들이 공동으로 준비한 예술공연 《내나라의 푸른 하늘》 공연을 진행한 바 있다. 이후 북한은 2006년 신년경축특별초대공연 《내나라의 푸른 하늘》을 진행하였으며 공연에는 김기영, 홍경훈, 리성철, 허광수, 조혜경, 리천룡을 비롯하여 국제콩쿨수상자, '2.16예술상' 수상자, 인민예술가, 인민배우, 공훈예술가, 공훈배우들 등 200여 명이 참가하였다. 『로동신문』, 2005년 12월 17일; 『조선중앙통신』, 2006년 1월 19일.

북한은 김정일이 신년경축공연을 직접 관람했다고 보도하면서 상징적 의미를 부여하였다.[16)]

2010년 이후 북한은 신년경축공연에서 변화를 시도하였다. 예를 들어 북한은 2010년 이전까지 대내 공연에서 노래 〈김일성장군의 노래〉를 서곡으로 연주했다면 2010년 이후부터는 〈애국가〉를 주악으로 공연을 시작하고 있다.[17)] 뿐만 아니라 북한은 『조선중앙TV』를 통하여 신년경축공연과 관련된 보도 및 기록영화, 축포야회 등 다양한 영상물을 제작하여 방영하면서 상징적 의미를 부여하고 있다.[18)] 2010년을 전후로 하여 북한이 이처럼 변화를 보이기 시작한 것은 은하수관현악단과 삼지연악단이 등장하면서부터 시작되었다.

2009년 공훈가합창단 〈신년경축공연〉 이후 북한에서는 은하

---

16) 북한은 『로동신문』을 통하여 "출연자들은 공연을 통하여 위대한 수령 김일성동지의 한생이 어려있는 혁명의 붉은기를 높이 추켜드시고 이 땅우에 주체의 사회주의 강국을 일떠세우신 경애하는 장군님의 불멸의 업적을 격조높이 노래하였으며 혁명의 수뇌부와 영원히 운명을 함께 할 우리 군대와 인민의 신념과 의지를 대서사시적화폭으로 보여주었다", "공연을 보면서 관람자들은 어버이수령님께서 찾아주신 내 조국의 푸른 하늘을 영원히 빛내이기 위하여 당의 령도따라 조선의 륭성번영을 이룩해나갈 불타는 맹세를 다지였다."고 보도하면서 최고지도자에 대한 충성을 요구로 하였다. 『로동신문』, 2006년 1월 6일.

17) 한승호, 「북한 은하수관현악단의 2010년 〈설명절 음악회〉 공연 연구」, 『북한학연구』 6권 1호, 2010, 197~219쪽.

18) 2013년 1월 1일 평양 4·25 문화회관에서는 인민군협주단의 음악·무용 종합공연이 열렸으며 인민문화궁전에서는 만수대예술단 삼지연악단의 공연, 인민극장에서는 국립교향악단 음악회, 평양대극장에서는 영화배우들이 출연하는 경희극 '사랑' 공연, 평양교예극장에서는 교예(곡예)극 '춘향전' 공연이 각각 진행됐다. 황해북도, 평안북도를 비롯한 지방에서도 경축공연들이 열렸다. 『로동신문』, 2013년 1월 1일.

수관현악단, 삼지연악단, 모란봉악단 등이 새롭게 조직되었다. 만수대예술단 소속 삼지연악단은 2009년 3월 처음으로『조선중앙TV』를 통하여 그 이름이 알려졌다.[19] 삼지연악단은 의상에서부터 악기 편성, 연주 곡 등 모든 부분에서 기존 악단과 달리 파격적이고 새롭다는 특징이 있다. 이에 북한은『로동신문』을 통하여 삼지연악단이 "세상에 나오자마자 관중들의 절찬을 받을 수 있던 것은 모든 것이 새롭고 독창적이었기 때문"이라고 설명하고 있다.[20] 더욱이 기존 공연에서 선보였던 의상과 다르게 밝고 화려한 드레스를 입은 젊은 여성들의 의상은 기존 북한 공연에서 볼 수 없었던 것으로서 새로운 시도를 적극 도모하고 있다.

은하수관현악단은 2008년 김정일이 직접 관장하여 만든 악단으로 이름까지 직접 지은 것으로 알려져 있다. 은하수관현악단의 구성원은 보천보전자악단 및 왕재산경음악단, 윤이상음악단 등 북한 최고의 악단에서 차출된 인물들이다.[21] 은하수관현악단은 2009년 〈설명절 경축 음악회〉에 공훈국가합창단과 국립교향악단, 만수대예술단을 비롯한 중앙예술단체 예술인들과 더불어 출연하면서 처음으로 선보였다.[22]『로동신문』에 나타나듯, 2009년 9월 8일 진행된 국제공연을 기점으로 은하수관현악단 공연 보도의 비중이 커졌다.[23]

---

19)『로동신문』, 2009년 5월 17일.
20)『로동신문』, 2009년 5월 17일.
21) 한승호(2010), 앞의 글, 197쪽.
22)『로동신문』, 2009년 1월 26일.

모란봉악단은 2012년 7월 6일 〈시범공연〉을 통하여 첫 선을 보였다.[24] 북한이 7월 11일 오후 8시 15분 『조선중앙TV』를 통하여 모란봉악단 〈시범공연〉 녹화실황을 방영할 당시 평양의 거리는 한산할 정도로 북한에서는 인기가 있었다.[25] 이는 북한 최고지도자인 김정은이 직접 조직한 첫 번째 악단, 즉 최고지도자의 업적이었기 때문인 것으로 보인다. 더욱이 북한은 이례적으로 새로 조직된 모란봉 악단과 관련하여 시범공연을 대대적으로 선전했기 때문에 사회 전 구성원들로부터 관심과 집중을 받을 수 있었던 것으로 보인다.

---

23) 은하수관현악단의 9월 공연에서는 국제 공연인 만큼 〈애국가〉 주악을 시작으로 공연이 진행되었고, 〈김정일장군의 노래〉를 끝으로 공연은 막을 내렸다. 『조선중앙통신』, 2009년 9월 8일.

24) 모란봉악단 공연출연자는 삼지연악단과 마찬가지로 모두 여성들이다. 특히 모란봉악단 선우향희 악장은 만수대예술단 소속 삼지연악단의 바이올린 연주자이다. 모란봉악단은 전자바이올린 3명, 전자첼로 1명, 전자건반악기 2명, 전자기타 2명, 피아노 1명, 드럼 1명, 색소폰 1명, 가수 6명을 포함하여 모두 17명으로 구성되어 있다.

25) 『조선신보』, 2012년 7월 15일.

4. 2013년 신년경축공연의 구성

2010년 이후 북한은 신년경축공연을 선보이면서 기록영화와 신년경축공연과 관련된 보도 및 축포야회 등 다양한 영상물을 제작하여 방영하고 있다.[26] 물론 북한의 신년경축공연은 "김정은 원수를 당과 혁명의 최고수위에 높이 모시여 위대한 대원수님들의 사상과 위업은 영원히 필승 불패하며 김일성 민족, 김정일 조선의 영광스런 천만년 역사가 기꺼이 담보되여 있음을 천리로 새겨준다"고 평가한 것에서처럼 기본적으로 충성을 요구로 하고 있다.[27]

2013년 1월 북한은 기존 방송 제작 체계와 그 궤적을 같이 하고 있다.[28] 먼저 북한은 2013년 1월 1일 0시에 맞춰 진행된 새해맞이 현장 영상물 〈강성 번영할 2013년 시작을 알리는 불보라〉를 『조선중앙통신』을 통하여 선보였다.[29] 더불어 북한은 『조

---

26) 2013년 1월 1일 평양 4·25 문화회관에서는 인민군협주단의 음악·무용 종합공연이 열렸으며 인민문화궁전에서는 만수대예술단 삼지연악단의 공연, 인민극장에서는 국립교향악단 음악회, 평양대극장에서는 영화배우들이 출연하는 경희극 '사랑' 공연, 평양교예극장에서는 교예(곡예)극 '춘향전' 공연이 각각 진행됐다. 황해북도, 평안북도를 비롯한 지방에서도 경축공연들이 열렸다. 『로동신문』, 2013년 1월 1일.

27) 『조선중앙TV』, 2013년 1월 2일.

28) "2013년 1월 1일 0시 천지를 뒤흔드는 장쾌한 축포성이 울리며 경축의 불보라가 터져 올라 평양의 밤하늘을 밝게 비쳤습니다. 김일성광장 주변, 4·25 문화회관, 평양체육관 광장, 통일광장, 만경대학생소년궁전 앞에서 축포를 쏘아 올렸습니다" 면서 김정일 시대 때와 마찬가지로 밝은 분위기 속에서 신년을 맞이하였다. 『조선중앙통신』, 2013년 1월 1일.

29) 『조선중앙통신』, 2013년 1월 1일.

선중앙TV』를 통하여 〈실황록화: 경애하는 김정은 원수님을 모시고 진행한 모란봉악단 신년경축공연 〈당을 따라 끝까지〉〉와 김정은 기록영화 〈경애하는 김정은 원수님께서 평양시민들, 주조 외교대표들과 함께 모란봉악단 신년경축공연을 관람하시었다〉(주체 102(2013). 1. 1.)를 1월 1일과 6일 사이에 집중 방영하였다.

2013년 모란봉악단 신년경축공연이 기존 신년경축공연과 다른 점은 북한의 최고지도자 김정은이 당과 국가, 군대의 책임일꾼[30] 외에 외국손님과 함께 새해의 축배잔을 나눴다는 것에 있다. 특히 김정은 기록영화에서 북한은 김정은 제1위원장이 "반제민족민주전선 평양지부 대표와 조선을 방문하고 있는 해외동포들, 주조 외교 및 국제기구대표, 무관 부부들과 대사관성원들, 외국손님들을 만나 축하인사를 나누는 장면에 초점을 맞춰 제작·방영했다.[31] 북한 최고지도자가 세계 각국 대사들, 국제기구 대표들, 무관들과 함께 새해를 맞은 것은 김정일 시대에서도 없었던 이례적인 일이다.

북한 공연은 보통 1시간 30분을 전후로 하여 마무리되며 노래는 대략 20여 곡 연주되며 마지막에는 노래 〈김일성장군의 노

---

30) 2013년 모란봉악단 신년경축공연 관람은 "최고인민회의 상임위원회 김영남 위원장, 최영림 내각총리, 조선인민군 최룡해 총정치국장, 국방위원회 장성택 부위원장, 조선인민군 현영철 총참모장을 비롯한 당, 무력, 정권기관, 근로단체, 성, 중앙기관, 과학, 교육부문 일군들, 과학자, 연구사들, 교직원, 학생들, 평양시내 근로자들, 그리고 인공지구위성 ≪광명성-3호≫ 2호기 발사성공에 기여한 과학자, 기술자, 로동자, 일군들이 공연을 관람하였다"고 보도하였다. 『조선중앙TV』, 2013년 1월 1일.

31) 『조선신보』, 2013년 1월 1일; 『조선중앙TV』, 2013년 1월 2일.

래〉로 마무리되고 있다. 2013년 모란봉악단 신년경축공연 역시 1시간 20분 정도로 기존 공연과 비슷하게 공연이 구성되었다. 그러나 〈표 2〉를 통해 확인할 수 있듯이 본 공연에서는 총 14곡이 연주되었다. 네 번째와 여덟 번째 연주된 〈노래 묶음〉이 각각 10여 곡 이상 연이어 연주되었기에 이번 공연에서 노래 선곡이 현격히 줄어든 것은 아니며 오히려 기존 공연에서 볼 수 없었던 〈노래 묶음〉으로 인하여 더 많은 곡이 연주되고 있다.

〈표 2〉 2013년 모란봉악단 신년경축공연의 연주곡

순서	노래명	가수	특징
1	애국가		
2	빛나는 조국		
3	설눈아 내려라		
4	경음악과 노래련곡		김정일 관련 노래 묶음 – 10곡
5	단숨에		
6	불타는 삶을 우린 사랑해	녀성독창 – 김유경	
7	노들강변	김설미, 리명희, 김유경	
8	경음악과 노래련곡		세계 각국 명곡 묶음 – 19곡
9	백두와 한나는 내 조국		
10	우리의 소원은 통일		
11	통일 6.15		
12	통일은 우리민족끼리		
13	인민은 일편단심		
14	설눈아 내려라		

출처: 『조선중앙TV』, 2013.1.3.

일반적으로 북한 공연은 〈애국가〉 혹은 〈김일성장군의 노래〉

로 시작되어 마지막에는 〈김일성장군의 노래〉 혹은 〈김정일장군의 노래〉로 공연을 마무리 되고 있다. 그러나 본 공연에서는 북한 최고지도자와 직접적으로 관련된 노래 연주가 아닌 경음악과 노래 〈설눈아 내려라〉가 마무리 곡으로 연주되었다. 즉 북한 당국은 지금까지의 공연과 달리 이번 신년경축공연을 통하여 공연의 구성 및 전개방식 등에서 변화를 대내외적으로 선보이고 있다. 물론 김정은 시대의 북한 공연에서 보인 변화가 전 영역에서의 실질적인 변화로 이어질 것이라는 기대가 가능하다. 하지만 경음악과 노래 〈설눈아 내려라〉가 연주되기 직전에 선곡된 노래 〈인민은 일편단심〉은 당과 수령에 대한 충성을 요구하는 대표적인 곡이다.32) 특히 북한은 마지막에 연주된 노래 〈설눈아 내려라〉에 대해 "항상 아이들과 함께 신년을 맞이했던 김일성·김정일을 그리워하는 마음을 학생소년들의 설맞이의 력사를 되새겨보게 한 노래, 그 노래는 혁명령도의 나날 해마다 우리 아이들과 설을 맞으시던 위대한 김일성대원수님을 생각하게 하였다" 면서 체제 결속력을 높이는 것은 물론, 최고지도자에 대한 충성을 요구로 하고 있기에 실질적인 북한 변화로 이어지기는 어려울 것으로 보인다.33)

---

32) 최근에 새로 나온 가요 〈인민은 일편단심〉이 우리 군대와 인민들속에서 널리 불리워지고 있다. 들으면 들을수록 어버이장군님과 한마음한뜻이 되여 힘차게 걸어온 선군혁명의 나날들이 감회깊이 되새겨지게 하는 노래이다. 령도자와 인민이 끊을래야 끊을수 없는 혈연의 정으로 굳게 이어진 위대한 혼연일체, 바로 이것이 우리 조선의 참모습이다. 『로동신문』, 2012년 5월 27일.

33) 『로동신문』, 2013년 1월 8일.

5. 2013년 신년경축공연의 특징: ≪광명성-3호≫ 2호기

북한은 2012년 12월 21일 목란관에서 ≪경애하는 김정은원수님을 모시고 진행한 ≪광명성-3호≫ 2호기의 성과적인 발사를 축하하는 모란봉악단공연≫을 진행하면서 왼쪽에는 은하9호 미사일 모형을, 오른쪽에는 은하 3호 미사일 모형을 각각 배치한바 있다. 2013년 모란봉악단 신년경축공연 무대에서도 지난해 12월 21일 공연에서 보인 화면 양 옆의 은하9호 및 은하3호 미사일 모형을 배치했다. 뿐만 아니라 이번 신년경축공연에서 연주자들의 앞쪽 양 측면에는 눈사람이 은하9호와 은하3호 미사일을 품에 안고 있는 대형 인형을 배치하면 은하3호와 은하9호 미사일을 더욱 강조했다. 이는 2012년 12월 12일 ≪광명성-3호≫ 2호기 발사 성공을 김정은의 대표 업적으로 선전하기 위한 것으로 볼 수 있다.[34]

인공지구위성 ≪광명성-3호≫ 2호기의 성과적 발사는 5천년 민족사의 특대사변이며 백두산대국의 무지막강한 국력을 온 세계에

---

34) "김정은 원수님을 혁명 무력의 최고수위에 모신 것은 우리 당의 선군혁명위업을 대를 이어 빛나게 계승 완성 해나갈 수 있는 근본담보를 마련한 특기할 사변이며 (…중략…) ≪광명성-3호≫ 2호기가 성과적으로 발사되여 우리나라가 과학기술강국, 우주강국의 위용을 힘있게 떨친 것은 불굴의 의지로 위대한 장군님의 유훈을 관철하신 경애하는 김정은 동지의 결단과 애국헌신이 안아온 빛나는 결실"이라면서 김정은의 업적을 강조하면서 사회 전 구성원들로부터의 충성을 요구로 하고 있다. 『로동신문』, 2012년 12월 30일.

과시한 대경사입니다.

우주를 정복한 그 정신 그 기백으로 21세기의 새로운 문명개화기를 열어갈 인민의 긍지와 자부심 우리식으로 이땅우에 온 세계가 우러러보는 천하제일의 인민의 낙원을 보란 듯이 일떠세울 애국의 의지가 세차게 굽이치는 공연무대였습니다.[35]

위 문구에 드러나듯이 북한은 ≪광명성-3호≫ 2호기의 성과적 발사를 2013년 모란봉악단 신년경축공연에서 적극 활용하였다. 이는 ≪광명성-3호≫ 2호기 발사 성공을 토대로 경제강국건설을 〈새 세기 산업혁명〉[36]으로 이루겠다는 의지를 표명한 것으로 볼 수 있다.[37] 더욱이 김정은은 2013년 신년사에서 "새 세기

---

35) 『조선중앙TV』, 2013년 1월 1일.

36) 북한은 김정은 국방위원회 제1위원장 체제의 주요 경제건설 목표로 과학기술 등 지식산업 건설을 통한 새 세기 산업혁명을 제시하면서 2012년 4월 발사에 실패했던 ≪광명성-3호≫ 1호를 발사 성공이라고 선전한 바 있다. 『자유아시아방송』, 2012년 8월 30일; 북한은 『로동신문』 정론 〈김정일 동지의 혁명유산〉을 통하여 "인공지구위성의 제작 및 발사국의 자랑에 핵보유국의 존엄을 김정일 국방위원장의 유산이라 강조하면서 지식경제시대의 민족의 앞날을 앞당겨주신 새 세기 산업혁명과 더불어 피눈물로 꽉 찬 슬픔의 대하를 강성국가에로의 대진군대오로 격변시킨 민족의 정신력을 유산"이라고 언급하였다. 즉 북한은 선군정치의 국방력과 "새 세기 산업혁명"의 CNC화, "고난의 행군" 정신 등 세 가지를 김정일의 유산이라고 말한 것이다. 『로동신문』, 2011년 12월 28일.

37) ≪광명성≫호계렬의 위성으로 선군조선은 세계경제강국들의 전렬로 뻗은 지름길에 들어서게 되였으며 천만군민은 위대한 장군님께서 개척하신 새 세기 산업혁명의 승리, 우리 당 경제강국건설로선의 승리의 날이 멀지 않았다는 확신을 심장에 새기고 있다. (…중략…) 빈터우에서 위대한 생애의 마지막 경제지도일군협의회까지, 그리고 피눈물의 언덕에서 다시 새 세기 산업혁명의 불길에 이르기까지의 주체공업의 비약적인 발전사가 ≪광명성-3호≫에 다 비껴있다. 『로동신문』, 2012년 12월 13일.

산업혁명은 본질에 있어서 과학기술혁명이며 첨단돌파에 경제강국 건설의 지름길이 있다"면서 경제강국 건설을 위한 구체적인 방법으로 "≪광명성-3호≫ 2호기 인공위성 과학자들처럼 설비와 생산공정의 CNC화·무인화를 실현해야 한다"고 언급했다.[38)]

그러나 "우리는 자기 땅에 발을 붙이고 눈은 세계를 볼데 대한 장군님의 뜻대로 높은 목표와 리상을 가지고 투쟁하며 모든 면에서 세계를 디디고 올라서야 합니다"[39)]라는 문구에서 드러나듯이 북한은 철저한 우리식, 즉 "당과 수령에 대한 충실성, 조국과 인민에 대한 무한한 헌신적복무정신"을 요구로 하고 있다.[40)] 북한 당국의 이러한 의지는 2013년 모란봉악단 신년경축공연에 〈경음악과 노래련곡: 세계명곡 묶음〉을 편성하면서 최고지도자에 대한 충성을 사회 전 구성원들에게 요구하고 있다. 또한 이번 신년경축공연에서는 〈경음악과 노래련곡: 세계명곡 묶음〉을 편성하면서 북한 노래 〈세상에 부럼없어라〉를 제외하고 외국노래 19곡을 연주했다.

〈경음악과 노래련곡: 세계명곡 묶음〉 앞뒤에 배치된 노래 〈세상에 부럼없어라〉는 유일한 북한 노래이다.

이 노래는 20년 가까이 소년아동노래로 알려지다가 1980년

---

38) 『조선중앙TV』, 2013년 1월 1일.

39) 『로동신문』, 2012년 9월 7일.

40) 『로동신문』, 2012년 8월 29일.

〈표 3〉 경음악과 노래련곡: 세계명곡 묶음

순서	노래	비고
1	세상에 부럼없어라[41]	북한 곡: 연주
2	아이가 태여났을 때	김유경 외 3명
3	세상은 푸르다	연주
4	뛰르끼예 행진곡	러시아 곡: 연주
5	정의의 싸움	
6	모스크바의 노래 (노래 부름)	류진아 외 1명
7	푸른수건	
8	카프리 섬 (노래 부름)	이탈리아 곡 김유경 외 1명
9	락엽	
10	처녀의 기도	
11	북풍이 불어온다	
12	조국을 노래하네 (노래 부름)	김유경 외 6명
13	사회주의 좋다	중국 곡
14	런던데리의 노래	영국 곡
15	로메오와 줄리에따	
16	띠꼬띠꼬	
17	스케트타는 사람들의 왈쯔	
18	라 꿈바르시따	
19	라데츠키 행진곡	
20	푸니꿀리 푸니꿀라	
21	세상에 부럼없어라	북한 곡

출처: 『조선중앙TV』, 2013년 1월 3일.

조선로동당 제6차대회를 앞두고 김정일이 성인합창곡으로 형상하여 대대적으로 방송하게 함으로써 지금은 어른들도 즐겨 부르고 있는 곡이다.[42] 특히 노래 〈세상에 부럼없어라〉의 후렴부 가사는 2012년 6월 3일부터 8일까지 진행된 조선소년단창립 66돐경축행사에서 구호로 활용되기도 했다.[43] 이는 1960년대 북한 소년들이 김일성을 아버지라 불렀듯, 2012년 소년들 역시 대를 이어 김정은을 아버지라 부르도록 함으로써 최고지도자와 당에 대한 충성을 이끌어내고 있다.

따라서 2012년 7월 7일 모란봉악단 시범공연에서 처음으로 외국 곡이 연주된 이후, 2013년 모란봉악단 신년경축공연에서도 외국 곡을 반복 연주한 것은 북한 주민들에게 "자기 땅에 발을 붙이고 눈은 세계를 보라!"[44]라는 명제를 각인시키기 위한 당의 의도라 하겠다.

---

41) 노래 〈세상에 부럼 없어라〉는 1961년에 집체가 작사했고, 김혁이 작곡하였다. 가사는 다음과 같다. "하늘은 푸르고 내 마음 즐겁다 손풍금소리 울려라/ 사람들 화목하게 사는 내 조국 한없이 좋네/ 우리의 아버진 김일성원수님 우리의 집은 당의 품/ 우리는 모두다 친형제 세상에 부럼없어라/ 우리 힘 꺾을자 그 어데 있으랴 풍량도 무섭지 않네/ 백두의 넋을 이어 빛나는 내 조국 두렴 몰라라/ 우리의 아버진 김일성원수님 우리의 집은 당의 품/ 우리는 모두다 친형제 세상에 부럼없어라/ 동무들 다같이 노래를 부르자 손풍금소리 맞추어/천리마 나래펴는 내 조국 백화가 만발하였네/ 우리의 아버지 김일성원수님 우리의 집은 당의 품/ 우리는 모두다 친형제 세상에 부럼없어라."

42) 『자주민보』, 2012년 4월 15일.

43) 『로동신문』은 당시 "경축행사에는 2만 명의 소년단 대표들이 참가했으며 우리의 아버진 김정은 선생님, 우리의 집은 당의 품이라고 목청껏 외치며 불타는 맹세를 다졌다"고 보도했다. 『로동신문』, 2012년 6월 31일.

44) 『로동신문』, 2013년 1월 5일.

6. 2013년 신년음악회의 정치적 의도: 최고지도자의 우상화

2013년 모란봉악단 신년경축공연에서 연주된 곡은 크게 김일성·김정일에 대한 충성 노래와 김정은의 업적인 《광명성-3호》 2호기 발사 성공과 관련된 노래, 한반도 통일과 관련된 노래 등이다. 본 공연에서 연주된 김일성·김정일에 대한 충성과 관련된 노래는 〈표 4〉와 같다.

〈표 4〉 경음악과 노래련곡: 김정일관련 노래 묶음

순서	노래	비고
1	김정일 동지께 드리는 노래	
2	장군님은 빨찌산의 아들	
3	매혹과 흠모	
4	인민사랑의 노래	
5	그이만을 생각하네	
6	전선길에 눈이 내리네	
7	말하라 선군길아	
8	장군님 축지법 쓰신다	
9	정일봉의 우레소리	
10	조선의 힘	2012년 1월 1일 『로동신문』 1면 게재

출처: 『조선중앙TV』, 2013년 1월 3일.

〈표 4〉에 나타나듯이 본 공연에서 연주된 10곡은 수령에 대한 충성심을 다지는 노래이면서도 북한에서 널리 사랑받는 노래이다. 특징적인 것은 2012년 1월 1일 『로동신문』 1면에 게재되었던 노래 〈조선의 힘〉을 마지막으로 김정일을 우상화하는 노래묶음

을 마무리하고 있다.

1. 폭풍안고 비약하는 조국 땅어데서나 인민들은 부르네 어버이 그
   이름 우러러 그리면 용맹이 솟고 기적과 위훈이 나래펼치네 그리
   는 천만의 불타는 심장 그이는 천만이 굳게 뭉친 힘 우리의 김정
   일 장군 그이는 조선의 힘이다.
2. 강철같은 령장의 봄날같은 그미소 그사랑의 힘으로 시련도 이겼
   네 백두산의 무게로 다지여주신 선군의 내 조국은 강대하여라.
3. 애국은 그이의 힘 그이는 정의의 힘 강적도 쳐부시고 주체강국
   세워가네 진리의 보검을 틀어쥔 손길 백승의 이 조선을 향도하신
   다. 그이는 천만의 불타는 심장 그이는 천만이 굳게 뭉친 힘 우리
   의 김정일장군 그이는 조선의 힘이다.[45)]

북한은 위 노래 〈조선의 힘〉에 대해 "장군님의 불멸의 업적을
품위있게 노래한것으로 하여 선군시대의 가장 훌륭한 장군찬
가"[46)]라면서 김정일을 우상화하는 대표곡으로 활용하고 있다.
실제 북한은 노래 〈조선의 힘〉은 "장군님은 곧 조선의 힘이고
조선의 힘은 곧 장군님이시라는 심오한 종자에 기초하여 희세의
걸출한 사상리론가, 불세출의 선군령장이시며 절세의 애국자이
신 김정일동지께서 조국과 혁명앞에 쌓아올리신 불멸의 혁명업

---

45) 『로동신문』, 2012년 1월 1일.
46) 『로동신문』, 2012년 1월 12일.

적을 높이 칭송"한 노래라면서 의미를 부여하고 있다.47) 뿐만 아니라 북한은 노래 〈조선의 힘〉에 의미를 부여함에 있어 "김정은동지의 두리에 더욱 굳게 뭉쳐"야 할 것을 주문하면서 최고지도자에 대한 충성심을 유발시키고 있다.

북한 당국이 신년경축공연에서 김일성·김정일 등 최고지도자에 대한 충성을 주민들에게 요구하고 있는 것은 최고지도자를 중심으로 체제를 결속하여 만성적인 식량난과 경제문제를 극복하기 위한 것으로 볼 수 있다. 다시 말해서 2012년을 되돌아보는 자리인 신년경축공연에서 북한은 2012년 신년공동사설에서 주장했던 강성대국 건설 및 인민생활향상 등 경제문제에 있어서 성공적이지 못했기 때문에 2013년 북한 당국이 주민들에게 부각시킬 수 있는 성과는 2012년 12월 12일 미사일 발사 성공을 집중 부각하고 있는 것이다. 따라서 북한은 새해를 맞아하는 첫 날 〈신년경축공연〉을 통하여 김정은의 ≪광명성-3호≫ 2호기 미사일 발사 성공을 매개로 지도자에 대한 충성을 요구하고 있는 것이다.

---

47) 원일진, 「절세위인의 불멸의 업적을 칭송한 노래: 가요 〈조선의 힘〉에 대하여」, 『조선예술』 3호, 평양: 문학예술출판사, 2012, 6~8쪽.

7. 2013년 신년음악회의 정치적 의도: 체제결속력 증진

북한『조선중앙TV』는 2013년 모란봉악단 신년경축공연에 대해 "우리 인민이 당과 한피줄을 잇고 당을 끝없이 신뢰하고 따르며 승승장구하여온 일심단결의 자랑스러운 력사를 보여주는 녀성중창 〈인민은 일편단심〉, 경음악 〈단숨에〉가 무대에 펼쳐졌다"면서 "백두산절세위인들의 자애로운 영상이 무대배경에 모셔질 때마다 장내는 뜨거운 격정에 젖어들었다"고 보도하였다.[48] 물론 북한이 구호 '단숨에'를 2013년에 들어 급작스레 강조하기 시작한 것은 아니다. 2012년 신년공동사설에서 드러나듯이 "강성국가건설의 주요전구마다에서 '단숨에'의 기상을 높이 떨치며 불가능을 모르는 영웅적조선인민군의 돌격속도, 일당백속도로 천년, 만년이 가도 지워지지 않는 빛나는 위훈을 창조해나가야 한다"면서 적극적인 투쟁을 독려했다.

1. 훈련장에 나선 병사는 단숨에란 말을 사랑해
   걸음마다 그말 울리며 펄펄 나는 용맹 키우네
   산을 넘어도 단숨에 강을 건너도 단숨에
   번개같이 불이 번쩍 단숨에 단숨에 단숨에 단숨에
2. 저 하늘을 나는 매들도 푸른 파도 헤치는 해병도
   단숨에란 이 말 울리며 멸적의 투지 키우네

---

48)『조선중앙TV』, 2013년 1월 1일.

타격목표도 단숨에 적함돌입도 단숨에

번개같이 불이 번쩍 단숨에 단숨에 단숨에 단숨에

3. 백두령장 닮은 병사들 그 기상을 나래로 폈네

이제 남은 최후결전도 우리 또한 단숨에 하리

위훈 세워도 단숨에 승리 떨쳐도 단숨에

번개같이 불이 번쩍 단숨에 단숨에 단숨에 단숨에[49]

위 노래 〈단숨에〉는 2009년 군인들이 주로 부르던 군가였으나 김정일의 지시에 의해 불굴의 정신력을 상징하는 시대어가 되었다.[50] "타격목표도 단숨에, 적함돌입도 단숨에, 번개같이 불이 번쩍 단숨에 해제긴다"는 가사를 통해 확인할 수 있듯이 이 노래는 김정일 시대의 대표적인 군가이다. 그러나 모란봉악단 신년경축공연에서 노래 〈단숨에〉는 가사 없이 전자악기 연주를 함으로써 기존 공연에서 볼 수 없었던 새로운 방식의 연주를 사회 전 구성원들에게 선보였다. 이는 음악 연주에 있어서 기존의 연주 방식과 틀에서 벗어나 혁신과 창조를 이룬 모란봉악단의 성과이다. 이번 모란봉 악단의 독특한 의상과 세련된 방식의 노래 및 연주 등은 기존 은하수관현악단 및 삼지연악단 등이 보였던 파격적인 행동과 그 궤적을 같이 한 것으로서 선군시대의 영웅으로 볼 수 있다. 따라서 북한은 이처럼 음악에서 혁신적인 모습

---

49) 『로동신문』, 2011년 6월 5일; 『로동신문』, 2011년 6월 8일.

50) 『로동신문』, 2011년 6월 24일.

을 보인 모란봉악단을 지속적으로 대중에게 선보임으로써 이들의 영웅적 면모를 사회 전 구성원들이 따라 배우도록 권장하고 있는 것이다. 결국 북한은 김정일 시대 때 경제발전을 이루기 위한 전략으로 사회 전 구성원들을 고무·추동하기 위해 음악을 적극 활용한 것을 김정은 시대에서도 활용하고 있는 것이다.

8. 2013년 신년음악회의 정치적 의도: 강성국가건설 완성

구호 '어버이수령님과 위대한 장군님께 다진 맹세를 끝까지 지키자!'에 드러나듯, 북한은 김일성·김정일을 받들고 김정은의 령도따라 주체혁명위업을 끝까지 완성하고자 당에 대한 충성을 끊임없이 요구하고 있다.[51] 특히 2013년 모란봉악단 신년경축공연의 제목인 《당을 따라 끝까지》는 2013년 신년공동사설 마지막 문구인 "모두다 우리 당과 국가, 군대의 최고령도자이신 김정은 동지의 령도따라 김일성 조선의 새로운 100년대를 번영의 년대, 자랑찬 승리의 년대로 끝없이 빛내여나가자"를 함축적으로 담고 있다.[52] 이는 2012년도 『로동신문』 사설 「당의 로선과 정책을 무조건 끝까지 관철하자」에서 언급된 내용과 그 궤적을 같이 하고 있다. 북한이 2012년에 이어 2013년 새해에도 당에

---

51) 『로동신문』, 2012년 7월 9일.
52) 『로동신문』, 2013년 1월 1일.

대한 충성을 요구하고 있는 것은 강성국가건설 목표 달성을 위하여 당의 지시를 적극 따라야 한다는 것을 주민들에게 강조하고 있는 것이다.

2013년 북한이 모란봉악단 신년경축공연에 여러 나라 외교대표들과 국제기구대표들을 초대한 것 역시 강성국가 건설과 밀접한 관련이 있는 것으로 보인다. 이는 2013년 김정은이 직접 발표한 신년사 중 "우리 당은 세상에서 제일 훌륭한 우리 인민에 의거하여 우리 식, 위대한 장군님 식으로 이 땅 우에 사회주의강성국가, 천하제일강국을 보란 듯이 일떠세울 것입니다"라고 언급한 부분을 통하여 확인 가능하다.53)

물론 북한 당국의 이러한 전략은 2013년 급작스레 나온 것은 아니다. 2012년 4월 6일 김정은이 당중앙위원회 책임일군들과 한 담화에서 "우리는 자기 땅에 발을 붙이고 눈은 세계를 볼 데 대한 장군님의 뜻대로 높은 목표와 리상을 가지고 투쟁하며 모든 면에서 세계를 디디고 올라서야 합니다"라고 언급한 부분을 통해서도 확인 가능하다.54) 특히 2012년 7월 6일 평양 만수대 극장에서 첫 선보인 모란봉악단의 파격적인 시범공연은 대내외적으로 이목을 집중시켰다. 그러나 노래 〈배우자〉에서 드러나듯,55) 북한은 "경제와 문화 등 국가건설의 모든 영역에서 세계적

---

53) 『로동신문』, 2013년 1월 1일.

54) 『로동신문』, 2012년 4월 19일.

55) 노래 〈배우자〉는 1992년에 리광선이 작사했고, 황진영이 작곡하였다. 가사는 다음과 같다. 시간은 쉼없이 흐르네 그러니 돌아보지 마시고/ 금같이 귀중한 분초를

추세를 따라 앞서나가라는 방침은 돌연히 나온 것이 아니라 김정일 위원장이 제시한 '자기 땅에 발을 붙이고 눈은 세계를 보라'라는 명제에 그 사상이 집약되고 있다"고 강조하면서 "세계를 향하는 것은 조선사람이 제 정신을 가지고 제 힘으로 나라를 일떠세워 모든 것을 최첨단수준으로 발전시키는데 목적이 있다"고 주장했다.56) 이처럼 북한은 2013년 모란봉악단 신년경축공연을 통하여 대내외적으로 "주체의 사회주의강성국가를 건설하여 세계가 우러러보는 천하제일강국으로 일어서기 위한 조선식 국가발전전략"을 대내외적으로 알린 것이며 이를 통하여 강성국가 건설을 이루겠다는 의지를 표명한 것으로 보인다.

아껴갑시다/ (후렴) 우리의 식으로 락원꾸리자/ 아는게 보배고 힘일세 그러니 열정을 다바쳐/ 우리의 과학과 기술을 꽃펴나갑시다/ (후렴) 한없이 소중한 조국도 너와 나 모두의 행복도/ 열심히 배우고 배울 때 빛이 납니다/ (후렴) 배우자 배우자 내 나라를 위해/ 배우자 배우자 앞날을 위해/ 우리의 식으로 락원꾸리자.

56) 『조선신보』, 2012년 7월 12일.

제5장 김정은 시대의 북한 대남전략

1. 북한 대방비방의 목적

북한의 대남비방은 군사적으로 전쟁을 일으키려는 목적보다는 정치적인 차원에서의 대남 공세를 강화하려는 의도가 강하다. 북한의 대남비방은 비방 당시의 국내외적 환경 요인을 반영해 북한의 명분과 실리를 획득하기 위한 목적이 크다. 북한이 선전매체를 통해 선보인 높은 수위의 대남비방 내용을 살펴보면, 작금의 경제 위기 원인을 남한 등의 국가로 환원함으로써 내부의 결속을 공고히 하고 있다. 또한 남한의 정세에 개입하려는 의도가 있다. 이는 한반도 정세를 북한의 입장에 유리하게 이끌려는 목적으로 분석된다.[1]

2012년은 북한에 있어서 정치적으로 각별하다. 김일성이 태어난지 100년이 되는 해라는 점에서 상징성이 크다. 또한 2011년 12월 17일 김정일 사망으로 김정은이 북한의 최고 지도자로 등극했다는 점에서 새로운 최고지도자의 등장이 주는 정치적 함의는 사회적으로 크다. 2012년은 북한에 있어서 그 어느 때보다도 정치·경제·사회적으로 중요한 한 해이다.

김정일 시대의 북한은 2012년 강성대국의 대문을 열기로 약속을 했다. 그러나 김정일 시대의 북한 경제는 여전히 악화일로의 길에서 벗어나질 못했다. 2012년 김정은의 등장으로 북한에서는 새로운 지도부가 등장했다. 이는 사회 전 구성원들에게 희망과 비전 등을 줄 수 있는 계기가 된다. 그러나 2012년 강성대국 건설을 목표로 국가발전을 이루고자 한 결과는 강성국가로 그 구호를 변경했고, 김정은 시대의 북한 경제는 어려운 상황에 놓여 있다.

1998년 북한은 '강성대국'이라는 용어를 선보이면서 이를 '주체의 사회주의 나라'로 정의한 바 있다. '강성대국'을 건설하기 위해서는 사상강국, 군사강국, 경제강국 등의 3대 조건을 충족시켜야 한다. 북한 당국은 3대 조건을 구체적으로 제시하고, 정의하면서 목표 달성 의지를 확고히 했다.[2]

---

1) 최진욱·전현준·정영태, 『북한의 대남 비방 공세의 의도와 전망』, 통일연구원, 2009, 12~19쪽; 통일연구원 현안연구팀, 『진부한 북한의 대남비방 선전공세의 배경』, 통일연구원, 2012, 6~7쪽.

2) 『로동신문』, 1998년 8월 22일; 이수원, 「북한 음악을 통해 본 경제발전전략」, 『북한

2010년을 전후로 하여 북한은 이미 사상과 군사에서의 강국을 건설했다고 선전했다. 경제에서의 강국만 달성하면 강성대국 건설이라는 과업을 달성한다고 지속적으로 강조하였다.[3] 그러나 2012년 신년공동사설의 문구인 "경제강국은 강성대국건설의 중요한 목표이다", "경제강국의 확고한 토대를 마련하는 력사적위업을 완수하는데서 오늘의 총공격전이 대단히 중요하다"라고 언급된 내용을 통하여 확인할 수 있듯이 김정일 사후에도 경제강국 건설은 여전히 현실 불가능한 목표로 보인이다.[4]

  북한의 만성적인 식량난과 누적된 경제문제는 작금의 김정은 체제를 유지하는데 있어서 가장 큰 위기 요인이다. 1962년 김일성이 주민을 대상으로 약속한 '이밥에 고깃국'을 먹을 수 있게 하겠다는 약속은 여전히 지켜지고 있지 않고 있으며 김정은 정권은 이를 시급히 해결해야할 것이다.[5] 위에 언급했듯, 북한은 "경제에서 총공격전을 벌여야 한다"고 강조하고 있다. 이는 경제문제 해결이 시급하다는 것을 보여주는 단적인 예이다. 이는 〈표 1〉의 북한 경제성장률을 통하여 구체적으로 확인 가능하다.

  〈표-1〉에 나타나듯이 1990년 이후 북한 경제가 전반적으로 마이너스 성장했다. 물론 북한 경제가 2000년 전후로 하여 제로

  학보』 제36집 1호, 북한연구소, 2011, 182쪽.

  3) 『로동신문』, 1998년 9월 9일.

  4) 『로동신문』, 2011년 5월 12일.

  5) "경제문제와 인민생활을 풀지 않고서는 혁명과 건설의 모든 사업을 힘있게 밀고 나갈 수 없습니다." 김정일, 「경제사업을 개선하는데 나서는 몇가지 문제에 대하여」, 『김정일 선집』 14권, 평양: 조선로동당출판사, 2000, 160쪽.

〈표 1〉 1990~2011년 북한의 경제성장률

(단위: %)

년도	1990	1991	1992	1993	1994	1995	1996	1997	1998	1999	2000
성장률	-4.3	-4.4	-4.7	-4.5	-2.1	-4.4	-3.4	-6.5	-0.9	6.1	0.4
년도	2001	2002	2003	2004	2005	2006	2007	2008	2009	2010	2011
성장률	3.8	1.2	1.8	2.1	3.8	-1.0	-1.2	3.1	-0.9	-0.5	0.8

출처: 한국은행 홈페이지(http://www.bok.or.kr/) 참조.

성장 혹은 약간의 플러스 성장을 한 바 있으나 이는 일시적 현상이다.[6] 북한 경제가 꾸준히 경제 성장을 이루기 위해서는 사회구조의 개편, 외부의 직접 투자 등이 선제적으로 이루어져야 한다. 그러나 대북 제재가 계속되고 있는 상황 하에서 북한이 내부 역량을 집중하는 방식의 과학기술사업에 대한 당적 지도력 확립 등은 경제 성장에 한계로 작용할 것이다.[7]

북한의 기초공업부문 개건, 농업에서의 혁명, 경공업에서의 혁명 등의 당적 요구는 인민생활향상에 직접적인 영향을 주지 못하고 있다.[8] 이는 2011년부터 북한이 '강성대국' 용어를 현격히 줄이고 있는 대목을 통하여 유추가 가능하다.[9]

북한에서 '강성대국'이 아닌 '강성국가'라는 용어의 사용 빈도

---

6) 이수원, 앞의 논문, 185쪽.

7) 김정일, 「과학기술을 발전시키기 위한 몇가지 문제에 대하여」, 『김정일 선집』 9권, 평양: 조선로동당출판사, 1998 참조.

8) 북한은 인민생활향상을 위한 각종 정책을 펴기 시작했다. 『로동신문』, 2007년 1월 15일.

9) 한승호, 「북한의 통치담론 작동 메커니즘에 관한 연구: 『강성대국건설』 담론을 중심으로」, 동국대학교 박사논문, 2012, 184~185쪽.

가 높아지고 있다고 하여 김정일 시대에 제시된 강성대국 건설 목표 달성이 실패한 것으로 규정할 수 없다. 그러나 북한은 강성 대국 건설이라는 목표를 달성하지 못했지만 '강성국가'라는 용 어를 사용하면서 당면한 필요 목표치를 실현 가능한 목표로 하 향 조정하고 있다. 결국 이는 1998년 제시된 강성대국 건설을 달성하겠다는 당의 의지를 다시 반영한 것으로 보인다.[10]

김정은이 북한 최고지도자로 등극했지만 김일성이나 김정일 과 같이 대내외적으로 보일 성과물이 전무하다. 따라서 북한은 사회 전 구성원들에게 최고지도자의 가시적인 성과물 혹은 구체 적인 비전을 보여줘야 할 필요가 있다. 특히 북한지도부가 만성 적인 경제문제와 식량난을 해결하고 있지 못한 상황에서 욕구 불충족으로 인해 쌓인 주민들의 불만을 해소해 주어야 할 필요 가 있다. 이에 북한지도부는 국면전환을 위해 한반도에서의 전 쟁분위기를 조성하고, 남한 정부가 최고 지도자를 모욕했다고 선전하면서 주민들의 분노와 불만을 외부, 즉 남한에 표출하도 록 유인하고 있다.

북한지도부의 대남비방 전략은 대내적 차원에서 체제 결속력 을 높이는 기제가 되고 있으며 최고 지도자에 대한 충성심을 높이는데 활용되고 있다.[11] 결국 2012년 북한은 '최고존엄'을 매개로 한반도에서의 위기를 조성하고 이를 확대 재생산함으로

---

10) 위의 논문, 184~185쪽.
11) 『로동신문』, 2007년 1월 7일; 『로동신문』, 2008년 1월 6일.

써 김정은 체제를 공고화해 나가고 있으며, 대내외적 환경에 따라 지속적으로 활용할 것으로 보인다.12)

2011년부터 북한은 남한의 핵안보정상회의 등에 대해 상당히 민감한 반응을 보였다. 이는 북한이 대남비방을 한창 진행 중이던 2012년 3월 14일 발표한 '조선반핵평화위원회' 단체의 백서 "남조선은 세계에서 제일 위험한 핵화약고, 핵전쟁발원지이다"에 잘 나타나 있다.13) 북한은 이 백서에서 남한의 과거 핵 배치문제와 미사일 개발문제, 한미연합군사훈련 등에 대한 사례들을 시계열적으로 나열하고 있다. 북한의 이러한 나열은 핵개발 원인을 남한과 미국으로 지목하고 있다. 북한 당국의 이러한 전략은 북핵 문제의 본질을 흐림으로써 북한 핵 개발의 명분을 쌓으려는 목적이다.

북한의 핵 문제가 국제적으로 문제가 되고 있는 상황에서 남한에서 개최되는 핵과 관련된 국제적 회의는 북한에게 압박으로 작용했다. 북한은 2012년 3월 개최된 핵안보정상회의를 또 하나의 문제로 쟁점화하고, 이를 대남비방에 활용했다. 또한 북한은 핵안보정상회의를 남한이 대북 핵정책을 합리화한다면서 국회의원선거 분위기를 전환시키는데 활용했다. 이는 당시 북한이 우리나라 19대 국회의원 선거에 직접적으로 개입한 시도였다.14)

---

12) 『로동신문』, 2007년 1월 7일; 『로동신문』, 2008년 1월 4일.

13) 『조선중앙통신』, 2012년 3월 14일.

14) 『조선중앙통신』, 2012년 3월 9일.

북한은 우리사회에서 북한 대남비방 문제 제기 의도를 '통미봉남', '남남갈등유발'로 해석하는 것에 관해 2012년 4월 11일 이뤄지는 국회의원 선거를 앞두고 논평을 지속적으로 냈다. 북한의 논평 내용은 "남한이 북한을 도발하고, 한반도에서의 안보위기를 조성해 보수층을 결집시키려는 의도로 분석"했다. 북한은 이러한 분석의 종국적인 목적이 19대 국회의원 선거를 보수세력에게 유리하게 치르려는 것으로 규정하며 남남갈등을 유발했다.[15)

북한의 대남비방 전략 중 하나인 남남갈등 유발 전략은 선거에서 주로 사용되던 방식이다. 당시 북한은 "이명박 정부와 집권 여당인 새누리당이 국회의원 선거에서 제1당이 되기 위해 오히려 북한을 도발"하고 있다면서 한반도 정세에서의 유리한 위치를 점하려는 시도를 지속적으로 했다.[16) 북한의 이러한 논평은 결국 간접적으로 남한의 선거에 개입하려는 대남비방 전략이며 성공 여부에 관계없이 지속적으로 활용하고 있다.[17)

북한이 대남 정세에 개입 시도는 대통령 선거에서도 꾸준히 이어지고 있다. 제18대 대통령 선거에서도 북한은 대남 논평을 통해 대선 개입을 시도했다. 당시 북한은 "지난 정부의 대북정책

---

15) 『로동신문』, 2012년 3월 7일.

16) 괴뢰패당이 제아무리 여론을 오도하고 민심을 교란하기 위해 날뛰여도 그에 속아 넘어갈 사람은 아무도 없다. 남조선인민들은 그동안 쌓이고 쌓인 원한과 분노를 폭발시켜 온갖 불행과 재앙의 화근인 리명박역적무리를 단호히 심판해야 할것이다. 『로동신문』, 2012년 4월 27일.

17) 「조국평화통일위원회 서기국보도 제994호」, 『조선중앙통신』, 2012년 3월 31일.

을 계승하지 않았던 새누리당을 낡은 세력으로 규정"하여 이를 청산해야 한다고 메시지를 냈다. 북한은 남한의 대선에 개입을 하지 않는다 대외적으로 입장을 표명하고 있지만 "당시 이명박 정부와 새누리당을 배격해야한다", "보수 세력의 집권을 막아야 한다" 등의 입장으로 대외적으로 발표했다.18) 당시 북한은 우리나라의 18대 대통령 선거의 박근혜 후보의 대북정책에 대해 공개질문장까지 만들어 비난하였다.19)

2012년 당시 북한의 대남비방은 대내적 측면에서의 체제결속을 높이기 위한 목적도 강했다. 대외적으로는 남한 정세에 직접적으로 개입해 남남갈등 및 사회적 갈등을 초래하였다. 북한의 대남 개입은 한반도의 정세를 북한에 유리하게 조성하여 명분과 실리를 동시에 챙기려는 목적에 기인한 것으로 보인다.

2. 대남비방의 원칙: 수령 및 후계자에 대한 충성

북한의 대남비방 중에서 가장 수위가 높은 것은 '최고존엄'과 관련이 있는 내용이다.20) 특히, 2008년 이명박 정부가 출범한

---

18) 『로동신문』, 2012년 11월 27일; 『로동신문』, 2012년 11월 28일; 『로동신문』, 2012년 11월 30일.
19) 『조선중앙통신』, 2012년 12월 1일.
20) 「우리의 최고존엄을 건드린 역적패당의 특대형도발행위는 천추에 용납 못할 대역죄이다」, 『로동신문』, 2011년 6월 4일.

이후 북한은 최고존엄과 결부지어 대남비방의 횟수와 수위를 지난 김대중·노무현 정부에 비해 상당히 높였으며 특히 2011년과 2012년 사이 북한의 대남비방의 양적 질적 정도는 급격히 증가했다.[21] 문재인 정부를 향해서도 "백날, 천날 무릎 꿇고 빌어도 시원치 않을 판에 아직도 이러쿵저러쿵 입방아만 찧고 있으니 뻔뻔스럽기란 양푼 밑구멍 한 가지"라며 북한의 비방은 진보 정권과 보수 정권을 구분하고 있지 않다.

2012년 북한이 남한의 행태에 가장 문제를 삼고 있는 부분은 '최고존엄', 즉 김정은에 대한 모욕적인 발언 혹은 행위 등 이다. 이는 2012년 3월 2일과 4월 18일 북한이 〈최고사령부 성명〉을 통해 발표한 내용을 통하여 대남비방의 강도를 가늠할 수 있다.

최근 인천시에 주둔하고있는 괴뢰군부대의 내무반에서만도 벽체와 문짝들에 감히 백두산절세위인들의 초상화를 제멋대로 걸어놓고 그 아래우에 차마 입에 담지 못할 글까지 뻐젓이 써붙이는 천하무도한 망탕짓을 벌려놓고있다. (…중략…) 우리 군대와 인민은 우리의 최고존엄을 자신의 생명보다 더 귀중한 민족공동의 존엄과 명예로 간주하고있으며 그가 누구든 털끝만큼이라도 그것을 모독중상하거나 훼손하려고 달려든다면 가차없이 짓뭉개버릴것이다.[22]

---

21) 『로동신문』을 기준으로 2010년까지 북한의 대남비방은 10~15건 정도였으나 2011년 약 70건, 2012년 상반기 약 90건 정도로 급격히 증가하였다.
22) 「조선인민군 최고사령부 대변인 성명: 우리의 최고존엄을 털끝만큼이라도 건드린 자들은 이 땅, 이 하늘아래 살아숨쉴곳이 없게 될 것이다」, 『조선중앙통신』, 2012년

최고존엄을 생명보다 더 귀중히 여기고있는 우리 군대와 인민의 일심으로 다져진 총대는 특대형도발자들에 대하여 그가 누구이든, 그가 어디에 있든 무자비한 복수의 세례를 안기게 될것이다.

비록 서울 한복판이라 하여도 그것이 우리의 최고존엄을 헐뜯고 건드리는 도발원점으로 되고있는이상 그 모든것을 통채로 날려보내기 위한 특별행동조치가 취해질것이다.[23]

위 문구에 나타나듯이 북한은 남한이 자신들의 생명보다 더 귀중한 '최고존엄'에게 도발을 했으니 가만둘 수 없으며 무력동원까지 감안하여 합당한 행동을 취하겠다는 의지를 표명하고 있다. 물론 2007년 7월 북한은 남북장관급 회담에서 "남측의 반통일세력이 우리의 최고 존엄을 감히 모독하고 헐뜯었다"면서 강력하게 반발한 바 있다. 북한이 남한을 향해 무력동원까지 언급하면서 대방비방의 수위를 높인 경우는 이례적인 일은 아니다.

2012년 북한의 대남비방에 있어서 대외적·대내적 특징이 있다. 대외적으로는 무력도발을 운운하지만 실제 무력 도발을 자행하고 있지 않다는 점이다. 물론, 접경지역에서의 국지적인 도발인 있지만, 대남비방에 언급한 것처럼 대대적인 군사적인 도발은 자제하고 있다.

3월 2일.

23) 「최고사령부 대변인성명: 하늘에 대고 감히 삿대질을 하는 자들은 그가 누구든 천벌을 면치 못할것이다」, 『조선중앙통신』, 2012년 4월 18일.

대내적으로는 '당의 유일사상체계확립을 위한 10대원칙'을 적극적으로 활용하고 있다는 점이다. 북한은 1967년부터 유일사상체계 확립을 위한 운동을 벌여온 바 있다. '당의 유일사상체계확립을 위한 10대원칙'은 1974년 4월 14일 김일성의 권위를 바탕으로 김정일이 공포하였다. 이것의 기본 내용은 다음과 같다.[24]

1. 김일성 동지의 혁명사상으로 온 사회를 일색화하기 위하여 몸바쳐 투쟁하여야 한다.
2. 김일성 동지를 충성으로 높이 우러러 모셔야 한다.
3. 김일성 동지의 권위를 절대화하여야 한다.
4. 김일성 동지의 혁명사상을 신념으로 삼고 수령의 교시를 신조화하여야 한다.
5. 김일성 동지의 교시집행에서 무조건성의 원칙을 철저히 지켜야 한다.
6. 김일성 동지를 중심으로 하는 전당의 사상의지적 통일과 혁명적 단결을 강화하여야 한다.
7. 김일성 동지를 따라 배워 공산주의적 풍모와 혁명적 사업방법, 인민적 사업작풍을 소유하여야 한다.
8. 김일성 동지가 안겨준 정치적 생명을 귀중히 간직하며 수령의

---

24) 이종석, 『조선로동당연구: 지도사상과 구조 변화를 중심으로』, 역사비평사, 2003, 134~135쪽 재인용; '당의 유일사상체계확립을 위한 10대원칙'의 온전한 전문은 김정일, 「전당과 온 사회에 유일사상체계를 더욱 튼튼히 세우자」, 『김정일 주체혁명 위업의 완성을 위하여』 3, 평양: 조선로동당출판사, 1987, 101~118쪽.

크나큰 정치적 신임과 배려에 높은 정치적 자각과 기술로써 충성으로 보답하여야 한다.

9. 김일성 동지의 유일적 영도 밑에 전당, 전국, 전군이 한결같이 움직이는 강한 조직규율을 세워야 한다.

10. 김일성 동지가 개척한 혁명위업을 대를 이어 끝까지 계승하며 완성해나가야 한다.

위 내용의 중심은 김일성 등 북한의 최고지도자에게 무조건적인 충성을 요구로 하고 있다는 점이다. 이는 북한에서 수령 외에 충성의 대상이 있을 수 없다는 것을 보여주는 단적인 예이다. 북한은 무조건적인 충성의 대상인 수령에 대해 다음과 같이 설명하고 있다.

수령은 그 누구도 지닐수 없는 비범한 예지와 고매한 공산주의적 덕성, 한없이 넓음 포용력, 탁월한 령도력을 지니고 근로인민대중의 자주성을 위한 혁명투쟁전반을 통일적으로 지휘하는 최고령도자이며 (…중략…) 절대적인 권위와 위신을 지니고 인민들의 다함없는 신뢰와 존경을 받는 참다운 인민의 령도자이다. (…중략…) 수령의 령도를 받지 못하는 당은 (…중략…) 역할은 할수 없으며 수령의 령도를 받지 못하는 인민대중은 나아길 앞길을 찾은수도 목적의식적이며 조직적인 투쟁을 벌릴수도 없다. 바로 그렇기 때문에 수령은 근로인민대중의 최고뇌수로, 통일단결의 중심을 이룬다.25)

위의 내용에 나타나듯이 북한에서 수령은 완전하고 절대적인 존재이다. 최고지도자로서 수령이 없으면 제대로 된 혁명이 진행될 수 없다는 주체사상의 논리를 따르고 있다. 따라서 북한에서 수령을 따르며 충성을 다하는 것은 주체적으로 삶을 영위할 수 있는 토대이자 원동력인 것이다.[26] 물론 북한에서 수령과 동일한 인물은 존재하지 않는다. 따라서 수령은 주체사상을 만든 김일성 한 명 뿐이다. 김정일과 김정은은 수령의 자리를 대신할 유일한 인물로서 수령의 후계자일 뿐이다. 북한은 수령의 후계자에 대해 다음과 같이 이야기하고 있다.

후계자가 수령의 대를 잇는다고 할 때 그것은 본질에서 수령의 지위를 계승하는 것이고 수령의 역할을 계승하는 것이다. 따라서 후계자의 지위와 역할이 다를 수 없는 것이다. 수령의 후계자는 수령의 혁명위업을 계승하고 완성해 나가는 투쟁에서 유일지도자로서의 절대적인 지위를 차지한다.[27]

위 내용은 북한에서 절대자인 수령의 뒤를 잇는 후계자는 수령과 같은 절대적인 역할과 지위를 가진다는 것을 말하고 있다.

---

25) 김민·한봉서, 『위대한 주체사상 총서9: 령도체계』, 평양: 사회과학출판사, 1985, 29쪽.

26) 이수원, 「북한 주체사상학습체계의 종교성 연구: 기독교 종교 활동과의 비교를 중심으로」, 『통일문제연구』 제23권 1호, 평화문제연구소, 2011, 328쪽.

27) 김유민, 『후계자론』, 출판지 불명: 신문화사, 1984, 61쪽.

후계자인 김정일과 김정은은 모두 김일성과 같은 지위와 역할을 지닌 북한의 절대자로 볼 수 있다. 따라서 김정일과 김정은은 북한 사회에서 '최고 존엄'이 되며, 이를 따라 배우고, 김정일, 김정은에게 충성을 다하는 것을 기본으로 하고 있다. 이 기본적인 원칙이 바로 '당의 유일사상체계확립을 위한 10대원칙'이다. 이 원칙에 의해 북한은 김일성－김정일주의를 따라 배우며 이를 몸으로 익히고 있다.[28]

3. 대남비방의 원칙: 평생 실천의 의무화

북한의 '당의 유일사상체계확립을 위한 10대원칙' 제4조에 실천원칙과 관련된 내용이 있다. 이를 구체적으로 살펴보면 다음과 같다.

위대한 수령 김일성 동지의 노작·교시 등 수령의 빛나는 혁명역사를 체계적이며 전면적으로 깊이 연구 및 체득하여야한다. 위대한

---

[28] 김정일의 사망 전까지 북한은 '김일성주의'라는 용어를 사용했으나 2012년 4월 11일 개최된 제4차 당대표자회에서 당 규약을 개정하며 서문에 "조선로동당은 위대한 김일성－김정일주의를 유일한 지도사상으로 하는 김일성－김정일주의당, 주체형의 혁명적당이다. 조선로동당은 위대한 김일성－김정일주의를 당건설과 당활동의 출발점으로, 당의 조직사상적공고화의 기초로, 혁명과 건설을 령도하는데서 지도적지침으로 한다."라는 문구를 넣은 후 '김일성－김정일주의'라는 용어를 공식적으로 사용하고 있다. 「조선로동당 규약서문」, 『로동신문』, 2012년 4월 12일.

수령 김일성 동지의 혁명사상을 배우는 학습회, 강연회, 강습을 비롯한 집단학습에 빠짐없이 성실하게 참가하고, 매일 2시간 이상 학습하는 규율을 철저히 확립하여 학습을 생활화 및 습성화하고 학습을 태만하거나 방해하는 현상을 반대하여 적극적으로 투쟁하여야 한다.[29]

김일성의 말과 사상을 북한의 현재적 관적에 이를 적용하면 김일성, 김정일, 김정은(이하 최고존엄)의 말과 사상을 끊임없이 배우고 체득하여 자신의 것으로 만들어야 한다는 것을 의미한다.[30] 북한에서 이러한 원칙이 만들어진 이후 김일성의 혁명사상, 즉 '최고존엄'의 모든 것은 전사회적으로 학습되어야 할 대상이며 유일하게 존재하는 사상체계가 되는 것이다.[31]

북한은 최고존엄의 사상을 자신들의 사회를 지배하는 유일한 사상체계로 만들고 이를 유지하기 위해 이를 교육하는 체계를 완성시키고 있다. 〈표 2〉는 이러한 교육체계가 실질적으로 실행되는 모습을 정리한 것이다.

북한 주민들을 대상으로 한 '최고존엄'에 대한 교육은 탁아소에서 '최고존엄'들에게 감사를 표하는 방법을 배우는 것부터 시작된다. 이후 학교에 진학하게 되면 '최고존엄'들에 대한 우상화

---

29) 김정일, 「전당과 온 사회에 유일사상체계를 더욱 튼튼히 세우자」 참조.
30) 이수원(2011), 앞의 논문, 329쪽.
31) 이종석, 앞의 책, 135쪽.

<표 2> 북한의 주체사상학습 모임과 시간

모임	생활 총화	수요 강연회	새벽 참배	아침 독보회	가족 독보회	인민반 회의	정기 학습	교과 과정
시간	토요일 내 유동적	수요일 저녁	새벽 5시경	근무 전 30분간	부분적 시행	주말, 장마당 전날저녁 (농촌지역)	정기적	매일

출처: 이수원, 「북한 주체사상학습체계의 종교성 연구: 기독교 종교 활동과의 비교를 중심으로」, 『통일문제 연구』 제23권 1호, 평화문제연구소, 2011, 321쪽.

교육이 정규 교과목에 포함되어 이루어진다. 북한에서의 '최고 존엄'에 대한 교양사업은 학교를 졸업하고 사회에 진출하거나 가정에서 가사 일을 하는 사람들에게도 지속되고 있다. 매주 토요일 각 직장의 조직단위 별로 진행되는 '생활총화'와 매주 수요일에 개최되는 '수요 강연회'가 대표적인 예이다.

북한에서 의무사항은 아니지만 매일 새벽 '최고존엄'들의 동상을 찾아 참배하는 '새벽 참배', 직장에 출근하여 작업 시작 전 30분간 교양자료나 신문 등을 읽으며 당 정책과 시사 문제 등을 논의하는 '아침 독보회'가 있다. 북한의 권장사항인 가족 단위로 주체사상을 학습하는 '가족 독보회', 인민반 별로 주말이나 장마당이 열리기 전날 모여 생활을 점검하면서 주체사상 학습을 하는 '인민반회의', 직장단위로 정기적인 날짜를 정하여 최고존엄의 교시 등을 학습하는 '정기학습' 등을 하루도 빠짐없이 진행하게 된다. 따라서 북한에서는 태어남과 동시에 생애의 끝까지 '최고존엄'에 대한 충성을 강요하는 교육에서 벗어날 수 없다.[32]

북한의 이러한 교육의 목적은 주민들을 창조적 인간, 사회주의적인간, 주체혁명위업과 사회주의위업을 위하여 모든 것을 바쳐 투쟁하는 주체형의 혁명가로 키우기 위한 것이다.[33] 즉 수령을 위해 충성을 다하는 인간을 기르는데 그 목적이 있는 것이다. 북한 당국의 이러한 교육목적은 평생에 걸쳐 배우고 실천하는 북한 주민들이 현 체제의 '최고존엄'에 복종 혹은 순응시키기 위한 것이다. 따라서 북한의 이러한 교육체계 하에서 북한체제를 비난하는 남한의 정부와 대통령 등의 발언 및 행태는 북한의 사회 전 구성원들의 격한 반응을 유도하여 체제를 결속시키고 규합하는데 있어 가장 효과적인 도구라 하겠다.

2012년 김정은은 김정일의 사망으로 급작스레 권력 승계를 이어 받았다. 따라서 김정은은 대내외적으로 과시할 수 있는 각종의 성과가 김정일과 비교해 미미하다는 문제가 있다. 또한 김정일과 비교해 최고지도자로 등극하기까지의 경험이 부족하며 물리적인 시간 역시 짧다. 이에 김정은은 최고지로자로 등극함과 동시에 '최고존엄'으로서의 권위를 재빠르게 강화할 필요가 있었다. 북한 당국은 최고지도자인 김정은의 권위를 강화하기 위한 차원에서 '당의 유일사상체계확립을 위한 10대원칙'을 적극적으로 활용했다. 이는 대남비방을 매개로 주민들에게 내재되

---

32) 북한의 이러한 주체사상교육체계에 대한 자세한 사항은 이수원, 「북한 주체사상학습체계의 종교성 연구: 기독교 종교 활동과의 비교를 중심으로」와 김병로, 『주체사상의 내면화 실태』(민족통일연구원, 1994), 그리고 김병로, 『북한사회의 종교성: 주체사상과 기독교의 종교양식 비교』(통일연구원, 2000) 참조.

33) 강운빈, 『위대한 주체사상총서 6: 인간개조리론』, 평양: 사회과학출판사, 1985, 275쪽; 2010년 개정된 『로동당 규약』 1장; 이수원(2011), 앞의 논문, 332쪽.

어 사회적인 불만을 대외적으로 환원했고, 작금의 문제 해결을 위한 대안으로 '최고존엄'에 대한 충성심과 존경심을 제시하고 있다. 결국 작금의 북한 대남비방은 대내적으로는 '최고존엄'인 김정은의 권위를 높이면서 체제 결속력을 높이고 있다. 대외적으로는 남한 정부에 대한 불만을 강력히 표출하면서 작금의 문제의 원인을 외부로 돌리고 있다. 따라서 북한의 대남비방은 한반도의 위기국면을 조성하고 있는 북핵 문제의 본질을 흐리고, 내부적으로는 체제결속력을 높이기 위한 목적 하에 이루어진 정책으로 볼 수 있다.

4. 북한 대남비방의 목적: 선전선동 활동 강화

북한의 『로동신문』, 『조선중앙통신』, 『조선중앙TV』 등과 같은 각종 언론 매체들은 로동당 비서국 산하 단체로서 체제 유지 및 강화를 위한 목적의 글이 게재되는 것이 특징이다. 따라서 북한에서 발간되는 각종 출판물은 각종 단체의 이름을 빌린 성명이나 담화, 기자의 질문에 대한 답변의 형식으로 발표되고 있으며 체제 결속력을 높이기 위한 선전선동의 수단으로 활용되고 있다.

북한의 대남비방은 2012년 남한의 군부대 포스터를 문제 제기하면서 대남위협을 했던 때나 2012년 4월 이후 대남비방의 정도가 격양되었던 때에도 마찬가지로 선전선동을 통해 위기 국면을

조성하였다. 북한이 남한의 군부대 포스터를 문제시 했던 2012
년 3월의 비방은 〈조선인민군 최고사령부 대변인 성명〉 "우리의
최고존엄을 털끝만큼이라도 건드린자들은 이 땅, 이 하늘아래
살아숨쉴곳이 없게 될 것이다"가 지난 3월 2일 『조선중앙통신』,
『조선중앙TV』, 『로동신문』 등에 일제히 방송 및 보도되면서 시
작되었다.[34] 이후 2012년 4월 18일의 대남비방도 북한의 각종
매체를 통해 "하늘에 대고 감히 삿대질을 하는 자들은 그가 누구
든 천벌을 면치 못할것이다" 라는 제목으로 〈최고사령부 대변인
성명〉 발표를 통하여[35] 강도가 더욱 높아졌다.[36]

당시 북한 최고사령부 대변인 성명의 대남비방은 시작에 불과
했다. 이 성명이 발표된 직후 북한은 각 기관별로 대남비방이라
는 동일한 목적의 성명이나 담화 등을 각종 매체를 통해 발표
혹은 보도를 하였다.[37] 특히 『조선중앙TV』에서는 주민들이 매
일같이 출연하여 이명박 대통령과 남한 정부를 비난하는 모습을

---

34) 『로동신문』에는 3월 3일에 게재됨.

35) 『로동신문』에는 4월 19일에 게재됨.

36) 2012년 3월 2일부터 시작된 비방은 북한이 3월 16일 광명성 3호 발사를 발표하면서
   중지 되었다. 2012년 4월 18일부터 시작된 비방은 초기에는 본문에서 설명했던
   이유로 비방이 진행되었으나 북한체제의 '변화'와 '임계점'에 대해 발언한 청와대
   외교안부수석의 발언내용을 문제로 삼은 '조국평화통일위원회 서기국보도 제996
   호'가 발표된 이후에는 남한에서 발생하는 자신들을 비난하는 사건이나 발언들을
   하나하나 문제 삼으며 비난하였다. 그러나 5월 12일부터는 남한의 특정한 행동을
   비난하는 등의 모습은 관측되지 않고 통상적인 수준의 비난들만 관측되고 있다.

37) 군부대 포스터 사건과 관련한 성명, 담화, 기자회견 등은 총 7회가 발표되고 진행되었
   고 4월 18일 이후 진행된 비방과 관련된 것은 총 8회가 발표되었다. 『조선중앙TV』,
   『조선중앙통신』, 『로동신문』 통계.

주로 방영하였다. 이처럼 북한이『조선중앙통신』과『로동신문』,「민주조선」등 공식 매체를 통해 이명박 대통령을 비롯하여 남한 정부를 비방하는 인터뷰 및 기사 등을 대내적으로 집중 선보이고 있는 것은 작금의 위기 동인이 대외적인 것으로 돌리기 위한, 즉 위기 국면을 전환하기 위한 전략인 것이다.

여기서 주목해야 할 것은 북한의 대남비방의 강도와 행태이다. 북한이 공식 매체를 통하여 대남비방의 수위를 높이고 있는 것은 주민들의 자발적 참여를 독려하고 대중동원의 명분을 마련하기 위한 조치로 볼 수 있다. 이에 북한은 대남비방에 있어서 비속어 사용의 빈도를 높이면서 주민들의 대남관을 자극하고 있는 것이다. 먼저 북한은 "역적패당", "역도"라는 표현을 우리 정부를 대신하여 보통명사로 사용하고 있다. "정신병자", "불구대천의 원쑤 리명박쥐새끼 무리", "2MB", "정치적 저능아"등의 용어와 "개○○", "○박이" 등의 비속어는 이명박 대통령을 지칭하고 있다.38) 심지어 북한은 "○명박 때려잡기"라는 게임을 만들어 주민들의 유희오락 경기대회에서 시행하고 있기도 하다.39) 북한의 이명박 대통령 및 남한 정부에 대한 비난 및 비방 전략은

---

38)『조선중앙TV』,『조선중앙통신』,『로동신문』에 실제로 자주 등장하는 용어들로써『조선중앙통신』,『로동신문』의 지면 기사에는 물론이고『조선중앙TV』의 시사대담 프로그램이나 남한의 뉴스에 해당하는 '보도'에서도 아무 거리낌 없이 사용되고 있다. 이중 2MB는 "고작 MP3 노래 2분에 해당되며 10초가량의 동영상을 볼수 있는 매우 작은 기억용량에 불과하다. 이 기억용량이 리명박의 이름, 지능지수와 신통히도 꼭맞아 떨어졌다는 비난과 조소이다."라고 북한은 설명하고 있다.「정치적저능아가 받은 칭호 ≪2MB≫」,『조선중앙통신』, 2012년 3월 10일.
39)『조선중앙TV』에서 5월 1일 방송된 〈8시 보도〉 참조.

체제 결속력을 높이고 사회 전 구성원들을 선전선동하는데 효과적으로 활용되고 있다.[40]

북한의 대남비방은 선전선동 매체를 통해서만 이루어지는 것이 아니다. 인민군이나 인민보안원, 로농적위대원 등의 훈련에서도 이명박 대통령의 이름을 새긴 표적지나 허수아비로 만들어 사격을 행하고 있으며 화형식을 실시하거나 군견을 동원해 이러한 형상물을 짓밟게 하는 등의 퍼포먼스를 실시하고 있다. 특징적인 것은 북한이 이러한 훈련에 참여한 군인들에 대한 인터뷰를 통하여 남한정부를 비난하고 남한에 대한 복수를 다짐하는 모습을 방영함으로써 체제 결속력 높이는데 활용한다는 것이다.[41]

북한이 이처럼 폭력적으로 극대화된 행동들을 지속시키며 이를 계속 보여주고 있는 이유는 사람들의 감정을 자극하여 대남비방에 대한 주민들의 동참을 이끌어내고 남한에 대한 대결의지를 보여주기 위한 목적이 있다. 따라서 북한은 이러한 위기 국면

---

[40] 대통령의 비난을 목적으로 지어져 조선중앙TV를 통해 방영된 시들로는 「미친○리명박 패당을 무자비하게 징벌하리라」, 『조선중앙TV』, 2012년 3월 4일; 「박멸하라 쥐새끼들」, 『조선중앙TV』, 2012년 4월 30일 등이 있으며 이외에도 여러 편이 수시로 방영되었다. 대통령을 비난하는 풍자만화들은 대통령과 비난하는 목적의 방송이나 기사에 수시로 등장하고 있다. 풍자만화들의 실물을 확인하려면 『조선중앙통신』, 2012년 4월 26일자 기사들을 참조.

[41] 3월 2일~15일, 4월 18일~5월 2일의 기간 동안 『조선중앙TV』의 정규 프로그램 사이와 5시와 8시 보도 시간에 이러한 군인들과 주민들의 모습을 매일 수차례씩 방영하였다. 북한은 방송에서 각종 군사 훈련 진행 모습 및 인터뷰 등을 보여주고 있다. 그리고 주민들과 학생들도 이명박 대통령과 남한당국을 비난하며 허수아비에 불을 지르고 돌을 던지는 등의 모습들을 보여주고 있다.

조성을 통하여 북한주민들 간의 단결, 즉 체제 결속을 이끌어내기 위한 목적으로 대남비방을 적극 활용하고 있는 것으로 보인다.

5. 북한 대남비방의 목적: 대규모 군중집회 활용

2012년 북한 대남비방의 특징 중 하나는 남한에 대한 비난을 본격적으로 시작한 직후 각 지역마다 궐기 모임을 개최하고 궐기모임에 동원된 대중들이 남한 정부와 이명박 대통령에 대해 강렬하게 비난하도록 했다는 점에 있다. 일반적으로 북한에서 주민들을 동원한 궐기모임의 시작은 평양이 중심이었고, 평양에서 주로 대남관련 내용을 다루었다.

김정은 시대들어 북한은 대남비방과 관련해 각 지방에서의 궐기모임과 관련한 내용도 언론매체를 통하여 비중 있게 다루고 있다.[42] 북한의 대남비방 강도는 최고사령부 대변인 성명이 발표된 이후 평양을 중심으로 하여 군중대회가 전국 각 지역으로 확산되었다. 이 소식은 북한의 각종 매체들을 통하여 매일 주민들에게 전달되었고 있으며 사회적으로 대남비방 분위기를 조성하는데 일조하고 있다.[43]

---

42) 대통령을 비난하는 평양시 군민대회는 3월 4일과 4월 20일에 『조선중앙TV』에서 이례적으로 실황중계 되었고 이후 수차례씩 재방송 되었다.

43) 북한은 평양시 군민대회 개최를 시작으로 황해남도 신천군의 농업근로자동맹원 및 농업근로자결의대회 개최, 개성시 평화리의 조선녀성들의 규탄대회, 평안북도

2012년 북한의 대남비방 궐기모임은 '최고존엄 모독' 대남규 탄을 다루었다고 해서 보통의 궐기모임과 그 궤적이 다른 것은 아니다. 예컨대 북한의 대표적인 신년 행사인 충성을 다짐하는 군중대회의 경우 각종 문구와 포스터들이 배치되어 있는데, 이명박 대통령을 비난하는 궐기 모임에서도 북한은 각종 문구와 포스터들을 배치하여 활용하고 있다는 공통점이 있다.

북한의 궐기모임 순서는 대남비방 여부에 관계없이 크게 다르지 않다. 궐기 모임의 순서는 주로 유력 인사들이 단상에 선 후 시작한다. 이후 로동당 혹은 국방위원회 등의 성명서를 낭독을 함으로써 궐기모임의 이유와 목적을 분명히 밝히고 있다. 북한 당국의 성명 낭독 이후에는 군인, 노동계급, 농업근로자, 청년학생, 여성 대표 등이 각각 연설을 하면서 규탄 시위가 본격적으로 진행된다.

2012년 3월 이후 북한의 '최고존엄 모독' 대남규탄 궐기모임의 연설내용은 주로 이명박 대통령과 남한 정부 비난을 시작으로 진행됐다. 남한을 향한 복수와 김정은 결사옹위를 위해 최선을 다할 것을 다짐하는 내용이다. 당시 북한 노동계급의 연설은 "이명박 대통령에 대한 복수의 신념을 안고 각자의 위치에서 경제를 위해 최선을 다할 것을 결의"하는데 초점을 맞추고 있었다.[44]

강원도의 군민대회, 자강도의 청년동맹 인민군 입대 및 복대 탄원결의 모임 등을 개최하면서 김정은 체제의 안정화 도모 및 체제 내부 결속력을 공고화했다. 『로동신문』, 2012년 3월 6일; 『로동신문』, 2012년 3월 7일.

44) 각 지역의 군민대회를 중계한 『조선중앙TV』의 방송내용과 『조선중앙통신』의 기

당시 북한의 대남비방 궐기모임 및 군민대회 등에 대해 자극적인 내용을 언론매체를 통해 적나라하게 방영을 하였다. 예컨대 궐기모임에 동원된 참가자들이 시내를 행진함에 있어서 이명박 대통령을 비난하는 각종의 플랜 카드들을 방영했다. 플랜 카드는 이명박 대통령을 형상화한 허수아비를 군견이 물어뜯거나 화형식을 진행하는 모습이었고, 이러한 행태는 방송을 통해 여과 없이 방영되었다. 뿐만 아니라 북한 당국이 차에 허수아비를 매달아 끌고 가는 모습, 사람들이 몽둥이로 허수아비를 때리는 장면 등을 언론매체를 통해 방영한 목적은 북한 주민을 대상으로 선전하고, 이를 통해 체제 결속력을 높이려는데 그 목적이 있었다.[45)]

앞서도 언급했듯이 대남비방을 목적으로 한 북한의 군민 대회 개최는 남한을 적대시 하고 한반도에서의 위기를 고조시키기 위한 의도가 내포되어 있다. 따라서 북한 당국이 발표하는 성명서나 담화문은 단순히 주민들에게 사실을 전달하는 기능에만 국한되지 않고 있다. 북한 당국은 왜곡된 사실을 주민들에게 전달하고, 이를 주민들과 공감하고, 당과 사회 전 구성원들이 일체화된 의견을 낼 수 있도록 유인하려는 목적에 기인한다.

북한 당국의 대남비방은 학생 및 노동자 등을 대상으로 군대로의 복대나 입대를 독려하는 역할도 하고 있다. 따라서 각지의

사내용을 분석한 것임.
45) 각지의 군민대회를 녹화방송 했던 『조선중앙TV』 프로그램들을 참조.

학교나 기업소 등에서 재입대하거나 입대를 희망하는 사람들의 모습을 각종 언론 매체를 통하여 반복 방영하는 것은 체제에 순응하고 복종하는 사회적 분위기를 조성하는데 일조하고 있다.46) 북한에서는 보도의 신뢰성 여부는 중요한 판단 기준이 아니다. 북한 당국의 의도대로 상당수의 주민들이 군에 입대하기를 희망하고 있는 것처럼 사회적 분위기를 조장하는 것이 핵심이며 작금의 정치 체제 안정화를 위한 전략적 차원에서 중요한 문제이다.

2012년 3월 6일자 『조선중앙통신』의 보도에 따르면 "군부대 포스터 사건으로 인해 194만 여명의 인원이 입대 및 복대를 지원"하였다. 동년 5월 3일자 『청년전위』의 기사를 보면 "4월 18일에 최고사령부 대변인 성명이 발표된 이후 179만 8천 500여 명의 사람들이 입대 및 복대를 지원하였다"는 내용이 있다.47) 당시 2012년 기준으로 북한 인구는 약 2,300만에서 2,400만 정도로 추산하고 있다. 이중에서 이미 119만여 명 정도의 사람이 군복무를 하고 있는 나라에서 373만 8천 500여 명의 사람들이 군에 입대 및 재입대를 하겠다고 자원한 수치는 사실과는 거리가 멀

---

46) 3월 2일~15일까지 인민군으로의 입대·복대를 희망하는 사람들의 탄원과 관련된 보도 등은 총 18건이 『조선중앙TV』에서 방영되었고, 4월 18일 이후 개인별로 입대·복대를 희망하였다는 기사들이 보도되었으며 군민대회 등에서 입대·복대를 독려하는 내용의 연설들이 행해지기도 했다. 「조선청년학생들 500만개의 총이 되고 폭탄이 될 것을 다짐」, 『조선중앙통신』, 2012년 4월 24일; 「극한점에 달한 조선의 민심」, 『조선중앙통신』, 2012년 4월 25일; 「평양시 군민들 리명박○새끼무리들을 흔적도 없이 죽탕쳐버릴 것을 결의」, 『조선중앙통신』, 2012년 4월 20일.

47) 『조선중앙통신』, 2012년 3월 6일; 『청년전위』, 2012년 5월 3일.

어 보인다.48) 군 지원자들과 기존 군인들의 수를 합치면 500만 명에 가깝다. 이는 북한에서 총을 잡을 수 있는 거의 모든 사람들이 이미 군인이거나 군인이 되고자 한다는 것을 의미한다.

북한에서 군 지원자들이 실제로 군에 들어갔다는 보도는 없었지만 이는 이례적으로 많은 수치이다. 〈표 3〉은 북한에서 전역에서 개최된 이명박 대통령 궐기 모임과 인민군 입대·복대를 희망하는 탄원 모임 등을 『조선중앙TV』에 방영된 영상을 중심으로 정리한 것이다.

〈표 3〉에 드러나듯, 북한이 군으로의 재입대나 입대를 강조하는 것은 선군정치를 펴고 있는 북한 사회에서 군이 가지는 중요도나 상징성이 크기 때문이다. 북한의 시각에서 체제 대결이라는 관점으로 볼 때 실질적으로 군입대와 관련한 보도는 북한 주민들에게 현재 악화된 대외 환경을 각인시킬 수 있으며, 군입대의 긍정적인 인식을 심어줄 수 있는 계기로 작용할 수 있다. 따라서 북한 당국은 주민을 대상으로 당의 의도를 강력하게 인식시킬 수 있는 각종의 궐기모임을 적극적으로 활용하고 있는 것이다.

---

48) 통계청, 『통계청 정책연구용역: 통계로 보는 남북한 변화상 연구』, 통계청, 2011, 58~59쪽, 158쪽.

〈표 3〉 이명박 대통령 비난 궐기 모임

( )는 방영일자

구분	3월 2일~12일	4월 20일~30일	비고
궐기 모임	• 리명박 역적패당을 무자비한 성전으로 매장해버리기 위한 평양시 군민대회 (3.4) • 청년동맹중앙위원회에서의 조선인민군 입대, 복대 탄원모임 (3.4) • 함경남도, 평안남도 군민대회 (3.6) • 김일성종합대학, 김형직사범대학 청년 학생들의 조선인민군 입대, 복대탄원 결의대회 (3.6, 8시 보도) • 청년학생들의 조선인민군 입대, 복대탄원결의대회 (3.7) • 량강도 청년학생들의 조선인민군 입대, 복대 탄원 결의대회, 평양시 대동강 구역 중학교 졸업반 학생들의 조선인민군 입대, 탄원모임 (3.7, 8시 보도) • 농근맹원들과 농업 근로자들의 결의대회, 청진 광산금속대학 교직원 학생들이 조선 인민군 입대, 복대탄원 (3.8, 5시 보도) • 노동계급과 직맹원들의 복수결의대회 (3.8, 8시 보도) • 각지에서 조선인민군 입대, 복대탄원결의 대회 진행 (3.9, 8시 보도) • 평안북도, 함경북도, 강원도 청년학생들의 조선인민군 입대, 복대 탄원 결의대회 (3.10, 8시 보도) • 함경북도, 황해남도, 남포시 군민대회 (3.10) • 황해북도, 량강도 군민대회 (3.11) • 황해북도·남도, 남포시, 자강도 청년학생들의 조선 인민군 입대, 복대탄원 결의대회 (3.12)	• 불구대천의 원쑤 리명박○○ 무리들을 이땅, 이하늘 아래에서 흔적도 없이 죽탕쳐버리기 위한 평양시 군민대회 (4.21) • 평안남도와 함경남도 군민대회 (4.22) • 평안북도, 강원도 군민대회 (4.23) • 자강도, 라선시 군민대회 (4.24) • 청년학생들의 복수 결의 대회 (4.25, 8시 보도) • 황해남도, 량강도, 남포시군민대회 (4.27) • 황해북도, 함경북도군민대회 (4.28) • 개성시, 안주시, 삼수군, 장강군 군민대회 (4.29) • 김종태전기기관차연합기업소 군중집회 (4.29, 8시 보도) • 천성청년탄광 군중집회, 평양철도대학 교직원, 학생집회 (4.30, 8시 보도)	• 이 표는 궐기 모임들이 첫 방송 되고 마지막으로 방송된 날자를 기준으로 한 것임 • 4월 18일부터 진행된 비난기 간중에는 입대, 복대 모임이 열리지 않음 • 3월 궐기 모임들의 온전한 명칭은 "리명박 역적패당을 무자비한 성전으로 매장해버리기 위한 ○○○ 군민대회"이며 4월 궐기모임들의 온전한 명칭은 "불구대천의 원쑤 리명박○○○ 무리들을 이땅, 이하늘아래에서 흔적도 없이 죽탕 쳐버리기 위한 ○○○ 군민대회"임

출처: 『조선중앙TV』 참고.

6. 북한 대남비방: 우리의 대응 전략

2012년은 북한 못지않게 남한에 있어서도 중요한 해였다. 3월에는 핵안보정상회의을 개최하였고, 4월 11일에는 제19대 국회의원을 선출하는 선거가 있었으며 12월에는 제18대 대통령 선거가 있었기 때문이다. 2012년은 남한은 대외적으로는 국가의 위상을 높임과 동시에 북한 핵문제에 대한 국제적 관심을 환기시킬 수 있는 기회의 해였다. 또한 대내적으로는 국회의원 선거와 대통령 선거로 대한민국의 미래를 결정할 중요한 시기였다.

북한은 한반도의 대내외적인 환경과 상황에 무관하게 강력한 대남비방을 하고 있다. 북한의 대남비방은 대내적으로는 체제 결속력을 높이고, 대외적으로는 한반도의 긴장을 고조시키기 위한 목적이 크다. 2012년 북한의 대남비방은 무엇보다도 남남갈등을 촉발하고, 이를 촉진시키려는데 초점이 맞춰져 있는 것으로 분석됐다. 2012년 북한의 대남비방 주력방향은 반이명박 대통령−반보수 정당 및 단체에 대한 투쟁과 주한미군 철수−반미투쟁 등으로 집약된다. 북한의 이러한 대남비방에 대응하기 위해서는 우리의 전략을 긴요하게 수립할 필요가 있다.

첫째, 북한의 대남비방에 대한 의도를 정확히 분석해야 할 것이다. 북한은 각종 공식매체 및 성명 등을 통하여 사실관계의 왜곡 또는 일방적 주장에 기초한 주장을 하고 있다. 북한의 이러한 행태는 우리 사회의 일부 종북 성향의 사람들을 호도하고 있다. 이는 남남갈등을 조장 및 유발하는 기제로 작동하고 있다.

특히 우리사회에는 일부 소수가 북한의 천안함 폭침 및 연평도 포격 사건과 관련해 우리 정부의 발표에 의심을 하거나 불신을 갖고 있다. 북한의 천안함 폭침 사건과 관련한 북한의 주장에 동조하는 일부 세력이 우리사회에 존재한다는 것을 감안하면 북한의 대남비방 의도 분석은 반드시 선행되어야 할 것이다.

둘째, 북한의 대남비방은 지속적으로 야기된 문제로서 대남심리전 차원에서 이루어지고 있다. 이는 우리사회의 종북세력에게 힘을 실어고 있다. 북한 주장에 동조하는 세력을 우리사회에서 확장하기 위한 목적에 밀접한 관련이 있다. 따라서 북한은 왜곡된 사실을 지속적으로 생산하고 있으며 이러한 내용은 남한 내의 사회적 갈등 조장하고 있다. 따라서 우리 정부는 북한의 대남비방으로 인하여 불거질 사회적 문제를 미연에 차단할 수 있는 방법을 강구해야 할 것이다. 이를 위해서는 북한의 대남비방의 숨은 의도와 목적 등을 우리 국민들에게 명확히 인식시켜야 할 것이다.

셋째, 우리 정부는 북한의 대남비방에 대하여 냉철하게 접근해야 하며 신중한 대응전략을 수립해야 한다. 북한의 강력한 대남비방에 대한 우리 정부는 '무대응 기조'로 일관하는 경향이 있다.[49] 특히 남북관계가 단절되고, 교착상태에 빠진 상황 하에서 북한의 대남비방은 남남갈등을 유발하고, 남북 간 불신을 조

---

49) 여기서 말하는 무대응 기조란 무조건적으로 북한에 대응하지 않는 것을 의미하는 것이 아니다. 북한의 대남비방에 대해 일일이 대응하지 않고 의연하게 대처하는 것을 말한다.

장하고, 국제사회로부터의 부정적인 인식을 심어줄 수 있는 기제가 된다. 따라서 우리 정부는 북한을 향해 즉각적인 경고가 필요하다. 이에 맞대응을 할 경우 북한으로부터의 각종 도발의 빌미를 제공할 수도 있기 때문에 북한의 대남비방 관련 마스터 플랜 수립이 시급하다.

북한은 당시 이명박 정부가 19대 국회의원 선거에서 "한나라당의 위기를 전환하기 위한 목적, 즉 국회의원 선거에서 제1당이 되기 위해 오히려 북한에 대한 도발을 하고 있는 것"으로 설명한 바 있다.50) 북한의 대남비방 논평은 결국 남한의 선거에 직접적으로 개입하고 있는 것이며 남남갈등 유발을 통해 사회적 혼란을 초래하고 있다.51) 이처럼 북한은 작금의 유일지도지배 체제를 유지하기 위한 수단과 방법으로 대남비방을 지속화하고 있다. 따라서 우리는 북한 대남비방의 의도를 명확히 분석 및 파악하여야 할 필요가 있으며 이에 대해 대응할 수 있는 마스터 플랜을 수립해야 할 것이다.

---

50) 괴뢰패당이 제아무리 여론을 오도하고 민심을 교란하기 위해 날뛰여도 그에 속아 넘어갈 사람은 아무도 없다. 남조선인민들은 그동안 쌓이고 쌓인 원한과 분노를 폭발시켜 온갖 불행과 재앙의 화근인 리명박역적무리를 단호히 심판해야 할것이다. 『로동신문』, 2012년 4월 27일.

51) 「조국평화통일위원회 서기국보도 제994호」, 『조선중앙통신』, 2012년 3월 31일.

김정은 시대의 북한 신년사

2012년 북한 신년공동사설

오늘 우리 군대와 인민은 피눈물 속에 2011년을 보내고 새해 주체101(2012)년을 맞이한다.

해마다 위대한 김정일동지께 축원의 인사를 드리고 새해의 진군길에 오르는 것은 우리 인민의 오랜 전통이였다. 위대한 김정일동지의 존함과 태양의 모습은 우리 인민에게 필승의 신심과 의지를 안겨주는 승리의 기치였고 정신력의 원천이였다. 지금 우리의 천만군민은 크나큰 슬픔을 천백배의 힘과 용기로 바꾸어 경애하는 김정은동지의 령도따라 새로운 주체100년대의 강성부흥을 위한 장엄한 진군길에 들어서고 있다.

지난해에 우리가 천만뜻밖에도 위대한 김정일동지와 영결하게 된 것은 5천년 민족사에서 최대의 손실이였고 우리 당과 인민의 가장 큰 슬픔이였다.

위대한 김정일동지는 심오한 사상리론과 비범한 령도로 주체혁명위업을 백전백승의 한길로 이끌어 오신 걸출한 사상리론가, 희세의 정치원로, 불세출의 선군령장이시며 조국과 인민에 대한 숭고한 헌신으로 혁명적 생애를 수놓아 오신 절세의 애국자, 인민의 자애로운 어버이이시였다. 위대한 김정일동지께서 이끄심으로써 어버이수령님께서 창시하신 불멸의 주체사상, 선군사상이 자주시대의 지도사상으로 빛을 뿌리게되고 백두의 혁명전통이 견결히 옹호 고수되였으며 우리 당과 군대의 위력, 나라의 국력이 최상의 경지에 오르고 반만년 력사에 일찌기 없었던 민족번영의 대전성기가 펼쳐졌다.

우리 혁명이 가장 어려운 시련을 겪던 시기에 어버이수령님의 고귀한 유산인 사회주의전취물을 굳건히 수호하시고 민족만대의 번영을 위한 강력한 정치군사적, 경제적 토대를 마련하여주신 것은 위대한 김정일동지께서 주체혁명위업에 이룩하신 최대의 공적으로 빛나고 있다.

오늘 우리 군대와 인민은 얼마나 위대한 령도자를 민족의 태양으로, 어버이로 모시고 혁명하여왔는가를 심장으로 절감하고 있으며 김정일동지의 념원과 위업을 끝까지 실현해나갈 불타는 결의에 넘쳐있다.

지난해는 위대한 김정일동지의 정력적인 령도로 강성국가건설에서 대혁신, 대비약이 일어난 승리의 해였다.

위대한 수령 김일성동지의 탄생 100돐을 선군대고조의 승리의 포성이 울리는 크나큰 경사로 가장 성대하게, 가장 의의깊게 맞이하려는 것은 경애하는 장군님의 숭고한 뜻이였다. 위대한 김정일동지께서는 2012년의 자랑찬 승리를 안아오기 위하여 초인간적인 정력으로 전인민적인 진군을 진두에서 이끄시였다. 혁명적 생애의 마지막순간까지 강성대국건설의 주요전구들과 최전연초소들, 온 나라의 방방곡곡을 종횡무진하시며 현지지도의 길을 이어오신 경애하는 장군님의 령도에 의하여 주체100년사가 위대한 승리와 변혁의 력사로 빛나게 결속되게 되었다.

지난해에 인민생활대진군에서 커다란 성과가 이룩되고 21세기 경제강국의 강력한 토대가 더욱 튼튼히 마련되였다.

위대한 장군님의 불면불휴의 로고에 의하여 새 세기 산업혁명의 봉화가 타올라 우리 경제가 지식경제형강국건설의 길에 들어서게 되였다. 희천발전소를 비롯하여 2012년의 대축전에 드리는 기념비적창조물들이 도처에서 일떠서고 새로운 대진군의 기치인 함남의 불길이 세차게 타오르게 되였다. 인민생활향상을 위한 대고조진군 속에서 수많은 경공업공장들이 개건 완비되고 나라의 방방곡곡에 새 세기 표본으로 되는 현대화된 축산, 양어, 대규모과일생산기지들이 일떠선 것은 우리 당의 강성부흥 전략이 낳은 위대한 결실이다. 오늘 우리는 승리자의 커다란 긍지를 안고 강성국가의 대문을 여는 전환적 계선에 들어서게 되였다는 것을 확신성있게 말하게 된다.

나라의 전반적 면모가 강성대국의 체모에 맞게 일신되게 되였다. 위대한 김정일동지의 웅대한 구상에 따라 평양시를 세계적인 도시로 웅장화려하게 꾸리기 위한 사업이 본격적으로 진행되였으며 룡림과 대홍, 회령을 비롯하여 이르는 곳마다에 사회주의선경마을이 생겨났다. 선군시대 문학예술을 대표하는 연극〈오늘을 추억하리〉와 같은 기념비적인 무대예술작품들이 련이어 창조되고 군중예술의 새로운 개화기가 펼쳐졌다.

지난해에 위대한 당을 따라 끝까지 혁명을 하려는 우리 군대와 인민의 대풍모가 숭고한 높이에서 발휘되였다.

정세는 긴장하고 복잡하였지만 령도자의 발걸음에 전진의 보폭을 맞추어나가는 우리 인민의 민심은 언제나 순결하고 변함이 없었다.

위대한 김정일동지를 추모하는 애도기간은 뜻과 정으로 맺어진 어버이장군님과 우리 인민의 혈연적 뉴대는 영원히 변함없는 가장 억센 것이라는 것을 보여주었다. 우리 천만군민이 크나큰 비분을 안고 흘리는 눈물은 그 어떤 가식도 모르는 순결무구한 단결의 눈물이며 이 세상 끝까지 당을 따르려는 불타는 맹세의 눈물이다. 가장 숭고한 도덕 의리심을 지닌 우리 인민의 사상정신적 풍모는 적들을 전률케 하고 온 세계를 경탄시키고 있다.

위대한 김정일동지께서 강화 발전시키신 불패의 당과 군대, 국가가 있고 주체혁명위업의 계승자이신 김정은동지의 현명한 령도가 있으며 대를 이어 령도자를 충직하게 받드는 훌륭한 인민이 있는 한 강성국가건설위업의 승리는 확정적이라는 것, 이것이 새 진군길에 들어선 우리 모두가 지니게 되는 철의 진리이다.

올해 주체101(2012)년은 위대한 김정일동지의 강성부흥구상이 빛나는 결실을 맺게 되는 해이며 김일성조선의 새로운 100년대가 시작되는 장엄한 대진군의 해이다.

새로운 주체 100년대의 진군은 백두에서 시작된 혁명적진군의 계속이다. 위대한 수령님 따라 시작하고 장군님 따라 백승떨쳐온 우리 혁명을 김정은동지의 령도따라 영원한 승리로 이어나가려는 우리 군대와 인민의 의지는 확고부동하다. 새 100년 대진군의 희망의 표대는 백두산위인들의 위대한 혁명사상이고 필승의 보검은 백두령장들의 담대한 배짱이며 공격방식이다. 우리는 위대한 수령 김일성동지께서 개척하신 자주의 길, 선군의 길, 사회주의의 길을 끝까지 걸어나감으로써 수령님의 혁명력사, 장군님의 선군혁명령도사가 변함없이 흐르게 하여야 한다.

어버이수령님 탄생 100돐은 세계를 향하여 과감히 전진하는 조선의 국력을 떨치는 중대한 계기이며 하나의 사상, 하나의 혈통을 꿋꿋이 이어나가는 조선혁명의 확고부동한 계승성을 과시하는 혁명적대축전이다. 우리는 올해를 위대한 향도의 당을 따라 대를 이어 대고조 력사를 계승해나가는 장엄한 총진군의 해로 빛내여야 한다.

지금 우리 앞에는 위대한 장군님의 유훈을 받들고 2012년까지의 력사적 단계의 목표를 기어이 달성하여야 할 중대한 과업이 나서고 있다. 우리는 강성국가의 대문을 열기 위한 올해의 투쟁에서 빛나는 승리를 이룩함으로써 사회주의강성대국을 전면적으로 건설하는 새로운 높은 단계에 들어서야 한다.

'위대한 김정일동지의 유훈을 받들어 2012년을 강성부흥의 전성기가 펼쳐지는 자랑찬 승리의 해로 빛내이자!', 이것이 올해에 전당, 전군, 전민이 높이 들고 나가야 할 전투적구호이다.

우리의 정치사상적 위력, 단결의 위력을 백방으로 강화해나가야 한다.

김일성조선의 첫째가는 국력은 어제도 오늘도 앞으로도 사상의 위력, 단결의 위력이다. 2012년은 위대한 수령, 위대한 당을 따라 세대와 세대를 이어오며 다져온 우리의 정치사상적위력이 최대한으로 발휘되는 일심단결의 해, 불타는 충정의 해이다.

우리 인민은 누구나 다 어버이수령님의 사상과 위업을 이어받은 김일성동지의 후손들이며 김정일동지의 전사, 제자들이다. 절세의 위인들을 영원한 어버이, 영원한 스승으로 높이 모신 우리 인민이 얼마나 숭고한 도덕관을 지닌 인민인가를 온 세계에 보여주어야 한다. 위대한 수령 김일성동지의 탄생 100돐을 높은 정치사상적열의와 빛나는 로력적 성과로 맞이하기 위한 사업에 최대의 충정을 바쳐나가야 한다.

위대한 김정일동지의 혁명업적과 유훈은 우리가 영원히 틀어쥐고나가야 할 생명선이며 혁명의 만년재보이다. 우리는 그 어떤 천지풍파가 닥쳐와도 위대한 장군님께서 물려주신 혁명유산을 군건히 고수하여야 한다. 위대한 김정일동지의 유훈, 장군님께서 제시하신 정책을 한치의 드팀도 없이, 한걸음의 양보도 없이 무조건 끝까지 관철하며 이 길에서는 절대로 변함이 있을 수 없다는 것이 우리 당의 확고한 의지이다.

어버이수령님께서 개척하시고 위대한 장군님께서 이끌어 오신 사회주의길이 가장 정당한 길이라는 투철한 관점, 누가 뭐라고 하든 인민대중 중심의 우리 식 사회주의를 끝까지 지키려는 원칙적 립장을 확고히 견지하여야 한다.

우리의 일심단결을 대를 이어 계승되는 가장 공고한 단결로 끊임없이 강화 발전시켜 나가야 한다. 우리 당과 우리 인민의 최고령도자 김정은동지는 선군조선의 승리와 영광의 기치이시며 영원한 단결의 중심이시다. 경애하는 김정은동지는 곧 위대한 김정일동지이시다. 전당, 전군, 전민이 성새, 방패가 되여 김정은동지를 결사옹위하며 위대한 당을 따라 영원히 한길을 가려는 투철한 신념을 지녀야 한다. 어려울 때일수록 자기 령도자와 발걸음을 맞추어나가는 진실한 인간, 령도자의 의도를 빛나게 실현하기 위하여 뛰고 또 뛰는 참된 동지가 되여야 한다.

우리 당의 웅대한 강성부흥전략을 관철하기 위한 총돌격전을 힘차게 벌려나가야 한다.

위대한 김정일동지께서는 지난해에 전당, 전국, 전민이 새 세기 산업혁명의 기치와 함남의 불길을 따라 혁명과 건설의 모든 전선에서 대혁신, 대비약을 일으킬 데 대하여 간곡하게 가르쳐주시였다. 위대한 장군님의 강령적 유훈은 강성국가건설의 현실태와 우리의 무궁무진한 잠재력을 명철하게 내다보시고 밝혀주신 가장 과학적이며 혁명적인 방침으로 된다. 우리는 위대한 장군님의 령전에 다진 맹세를 지켜 장군님의 강성부흥구상을 실현하는 투쟁에 모든 힘과 지혜와 열정을 깡그리 바쳐야 한다.

함남의 불길은 2012년의 위대한 승리를 위한 총공격전의 기치, 새로운 전환의 기치이다. 함남의 불길에는 당이 준 과업을 최단 기간내에 최상의 수준에서 해제끼는 완강한 공격전의 기상, 제힘으로 세계에 솟구쳐오르려는 강한 민족자존의 정신, 자기 고장, 자기 일터에서 강성부흥의 대문을 남 먼저 열어제끼려는 선구자의 기질이 구현되여 있다.

강성국가건설의 주공전선인 경공업부문과 농업부문에서 함남의 대혁신의 불길이 더욱 세차게 타오르게 하여야 한다.

경공업부문에서는 우리 당의 크나큰 은정 속에 마련된 현대적인 생산기지들이 커다란 은을 내게 하는데 최대의 힘을 기울여야 한다. 인민의 기호에 맞고 인민의 인정을 받는 질좋은 경공업제품들이 더 많이 쏟아져나오게 하여야 한다. 경공업부문에 필요한 원료, 자재를 우리 나라의 자원과 원료원천으로 해결하며 지방공업을 발전시키기 위한 투쟁을 줄기차게 밀고나가야 한다.

현 시기 인민들의 먹는 문제, 식량문제를 푸는 것은 강성국가건설의 초미의 문제이다. 오늘 당 조직들의 전투력과 일군들의 혁명성은 식량문제를 해결하는데서 검증된다. 당의 농업혁명방침을 철저히 관철하여 벌방지대이건, 산간지대이건 어디서나 알곡 정보당수확고를 획기적으로 높여나가야 한다. 농산과 축산을 결합하는 고리형 순환생산체계와 우리 식의 유기농법들을 적극 받아들이며 농업생산목표수행에 필요한 영농물자와 설비들을 수요대로 제때에 보장해주어야 한다. 인민생활향상에서 중요한 몫을 맡고있는 현대적인 축산기지들과 가금기지들, 대규모과수농장들과 양어기지들이 자기의 능력을 최대한 발휘하도록 하여야 한다.

인민경제 선행부문, 기초공업부문은 함남의 불길따라 새로운 100년 대진군을 다그치기 위한 돌파구이다. 우리는 어떻게 하나 긴장한 전력문제를 선차적으로 풀어 나가야 한다. 전력공업부문에서는 대규모수력발전소건설을 계속 힘있게 밀고나가며 이미 있는 발전소들의 설비관리, 기술관리를 끊임없이 개선하여 전력생산을 높은 수준에서 정상화해나가야 한다. 석탄공업부문에서는 화력발전소와 화학공장, 금속공장들에 필요한 석탄을 보장하는데 힘을 집중하며 새 탄밭들을 적극 개발하여야 한다. 금속공업부문의 일군들과 로동계급은 주체철생산능력을 더 높이고 우리의 연료에 의한 고온공기연소기술을 적극 받아들이며 압연생산공정의 현대화를 힘있게 다그쳐야한다. 철도부문에서는 나라의 철길을 일신시키는 사업을 우선적으로 추진하며 철도수송능력을 높이고 철도의 물질기술적 토대를 더욱 강화하여야 한다. 화학공업부문에서는 주체비료생산체계를 더욱 공고히 하면서 그 생산능력을 부쩍 높이고 비날론을 비롯한 여러 가지 화학섬유, 합성수지생산을 높은 수준에서 정상화하여야 한다.

새 세기 산업혁명은 최첨단돌파전으로 우리 식의 지식경제강국을 일떠세우기 위한 성스러운 투쟁이며 우리 당이 내세운 사회주의건설의 웅대한 전략적로선이다.

우리는 최신식 CNC공작기계생산에서 비약적 발전을 이룩한

련하의 개척정신, 련하의 창조기풍으로 전반적 기술장비수준을 새로운 높은 단계에 올려세워야 한다. 인민경제 모든 부문, 모든 단위에서 자체의 새 기술, 새 제품개발능력을 결정적으로 높이며 우리 경제의 면모를 기술집약형으로 전변시키기 위한 사업을 전망성있게 밀고나가야 한다.

과학연구기관들에서는 정보기술, 나노기술, 생물공학과 같은 핵심기초기술과 중요부문 기술공학발전에 더 큰 힘을 넣으며 세계를 디디고 올라설 수 있는 연구성과들을 더 많이 내놓아야 한다. 과학기술발전에서 주체를 확고히 세우고 집단주의를 철저히 구현하며 과학기술과 생산실천을 밀접히 결합시켜나가야 한다. 나라의 귀중한 재사들인 과학기술인재들을 적극 내세우고 그들의 과학연구조건을 최상의 수준에서 보장해주어야 한다.

우리 조국을 발전된 사회주의문명국으로 빛내여나가야 한다.

사회생활의 모든 분야에서 세계문명을 따라 앞서자는 것은 위대한 장군님의 애국의 의지였고 우리 인민의 한결같은 지향이다. 교육부문에서는 지식경제시대의 요구에 맞게 교육의 내용과 형식, 조건과 환경을 높은 수준에서 보장해나가야 한다. 문학예술부문에서는 창작도 편성도 형상도 우리 식으로 할 데 대한 당의 문예방침을 철저히 관철하며 모든 면에서 손색이 없는 명작들을 더 많이 내놓아야 한다. 대고조의 벅찬 현실에 발을 붙인 생동하고 통속적인 군중예술활동을 활발히 벌리며 청년들과 인민들이 풍부한 문화정서생활을 할 수 있는 조건들을 더 잘 갖추어주어야 한다. 체육에 대한 사회적관심을 높이고 체육을 생활화, 습성화함으로써 부풀어 오른 체육열기를 더욱 고조시켜야 한다.

가장 우수한 우리의 문화와 도덕, 우리 식의 생활양식을 활짝 꽃피우기 위한 사업을 더욱 심화시켜야 한다. 제국주의사상문화적침투를 분쇄하고 이색적인 생활풍조를 뿌리뽑기 위한 투쟁을 강도높이 벌림으로써 온 사회에 혁명적이며 건전한 분위기가 차 넘치게 하여야 한다.

평양시의 면모를 일신하는 것은 어버이수령님 탄생 100돐을 성대히 맞이하기 위한 중대한 사업이며 위대한 장군님의 간곡한 유훈이다. 만수대지구건설을 비롯한 중요대상건설을 최상의 수준에서 다그치고 도시경영사업, 원림록화사업에서 근본적인 전환을 일으켜 선군시대 새로운 평양전성기가 펼쳐지게 하여야 한다. 도, 시, 군들에서는 자기 지방의 특성이 살아나게 도시형성과 건설을 진행하며 거리와 마을을 결정적으로 개명시켜나가야 한다.

선군의 기치높이 나라의 국방력을 백방으로 다져나가야 한다.

인민군대는 선군혁명의 기둥, 주력군이며 강성국가건설의 돌격대이다.

어버이수령님의 탄생 100돐, 조선인민군창건 80돐을 맞는 뜻깊은 올해에 인민군대에서는 오중흡7련대칭호쟁취운동의 불길을 더욱 세차게 지펴올려 모든 군사정치사업에서 일대 혁신을 일으킴으로써 수령의 군대, 당의 군대로서의 영웅적기상과 불패의 전투력을 힘있게 떨쳐야 한다.

위대한 김정일동지는 영원히 우리 장병들과 함께 계신다는 억척불변의 신념과 숭고한 도덕 의리심을 지니고 김정일동지의 군건설업적을 총대로 견결히 옹호고수하고 끝없이 빛내여 나가야 한다.

전군이 '경애하는 김정은동지를 수반으로 하는 당중앙위원회를 목숨으로 사수하자!'는 구호를 더 높이 추켜들고 김정은동지를 절대적으로 믿고 따르며 천만자루의 총, 천만개의 폭탄이 되여 결사옹위하여야 한다.

주체의 군건설위업이 새로운 력사적 전환기에 들어선 오늘 인민군대에서는 전군에 우리 혁명무력의 최고령도자 김정은동지의 유일적 령군체계를 철저히 세우기 위한 당정치사업을 더욱 심화시켜나가야 한다. 위대한 김정일동지의 생전의 뜻을 받들어 백두의 천출명장 김정은동지의 선군혁명령도를 앞장에서 충직하게 받들어나가며 전군에 김정은동지의 명령지시를 한치의 드팀도 없이 무조건 결사관철하는 혁명적 기풍을 확고히 세워야 한다.

선군의 총대우에 위대한 김정일동지께서 맡기고 가신 우리 조국과 인민의 안녕이 있고 강성국가건설의 승리가 있다. 인민군대에서는 '훈련도 전투다!'라는 구호높이 백두의 훈련열풍을 세차게 일으켜 모든 지휘관들과 군인들을 맡겨진 작전전투임무를 자립적으로, 능동적으로 수행해 나갈 수 있는 일당백의 싸움군, 조국통일의 결사대로 준비시켜야 한다. 적들이 우리의 존엄과 자주권을 감히 건드린다면 즉시에 무자비한 징벌을 가하고 조국을 통일할수 있게 만단의 결전준비태세를 갖추고 있어야 한다.

부대지휘관리를 강화하고 군기를 세우기 위한 사업을 드세게 내밀어 전군에 강철같은 군사규률과 정규화적 면모, 고상한 도덕생활기풍을 철저히 확립하여야 한다. 중대강화에 계속 큰 힘을 넣어 모든 중대들을 쇠소리 쟁쟁한 전투대오로, 병사들의 따뜻한 보금자리, 정든 나의 집으로 만들어야 한다.

인민군대에서는 올해를 인민을 위한 해로 정한 당의 의도를 높이 받들고 인민의 행복을 꽃피우기 위하여 헌신적으로 투쟁함으로써 위대한 김정일동지의 군민일치사상을 빛나게 구현해나가야 한다.

강성국가건설의 주요전구마다에서 '단숨에'의 기상을 높이 떨치며 불가능을 모르는 영웅적조선인민군의 돌격속도, 일당백속도로 천년, 만년이 가도 지워지지 않는 빛나는 위훈을 창조해나가야 한다.

어버이수령님께서 마련하여주시고 위대한 장군님께서 불면불휴의 선군혁명령도로 튼튼히 다져주신 국방공업의 거대한 잠재력이 최대한으로 발휘되게 하여야 한다.

위대한 김정일동지의 유훈을 받들고 강성부흥의 새시대를 펼쳐나가기 위한 결정적 담보는 당을 강화하고 그 령도적 역할을 백방으로 높이는 것이다.

지금 우리 당과 혁명은 주체혁명위업계승의 중대하고도 책임적인 시기에 놓여있다. 오늘의 현실은 모든 당건설과 당 활동을 경애하는 김정은동지의 두리에 굳게 뭉쳐 혁명을 끝까지 해나가려는 백두의 행군정신, 계속혁명의 정신으로 철저히 일관시켜나갈 것을 요구하고 있다.

우리 당 사업에서 주선으로 틀어쥐고나가야 할 사업은 오늘도 앞으로도 당의 유일적 령도체계를 튼튼히 세우는 것이다. 우리는 전당을 령도자의 뜻을 무조건 따르려는 하나의 의지가 관통된 순결한 조직사상적전일체로 강화 발전시켜 나가야 한다.

당 조직들은 당의 군중로선의 요구대로 민심을 틀어쥐고 군중과의 사업에서 새로운 전환을 일으켜야 한다. 대중의 의사를 존중하고 그에 맞게 당 사업을 심화시킴으로써 어버이수령님 탄생 100돐이 되는 올해에 우리 당의 인덕정치, 광폭정치의 위대성이 힘있게 과시되게 하여야 한다.

위대한 장군님의 생전의 념원을 실천으로 꽃피워나가는 당 조직이 가장 힘있는 당 조직이다. 각급 당 조직들은 함남의 불길을 세차게 지펴올리며 새 세기 산업혁명을 힘있게 다그치기 위한 투쟁에 당사업의 화력을 집중하여야 한다. 위대한 김정일동지의 강행군정신으로 살며 김정일동지의 강행군속도로 질풍같이 내달리도록 하기 위한 선전선동사업을 참신하고 패기있게 벌려나가야 한다.

대고조시대의 요구에 맞게 일군들의 투쟁기풍과 지휘능력을 결정적으로 개선하여야 한다.

오늘 우리 일군들에게 중요한 것은 경애하는 김정은동지의 의도를 가장 신속하게, 가장 철저하게 관철해나가는 인민군대

지휘관들의 전투적 기질을 적극 따라배우는 것이다. 당이 결심하면 지체없이 통이 크게 일판을 벌리는 일군, 아무리 어려운 투쟁과 업도 립체전으로 와닥닥 해제끼는 일군, 무슨 일이나 미래를 내다보면서 사소한 손색도 없이 만년대계로 해놓는 일군이 오늘의 대고조시대가 요구하는 일군이다.

'인민을 위한 좋은 일을 더 많이 하자!', 이것이 위대한 당의 뜻을 받들어나가는 우리 일군들의 실천의 구호, 량심의 구호이다. 일군들은 인민을 위하여 일군이 있다는 높은 자각, 모든 사업을 인민의 의사와 리익에 맞게 전개해나가는 확고한 관점, 자기 당성을 인민 앞에 검증받는다는 허심한 태도를 가져야 한다. 인민들의 편의를 최우선, 절대시하며 인민을 위하여 헌신할 데 대한 우리 당의 의도를 철저히 구현해 나가야 한다.

천만대중의 정신력을 천백배로 발양시켜 나가는 것은 올해 대진군의 승리를 위한 중요한 열쇠이다.

대중의 정신력이 모든것을 결정한다. 조선은 결심하면 한다, 이 철의 신념을 안고 남들이 보란듯이 최첨단설비들을 제 힘으로 만들어낸 함남의 정신력, 함남의 실천력을 구현해나가야 한다. 도처에서 대중의 정신력을 발동하기 위한 대중운동과 사회주의경쟁을 활발히 벌려나가야 한다.

위대한 장군님께서 가르치신바와 같이 근로단체들이 들끓어야 온 나라가 들끓는다. 청년동맹조직들은 모든 청년들을 조선혁명의 년대기마다에서 높이 발휘된 기적과 혁신의 전통, 혁명적 락관주의 전통을 빛나게 이어나가는 참다운 선군청년전위로 키워나가야 한다. 청년들은 〈조선청년행진곡〉을 높이 부르며 강성대국건설의 격전장마다에서 위훈을 떨치고 청년의 이름으로 불리우는 선군시대기념비적창조물들을 더많이 일떠세워야 한다. 녀맹조직들은 녀맹돌격대운동을 비롯한 여러 가지 좋은 일하기 운동을 활발히 벌리며 온 나라에 혁명적이고 고상한 생활기풍이 차 넘치게 하는데 적극 이바지하여야 한다. 모든 근로단체조직들에서는 사상교양단체로서의 사명과 임무를 훌륭히 수행하여 동맹원들이 강성대국건설대전의 참전자, 승리자의 영예를 높이떨치게 하여야 한다.

민족의 영원한 태양이신 위대한 수령 김일성동지와 경애하는 김정일동지의 조국통일유훈을 철저히 관철하여야 한다.

조국통일은 백두산천출위인들의 필생의 념원이였으며 우리 대에 맡겨진 최대의 민족사적과제이다. 위대한 장군님께서는 한생을 바쳐 어버이수령님의 조국통일위업을 완성하기 위한 넓은 길을 열어놓으시였다. 오늘 불멸의 조국통일3대헌장과 북남공동선언의 기치따라 나아가는 조국통일위업의 진두에는 또 한분의 절세의 애국자이신 경애하는 김정은동지께서 서계신다. 조국통일의 확고한 토대가 마련되여 있고 애국열의에 불타는 7천만 겨레가 있기에 민족의 세기적 숙망은 머지않아 반드시 실현될 것이다.

우리는 지난해에 통일번영의 새 국면을 열어나갈 애국의지로부터 출발하여 남조선당국에 폭넓은 대화와 협상을 제기하고 그 실현을 위해 시종일관 로력하였다. 그러나 남조선보수집권세력은 시대의 흐름과 민심의 지향에 역행하여 친미사대와 동족대결, 북침전쟁책동을 더욱 강화하는 것으로 대답하였다. 민족의 대국상을 외면하고 조의표시를 각방으로 방해해나선 남조선역적패당의 반인륜적, 반민족적행위는 온 겨레의 치솟는 분노와 규탄을 불러일으켰다. 남조선에서 집권세력은 인민들의 준엄한 심판대상으로 되고 있다.

지난해의 정세흐름은 자주통일, 평화번영에 대한 우리 민족의 의지는 그 무엇으로써도 꺾을 수 없으며 반통일세력은 반드시 패한다는 력사의 진리를 다시금 확증해 주었다.

올해는 6.15공동선언의 실천강령인 10.4선언발표 5돐이 되는 해이다.

우리는 뜻깊은 올해에 '온 겨레가 새로운 신심에 넘쳐 조국통일의 문을 열어나가자!'는 구호를 높이 들고 조국통일위업수행에서 결정적 전환을 가져와야 한다. 민족자주, 민족우선의 립장을 철저히 견지해야 한다.

침략적인 외세를 배격하고 우리 민족끼리 힘을 합쳐 북남관계문제를 해결해나가는 것은 6.15통일시대의 요구이다. 북과 남, 해외의 온 겨레는 우리 민족이 제일이며 민족자주의 립장에 철저히 설 때 못해낼 일이 없다는 확신을 가지고 조국통일의 밝은 앞길을 열어나가야 한다. 10.4선언발표 5돐을 맞으며 북남선언들을 적극 지지하고 리행하려는 분위기가 온 강토에 차 넘치게 하여야 한다. 남조선에서 외세와 공조하여 민족의 리익을 팔아 먹는 사대매국책동을 단호히 짓부시기 위한 대중적 투쟁의 불길을 세차게 지펴올려야 한다.

민족적화해와 단합은 조국통일의 전제이고 담보이다.

민족공동의 리익을 첫자리에 놓고 모든 것을 여기에 복종시켜야 한다. 북남관계를 파국에로 몰아가는 동족대결책동을 견결히 반대 배격하여야 한다. 우리의 존엄을 건드리고 북남사이에 불신과 반목을 조장하는 반통일책동은 추호도 용납될 수 없다.

온 겨레는 민족의 화해와 단합을 저해하고 대결을 격화시키는 역적패당의 반통일적인 동족적대정책을 짓부셔버리기 위한 거족적인 투쟁을 벌려나가야 한다.

내외호전광들의 전쟁책동을 저지 파탄시키는 것은 현정세의 절박한 요구이다.

온 민족은 반전평화의 구호를 높이 들고 우리 공화국을 반대하는 무모한 군사적 도발과 무력증강, 전쟁연습책동을 걸음마다 짓부셔버려야 한다. 내외호전세력의 군사적 결탁의 위험성에 각성을 높이며 조선반도평화보장의 기본장애물인 미제침략군을 남조선에서 철수시켜야 한다.

위대한 장군님의 조국통일유훈을 관철하기 위한 오늘의 투쟁은 새로운 주체100년대 민족의 운명과 관련된 애국투쟁이다. 북과 남, 해외의 온 민족은 6.15공동선언과 10.4선언의 기치 밑에 굳게 단결하여 조국통일운동에 박차를 가함으로써 올해에 자주통일의 돌파구를 열어놓아야 할 것이다.

지난해에 국제적환경은 전례없이 복잡하였지만 우리 혁명은 위대한 장군님께서 그어주신 승리의 길을 따라 전진하였다.

위대한 김정일동지는 장구한 기간 반제자주의 기치를 높이 드시고 정력적인 대외활동을 벌리시여 선군조선의 국제적 지위와 존엄을 비상히 높이고 인류의 자주위업수행에 불멸의 공헌을 하신 정의의 수호자이시였다. 지난해에 위대한 장군님께서 진행하신 중국과 로씨야에 대한 력사적 방문은 세계평화와 동북아시아의 안전을 보장하고 전통적인 친선관계를 발전시키는데서 중대한 계기로 되였다. 국제정세가 급변하고 제국주의자들이 아무리 발악하여도 사회주의한길로 나아가는 우리의 전진운동을 가로막을 수 없다. 우리는 앞으로도 우리 당의 자주, 친선, 평화의 리념을 변함없이 견지하며 우리 나라의 자주권을 존중하는 세계 모든 나라들과의 선린우호관계를 확대발전시켜 나갈 것이다.

크나큰 상실의 아픔을 이겨내고 새로운 주체 100년대에 들어선 우리 군대와 인민은 비장한 각오와 필승의 신심에 넘쳐있다.

새로운 대진군에 떨쳐나선 천만군민의 마음속에는 오늘도 위대한 김일성동지와 경애하는 김정일동지께서 영생의 모습으로 계신다. 희세의 명장 김정은동지께서 우리 혁명을 진두에서 이끄시고 향도의 당을 충직하게 받들어나가는 무적필승의 혁명강군과 일심단결의 천만대오가 있기에 주체혁명위업의 승리는 확정적이다. 백두산에서 시작된 우리 혁명의 발걸음은 선군승리의 힘찬 발걸음, 강성부흥의 우람찬 발걸음으로 끊임없이 이어져나갈 것이다.

모두다 우리 당과 국가, 군대의 최고령도자이신 김정은동지의 령도따라 김일성조선의 새로운 100년대를 강성번영의 년대, 자랑찬 승리의 년대로 끝없이 빛내여 나가자.

2013년 북한 신년공동사설

친애하는 동지들! 영용한 인민군장병들과 사랑하는 온 나라 전체 인민들! 그리운 동포형제 여러분! 우리는 조국력사에 특기할 사변들로 빛나게 아로새겨진 2012년을 보내고 원대한 포부와 최후승리에 대한 신심에 넘쳐 새해 2013년을 맞이합니다.

나는 먼저 전체 인민군장병들과 인민들의 한결같은 경모의 마음을 담아 민족의 어버이이시며 주체의 영원한 태양이신 위대한 김일성동지와 김정일동지께 가장 숭고한 경의와 새해의 인사를 삼가 드립니다.

나는 당의 두리에 굳게 뭉쳐 조국의 부강번영을 위하여 헌신적으로 투쟁하고있는 인민군장병들과 인민들에게 새해의 따뜻한 인사를 드리며 온 나라 모든 가정들에 화목과 더 큰 행복이 있기를 진심으로 축원합니다.

나는 또한 조국통일과 민족번영에 대한 열망과 기대속에 새해를 맞이하고있는 남녘겨레들과 해외동포들 그리고 정의와 평화를 사랑하는 세계 진보적인민들과 외국의 벗들에게 새해의 인사를 보냅니다.

지난해는 위대한 대원수님들을 우리 혁명의 영원한 수령으로 높이 모시고 당의 령도밑에 주체혁명위업을 빛나게 계승완성해

나갈수 있는 확고한 담보를 마련한 력사적인 해였습니다.

김일성동지와 김정일동지는 우리 인민이 수천년력사에서 처음으로 맞이하고 높이 모신 위대한 수령이시며 백두산대국의 영원한 영상이시고 모든 승리와 영광의 기치이십니다. 우리는 지난해에 위대한 수령님 탄생 100돐을 민족최대의 명절로 성대히 경축하고 주체조선의 100년사를 긍지높이 총화하였으며 김정일동지를 우리 당과 인민의 영원한 수령으로 높이 모시고 수령영생위업을 실현함으로써 김일성-김정일주의 기치따라 새로운 주체100년대를 주체혁명위업완성을 위한 승리와 영광의 년대로 빛내여나갈수 있게 되였습니다.

우리 군대와 인민은 하늘처럼 믿고 따르던 장군님을 너무도 뜻밖에 잃고 피눈물속에 2012년을 맞이하였지만 위대한 김정일동지는 영원히 우리와 함께 계신다는 철석의 신념을 가슴깊이 간직하고 당을 따라 결연히 일떠섰으며 당의 령도를 한마음 한뜻으로 받들었습니다. 인민군장병들과 인민들은 백옥같은 충정과 숭고한 도덕의리심, 온갖 지성을 다 바쳐 금수산태양궁전을 주체의 최고성지로 가장 숭엄하게 꾸리고 만수대언덕과 여러 단위에 대원수님들의 동상을 정중히 모시였습니다.

인민군장병들과 인민들은 우리 당을 끝없이 신뢰하고 따르면서 당과 한피줄을 잇고 심장의 박동을 맞추며 언제나 생사고락을 함께 하였습니다. 온 나라의 깊은 관심속에 진행된 중요정치행사들과 지난해에 우리가 맞고 보낸 날과 달들은 당과 군대와 인민의 불패의 일심단결이 끊을래야 끊을수 없는 혈연적뉴대로 다져진 감동깊은 나날이였습니다.

지난해에 우리 군대와 인민은 위대한 장군님의 구상과 유훈을 실현하기 위한 총공격전을 벌려 조국청사에 찬연히 빛날 력사적 승리를 이룩하였습니다.

우리의 미더운 과학자,기술자들은 인공지구위성 ≪광명성-3 호≫ 2호기를 성과적으로 발사하여 위대한 장군님의 유훈을 빛나게 관철하고 주체조선의 우주과학기술과 종합적국력을 힘있게 과시하였습니다. 100% 우리의 힘과 기술,지혜로 과학기술위성 제작과 발사에 성공한것은 태양민족의 존엄과 영예를 최상의 경지에 올려세운 대경사이며 천만군민에게 필승의 신심과 용기를 북돋아주고 조선은 결심하면 한다는 것을 뚜렷이 보여준 특대사변이였습니다.

우리의 혁명무력은 위대한 수령님 탄생 100돐경축 열병식을 통하여 사상과 신념이 투철하고 그 어떤 강적도 타승할수 있는 우리 식의 현대적무장장비를 갖춘 백두산혁명강군의 무진막강한 위력을 시위하였으며 적들의 끊임없는 전쟁도발책동과 반공화국모략소동을 걸음마다 단호히 짓부시고 조국의 안전을 믿음직하게 수호하였습니다. 인민군장병들과 인민내무군장병들은 단숨에의 기상으로 강성국가건설의 주요 전구마다에서 진격의 돌파구를 열고 인민의 행복을 위한 좋은 일을 많이 하여 당과 인민의 믿음과 기대에 훌륭히 보답하였습니다.

지난해에 복잡하고 첨예한 정세와 련이어 들이닥친 혹심한 자연재해속에서도 우리 군대와 인민은 견인불발의 의지와 백절

불굴의 투쟁으로 사회주의강성국가건설과 인민생활향상에서 커다란 전진을 이룩하였습니다.

우리는 희천발전소와 단천항을 완공한것을 비롯하여 주체화, 현대화가 실현된 수많은 공장,기업소들을 일떠세우고 기간공업 부문의 중요생산기지들을 현대과학기술에 기초하여 훌륭히 개건함으로써 우리 경제의 물질기술적토대를 튼튼히 다지였습니다.

인민군장병들과 인민들의 앙양된 애국적열의에 떠받들려 평양시에 창전거리와 릉라인민유원지를 비롯한 기념비적창조물들이 일떠서고 전국도처에 인민들의 복리증진을 위한 문화시설들이 수많이 꾸려져 조국의 면모가 더욱 일신되였습니다.

지난해에 전반적12년제의무교육을 실시할데 대한 법령에 의하여 우월한 사회주의교육제도가 한층 강화되고 우리의 체육인들은 국제경기들에서 훌륭한 성과를 거두어 조국의 영예를 떨치였으며 혁명적예술인들은 참신하고 진취적인 예술활동을 벌려 사회에 약동하는 기상을 펼치고 인민들의 투쟁을 적극 고무추동하였습니다.

지난해에 혁명투쟁과 건설사업에서 빛나는 승리를 이룩할수 있은것은 위대한 장군님께서 부강조국건설의 휘황한 설계도를 펼쳐주시고 튼튼한 토대를 마련하여주시였기 때문입니다. 지난해의 자랑찬 성과는 위대한 장군님의 원대한 구상과 유훈을 현실로 꽃피워 김일성, 김정일조선을 세계에 떨치려는 우리 당의 확고한 결심과 정확한 령도, 당에 끝없이 충실한 인민군장병들과 인민들의 고결한 충정과 애국헌신이 안아온 고귀한 결실입니다.

나는 당의 전투적호소를 높이 받들고 새로운 주체100년대의 첫해를 위대한 승리로 빛내인 전체 인민군장병들과 인민들에게 뜨거운 감사를 드립니다.

동지들!

새해 2013년은 김일성, 김정일조선의 새로운 100년대의 진군길에서 사회주의강성국가건설의 전환적국면을 열어나갈 거창한 창조와 변혁의 해입니다.

전체 인민들과 인민군장병들은 승리자의 높은 긍지와 밝은 앞날에 대한 신심드높이 강성국가건설을 위한 장엄한 진군에 힘차게 떨쳐나서야 하겠습니다.

우리 당과 인민이 나아갈 불변의 진로는 오직 주체의 한길이며 우리 혁명의 백전백승의 기치는 위대한 김일성-김정일주의입니다. 우리는 김일성-김정일주의 기치를 높이 들고 자주의 길,선군의 길,사회주의길을 따라 끝까지 곧바로 나아가야 합니다. 우리 당은 세상에서 제일 훌륭한 우리 인민에게 의거하여 우리 식, 위대한 장군님식으로 이 땅우에 사회주의강성국가, 천하제일강국을 보란듯이 일떠세울것입니다.

올해에 우리는 영광스러운 우리 조국 조선민주주의인민공화국 창건 65돐과 위대한 조국해방전쟁승리 60돐을 맞이하게 됩니다.

반만년 우리 민족사에 처음으로 진정한 인민의 국가를 세우시고 자주, 자립, 자위의 사회주의강국으로 전변시켜주신 대원수님들의 불멸의 건국업적이 있고 탁월한 전략전술과 현명한 령도로 조국해방전쟁의 빛나는 승리를 안아오신 수령님의 위대한 전승업적이 있어 우리 인민의 존엄높고 영광스러운 오늘이 있으며 무궁번영할 우리 조국의 밝은 미래가 펼쳐져있습니다.

우리는 뜻깊은 올해에 위대한 대원수님들의 불멸의 업적을 더욱 빛내이며 사회주의강성국가건설과 조국통일위업수행에로 줄기차게 이어나가야 합니다.

경제강국건설은 오늘 사회주의강성국가건설위업수행에서 전면에 나서는 가장 중요한 과업입니다.

우리는 경제건설에서 이미 이룩한 성과를 더욱 공고발전시켜 우리 나라를 새 세기 경제강국의 지위에 당당히 올려세우고 우리 인민들을 세상에 부럼없이 잘살게 하기 위하여 한생을 다 바쳐오신 위대한 장군님의 념원을 현실로 꽃피워야 합니다.

주체적인 실용위성을 제작발사하여 선군조선의 존엄과 위용을 떨친 그 기세로 전당, 전국, 전민이 총동원되여 올해에 경제강국건설과 인민생활향상에서 결정적전환을 일으켜야 하겠습니다.

'우주를 정복한 그 정신, 그 기백으로 경제강국건설의 전환적국면을 열어나가자!', 이것이 올해에 우리 당과 인민이 들고나가야 할 투쟁구호입니다.

인민경제 모든 부문, 모든 단위에서 당의 전투적구호를 높이 받들고 생산적앙양을 일으키기 위한 총돌격전을 힘차게 벌려야 하겠습니다.

올해 모든 경제사업은 이미 마련된 자립적민족경제의 토대를 더욱 튼튼히 하고 잘 활용하여 생산을 적극 늘이며 인민생활을 안정향상시키기 위한 투쟁으로 일관되여야 합니다.

인민경제 선행부문과 기초공업부문을 추켜세우기 위한 결정적인 대책을 세워 석탄, 전력, 금속, 철도운수부문을 확고히 앞세우고 경제강국건설의 도약대를 튼튼히 다져야 합니다. 특히 석탄, 금속공업부문에서 혁신을 일으켜 나라의 전반적경제를 활성화하도록 하여야 합니다.

경제건설의 성과는 인민생활에서 나타나야 합니다. 인민생활과 직결되여있는 부문과 단위들을 추켜세우고 생산을 늘이는데 큰 힘을 넣어 인민들에게 생활상혜택이 더 많이 차례지게 하여야 하겠습니다.

농업과 경공업은 여전히 올해 경제건설의 주공전선입니다. 농사에 국가적인 힘을 집중하고 농업생산의 과학화, 집약화수준을 높여 올해 알곡생산목표를 반드시 점령하며 경공업공장들에 대한 원료, 자재보장대책을 철저히 세워 질좋은 인민소비품들을 더 많이 생산하여야 합니다.

축산과 수산, 과수부문을 결정적으로 추켜세워 인민들의 식생활을 개선하고 더욱 풍족하게 하여야 합니다. 당의 부름을 받들고 세포등판개간전투장으로 용약 달려간 인민군군인들과 돌격대원들은 올해전투에서 새로운 기적과 영웅적위훈을 창조하여 당의 대자연개조구상을 앞당겨 실현할수 있는 확고한 전망을 열어놓아야 하겠습니다.

위대한 장군님께서 초강도강행군길을 걸으시며 인민생활향상을 위하여 애써 마련해놓으신 현대적인 공장들과 생산기지들에서 생산을 늘이기 위한 투쟁을 힘있게 벌려 장군님의 숭고한 사랑이 그대로 인민들에게 가닿도록 하여야 합니다.

인민경제 모든 부문, 모든 단위들에서 사회주의증산경쟁을 힘있게 벌려 생산을 활성화하고 올해 인민경제계획을 어김없이 수행하여야 합니다.

새 세기 산업혁명의 불길을 세차게 지펴올려 과학기술의 힘으로 경제강국건설의 전환적국면을 열어놓아야 하겠습니다.

새 세기 산업혁명은 본질에 있어서 과학기술혁명이며 첨단돌파에 경제강국건설의 지름길이 있습니다. 우주를 정복한 위성과학자들처럼 최첨단돌파전을 힘있게 벌려 나라의 전반적과학기술을 하루빨리 세계적수준에 올려세워야 합니다. 인민경제 모든 부문에서 과학기술발전에 선차적인 힘을 넣고 과학기술과 생산을 밀착시켜 우리의 자원과 기술로 생산을 늘이며 나아가서 설비와 생산공정의 CNC화, 무인화를 적극 실현하여야 합니다.

현실발전의 요구에 맞게 경제지도와 관리를 개선하여야 합니다.

인민경제 모든 부문에서 온갖 예비와 가능성을 최대한 동원하여 생산적앙양을 일으키기 위한 경제작전과 지휘를 짜고들며 현행계획과 전망적인 단계별 발전전략을 과학적으로 세우고 그대로 완강하게 집행해나가야 합니다. 우리는 우리 식 사회주의경제제도를 확고히 고수하고 근로인민대중이 생산활동에서 주인으로서의 책임과 역할을 다하도록 하는 원칙에서 경제관리방법을 끊임없이 개선하고 완성해나가며 여러 단위에서 창조된 좋은 경험들을 널리 일반화하도록 하여야 하겠습니다.

우리의 정치군사적위력을 백방으로 강화하는데 계속 큰 힘을 넣어야 하겠습니다.

당의 두리에 굳게 뭉친 천만군민의 일심단결은 우리의 최강의 무기이며 사회주의강성국가건설의 위력한 추진력입니다.

우리는 당은 인민을 믿고 인민은 당을 절대적으로 신뢰하고 따르는 혼연일체의 위력으로 혁명의 붉은기폭에 승리만을 아로새겨온 일심단결의 자랑스러운 전통을 끝까지 변함없이 이어나가야 합니다.

모든 일군들과 당원들과 근로자들은 선군혁명의 한길에서 우리 당과 사상과 뜻을 같이하고 생사고락을 함께 하며 조국과 인민을 위해 헌신하는 진정한 동지가 되고 일심동체가 되여야 합니다. 모든 사업을 일심단결을 옹호고수하고 더욱 강화하는 데로 지향시키며 민심을 잘 알고 광범한 군중을 당의 두리에 튼튼히 묶어세워 우리혁명의 정치사상진지를 반석같이 다져나가야 합니다.

군력이자 국력이며 군력을 백방으로 강화하는 길에 강성국가도 있고 인민의 안녕과 행복도 있습니다. 우리는 위대한 선군의 기치를 높이 들고 군력강화에 계속 큰 힘을 넣어 조국의 안전과 나라의 자주권을 믿음직하게 지키며 지역의 안정과 세계의 평화를 수호하는데 기여하여야 합니다.

위대한 김일성대원수님께서 '일당백' 구호를 제시하신 50돐이 되는 올해에 우리 혁명무력의 강화발전과 싸움준비완성에서 일대 전환을 일으켜야 하겠습니다.

인민군대에서는 혁명적령군체계와 군풍을 확고히 세우고 강철같은 군기를 확립하며 최정예혁명강군의 정규화적면모를 더욱 철저히 갖추어야 합니다. 백두산훈련열풍을 세차게 일으켜 모든 군인들을 실전능력을 갖춘 일당백의 싸움군으로 키우고 고도의 격동상태를 유지하여 침략자들이 감히 신성한 우리 조국 강토에 선불질을 한다면 무자비하게 격멸소탕하고 조국통일대전의 승리를 이룩하도록 하여야 하겠습니다.

조선인민내무군 장병들과 로농적위군 대원들은 전투정치훈련을 더욱 강화하며 당과 수령,조국과 인민을 보위하고 자기 향토를 사수할 만단의 전투동원태세를 갖추어야 합니다.

국방공업부문에서는 당의 군사전략사상을 실현해나갈수 있는 우리 식의 첨단무장장비들을 더 많이 만들어 백두산혁명강군의 병기창으로서의 사명을 다하여야 합니다.

사회주의문명국건설에 더욱 박차를 가하여 21세기의 새로운 문명개화기를 활짝열어놓아야 하겠습니다.

우리가 건설하는 사회주의강성국가는 전체 인민이 높은 문화지식과 건강한 체력, 고상한 도덕품성을 지니고 가장 문명한 조건과 환경에서 사회주의문화생활을 마음껏 누리며 온 사회에 아름답고 건전한 생활기풍이 차넘치는 사회주의문명국입니다.

문화건설의 모든 부문에서 위대한 장군님께서 제시하신 사상과 로선, 방침을 철저히 관철하여 교육, 보건, 문학예술, 체육, 도덕을 비롯한 모든 문화분야를 선진적인문명강국의 높이에 올려세워야 합니다.

평양시를 주체조선의 수도,선군문화의 중심지답게 더욱 웅장하고 풍치수려한 도시로 만들며 모든 도, 시, 군들에서 거리와 마을, 조국산천을 사회주의선경으로 꾸리고 인민들을 위한 현대적인 문화후생시설과 공원, 유원지들을 더 많이 건설하여 우리인민들이 새시대의 문명한 생활을 마음껏 누리도록 하여야 합니다.

올해 사회주의강성국가건설에서 결정적전환을 가져오기 위하여서는 일군들의 사상관점과 사업기풍, 일본새를 근본적으로 개선하여야 합니다.

수령님식, 장군님식인민관을 지니고 인민을 위하여 발이 닳도록 뛰고 또 뛰며 낡은 사고방식과 틀에서 벗어나 모든 사업을 끊임없이 혁신하고 대중을 불러일으켜 대오의 진격로를 열어나가는 일군이 바로 오늘 우리 당이 요구하는 참된 일군입니다.

일군들은 '모든것을 인민을 위하여, 모든것을 인민대중에게 의거하여!'라는 구호를 높이 들고 헌신적으로 투쟁하여야 합니다. 일군들은 자기 사업에 대한 높은 책임감과 일욕심, 진취적인 사업태도를 가지고 최대의 마력을 내야 하며 당과 인민앞에 자기의 충실성과 실천력을 평가받아야 합니다.

당조직들의 전투적기능과 역할을 더욱 높여야 하겠습니다.

모든 당조직들은 해당 단위의 정치적참모부로서 당정책관철에서 정책적대를 바로 세우고 조직정치사업을 짜고들어 올해 자기 부문, 자기 단위 사업에서 혁신적앙양이 일어나도록 하여야 합니다. 당조직들은 어머니다운 심정으로 모든 사람들을 품에 안아 따뜻이 보살펴주고 이끌어주어 그들이 당과 끝까지 운명을 같이하며 자기 초소에서 맡은 일을 책임적으로 해나가도록 하여야 합니다.

당사업을 1970년대처럼 화선식으로 전환시키고 김정일애국주의를 실천활동에 철저히 구현하도록 하는데 당사업의 화력을 집중하여야 하겠습니다.

김정일애국주의는 김일성민족의 영원한 넋이고 숨결이며 부강조국건설의 원동력입니다. 당조직들은 모든 일군들과 당원들과 근로자들이 김정일애국주의를 피끓는 심장에 소중히 간직하고 사회주의조국의 륭성번영을 위한 오늘의 성스러운 투쟁에서 애국적열의와 헌신성을 높이 발휘해나가도록 하여야 합니다.

근로단체조직들은 자기 조직의 특성에 맞게 동맹원들에 대한 교양사업을 실속있게 벌려 모든 동맹원들을 올해의 총돌격전에로 힘있게 불러일으켜야 합니다. 청년동맹조직들은 모든 청년들이 당을 따라 언제나 곧바로, 힘차게 나아가며 창조와 위훈으로 대고조시대를 빛내이는 청년영웅이 되도록 하여야 합니다.

조국통일은 더는 미룰수 없는 민족최대의 절박한 과제이며 위대한 대원수님들의 필생의 념원이고 유훈입니다.

민족의 어버이이시며 조국통일의 구성이신 위대한 김일성동지와 김정일동지께서는 민족분렬의 고통을 누구보다 가슴아파하시며 우리 겨레에게 통일된 조국을 안겨주기 위해 한평생 온갖 로고와 심혈을 다 바치시여 나라의 자주적통일과 평화번영을 위한 튼튼한 토대를 마련해주시였습니다.

우리는 위대한 대원수님들께서 조국통일성업에 쌓아올리신

불멸의 업적을 견결히 옹호고수하고 빛내여나가며 절세위인들의 숭고한 뜻을 받들어 민족최대의 숙원인 조국통일의 력사적위업을 반드시 실현하여야 합니다.

올해에 온 민족이 단합하여 거족적인 통일애국투쟁으로 조국통일의 새로운 국면을 열어놓아야 합니다.

나라의 분렬을 종식시키고 통일을 이룩하는데서 나서는 중요한 문제는 북과 남사이의 대결상태를 해소하는것입니다.

지나온 북남관계가 보여주는바와 같이 동족대결로 초래될것은 전쟁뿐입니다. 남조선의 반통일세력은 동족대결정책을 버리고 민족의 화해와 단합, 통일의 길로 나와야 할것입니다.

북남공동선언을 존중하고 리행하는것은 북남관계를 전진시키고 통일을 앞당기기 위한 근본전제입니다.

북과 남,해외의 온 겨레는 새 세기 민족공동의 통일대강이며 평화번영의 리정표인 6.15공동선언과 10.4선언을 철저히 리행하기 위한 투쟁을 적극 벌려나가야 할것입니다.

조국통일문제는 우리 민족끼리 힘을 합쳐 자주적으로 풀어나가야 합니다.

조국통일의 주체는 전체 조선민족이며 온 민족이 힘을 합치면 이 세상 못해낼일이 없습니다. 북과 남, 해외의 전체 조선민족은 민족우선, 민족중시, 민족단합의 립장에 서서 전민족적위업인 조국통일의 대의에 모든것을 복종시키고 지향시켜나가야합니다. 전체 조선민족은 외세의 지배와 간섭, 침략과 전쟁책동을 단호히 반대배격하며 조국통일을 방해하는 그 어떤 행위도 절대로 허용하지 말아야 합니다.

우리는 조국통일의 앞길에 그 어떤 시련과 난관이 가로놓인다 하여도 온 민족의 단합된 힘으로 삼천리강토우에 통일되고 번영하는 강성국가를 기어이 일떠세우고야 말것입니다.

오늘 국제무대에서는 주권국가들에 대한 제국주의자들의 간섭과 군사적침략책동으로 하여 인류의 평화와 안전에 엄중한 위험이 조성되고있으며 특히 조선반도를 포함한 아시아태평양지역은 항시적인 긴장이 떠도는 세계최대의 열점지역으로 되고있습니다.

온갖 지배와 예속을 반대하고 자주적으로 살려는 인류의 지향과 념원은 더욱 강렬해지고있으며 자주와 정의의 길로 나아가는 력사의 흐름은 그 누구도 막을수 없습니다.

오늘의 국제정세는 우리 공화국이 지난날과 마찬가지로 선군의 기치를 높이 들고 자주의 길로 나아갈것을 요구하고있습니다.

우리는 앞으로도 자주, 평화, 친선의 리념밑에 우리 나라의 자주권을 존중하고 우리를 우호적으로 대하는 세계 여러 나라들과의 친선협조관계를 확대발전시키며 지역의 평화와 안정을 수호하고 세계의 자주화를 실현하기 위하여 적극 로력할것입니다.

새해에 우리앞에는 더 밝고 광활한 전망이 펼쳐져있으며 우리 인민이 나아가는 앞길에는 언제나 승리와 영광만이 있을것입니다.

모두다 김일성-김정일주의 기치를 높이 들고 당의 두리에 굳게 뭉쳐 내 나라, 내조국의 부강번영을 위하여 힘차게 싸워나갑시다.

2014년 북한 신년공동사설

친애하는 동지들. 사랑하는 인민군 장병들과 전체 인민들, 동포형제 여러분, 우리는 주체혁명의 성스러운 진군길에 뚜렷한 자욱을 아로새긴 2013년을 보내고 앞날에 대한 확신과 혁명적 자부심에 넘쳐 새해 2014년을 맞이합니다.

나는 먼저 전체 인민군 장병들과 인민들의 한없는 그리움과 뜨거운 경모의 정을 담아 위대한 김일성 동지와 김정일 동지께 가장 숭고한 경의와 새해 인사를 삼가 드립니다.

나는 지난해에 조국보위와 사회주의 건설을 위한 투쟁에 고귀한 생을 바친 열사들에게 경의를 표하며 우리 당을 따라 조국번영의 새 시대를 펼쳐나가고 있는 전체 인민군 장병들과 인민들에게 새해 인사를 드립니다.

새해를 맞으며 온 나라 모든 가정들에 더 큰 행복과 기쁨이 넘쳐나기를 축원합니다.

나는 또한 자주와 민주, 조국통일을 위하여 투쟁하고 있는 남녘 겨레들과 조국의 융성번영을 위해 헌신하고 있는 해외동포들 그리고 정의와 평화를 사랑하는 세계 진보적 인민들과 외국의 벗들에게 새해의 인사를 보냅니다.

지난해는 전당, 전군, 전민이 당이 제시한 새로운 병진노선을 받들고 총공격전을 벌여 사회주의 강성국가 건설과 사회주의 수호전에서 빛나는 승리를 이룩한 자랑찬 해였습니다.

지난해 우리 군대와 인민은 당의 두리에 굳게 뭉쳐 위대한 수령님과 장군님의 사상과 위업을 빛내이고 우리 혁명대오의 정치 사상적 위력을 더욱 강화하였습니다.

우리 군대와 인민은 공화국 창건 65돌과 전승 60돌에 즈음한 정치행사들과 지난해 투쟁의 전 과정을 통하여 위대한 수령님과 장군님을 높이 우러러 모시고 수령님과 장군님의 불멸의 업적을 만대에 빛내어 갈 확고한 신념과 의지를 과시하였습니다.

우리 당이 펼친 인민존중, 인민사랑의 정치와 당을 어머니품으로 믿고 따르는 인민들의 뜨거운 충정이 하나로 되어 당과 인민대중의 혈연의 유대가 새로운 높은 경지에 올라섰습니다.

우리 당은 지난해에 강성국가 건설을 위한 투쟁의 벅찬 시기에 당안에 배겨있던 종파오물을 제거하는 단호한 조치를 취하였습니다. 우리 당이 적중한 시기에 정확한 결심으로 반당, 반혁명 종파일당을 적발, 숙청함으로써 당과 혁명대오가 더욱 굳건히 다져지고 우리의 일심단결이 백배로 강화되었습니다.

이 투쟁을 통하여 우리 당은 당의 전투적 기능과 역할을 강화하여 인민을 위하여 복무하는 당으로써 시대와 역사 앞에 지닌 영예로운 사명을 다하며 인민을 위하여 더욱 헌신할 것이라는 것을 확언하였습니다.

지난해에 자위적 국방력을 강화하고 제국주의자들과의 첨예한 대결전에서 커다란 승리를 이룩하였습니다.

국방부문의 과학자, 기술자들과 노동계급은 억척의 신념과 배짱으로 국방과학의 첨단을 돌파하여 선군조선의 위력을 떨치고 국방력 강화에 크게 기여하였습니다.

인민군장병들과 인민내무군장병들은 수령 결사옹위 정신과 조국수호 정신을 지니고 당과 수령, 조국과 인민을 목숨으로 옹위 보위하였으며 적들의 무모한 핵전쟁 도발책동과 반공화국 대결소동을 걸음마다 짓부시고 공화국의 존엄과 위력을 높이 떨치였습니다.

지난해의 어렵고 복잡한 환경 속에서도 군대와 인민이 힘을 합쳐 경제강국 건설과 인민생활 향상을 위한 투쟁에서 빛나는 성과를 이룩하였습니다.

인민경제의 여러 부문 단위들에서 생산적 앙양이 일어나고 자립적 경제의 토대가 더 튼튼히 다져졌으며 특히 농업부문 일꾼들과 근로자들이 어려운 조건과 불리한 자연기후 속에서도 농업생산에서 혁신을 일으켜 인민생활 향상에 이바지하였습니다.

인민군 군인들을 비롯한 건설자들은 조국의 부강번영과 인민의 행복을 위한 기념비적 창조물들을 수많이 일떠세우고 건설에서 최전성기를 열어 놓았습니다.

마식령속도를 창조할 데 대한 당의 호소를 받들고 떨쳐나선 인민군 군인들과 건설자들은 불타는 애국의 열정과 헌신적인 투쟁으로 조국해방전쟁승리기념관과 은하과학자거리, 문수물놀이장과 마식령스키장을 비롯한 많은 대상들을 짧은 기간에 로동당시대의 창조물로 훌륭히 일떠세움으로써 날을 따라 새롭게 변모되는 조국의 자랑스러운 모습을 보여주었으며 인민들의 행복의 웃음소리가 더 높이 울려퍼지게 하였습니다.

세포등판 건설을 비롯한 대건설 전투에 떨쳐나선 건설자들은 부닥치는 난관을 이겨내며 자연을 길들여 당의 원대한 구상을 앞당겨 실현할 수 있는 돌파구를 열어 놓았습니다.

지난해에 체육과 교육을 비롯한 문화부문에서도 새로운 전진을 이룩하였습니다. 당의 체육강국 건설구상을 받들고 온 나라가 체육열풍으로 들끓었으며 우리의 미더운 체육인들은 국제경기들에서 금메달로 조국의 영예를 높이 떨치였습니다.

전반적 12년제 의무교육 실시를 위한 준비가 성과적으로 추진되고 과학기술분야에서 많은 성과들이 이룩되었으며 현대적인 의료시설들이 갖추어져 인민들에 대한 의료봉사가 개선되었습니다.

음악예술부문에서 시대의 명곡들이 많이 창작되어 천만군민의 마음을 충정의 세계로 승화시키고 투쟁과 위훈에로 힘있게 고무하였습니다.

지난해의 빛나는 승리와 성과들은 우리 당의 혁명적이며 인민적인 노선과 정책, 현명한 령도를 받들고 전당, 전군, 전민이 사회주의 강성국가를 기어이 일떠세울 불굴의 신념과 의지로 영웅적 투쟁을 과감히 벌인 결과에 이룩된 자랑찬 결실입니다.

우리는 지난해의 투쟁을 통하여 우리 사상, 우리 힘, 우리 식이 제일이며 원대한 이상과 목표를 향하여 전진하는 우리의 성스러운 위업은 그 무엇으로서도 가로막을 수 없다는 것을 뚜렷이 보여주었습니다.

나는 당에 대한 끝없는 충실성과 열렬한 조국애를 지니고 무비의 헌신성을 발휘하여 뜻깊은 2013년을 경이적인 사변들로 빛내인 전체 인민군 장병들과 인민들에게 뜨거운 감사를 드립니다.

동지들, 새해 2014년은 사회주의 강성국가건설의 모든 전선에서 새로운 비약의 불바람을 세차게 일으켜 선군조선의 번영기를 열어 나갈 장엄한 투쟁의 해, 위대한 변혁의 해입니다.

올해 우리의 투쟁은 인민의 아름다운 이상과 꿈을 앞당겨 실현하기 위한 보람찬 투쟁이며 영광스러운 조선로동당 창건 70돌을 빛나게 장식할 대축전장과 잇닿아 있는 승리자의 진군입니다.

우리는 희망찬 새해에 승리에 대한 확신과 열정에 넘쳐 영웅적 진군을 다그침으로써 혁명과 건설에서 일대 번영기를 열어 놓아야 합니다.

승리의 신심 드높이 강성국가건설의 모든 전선에서 비약의 불바람을 세차게 일으켜 나가자 이것이 올해에 우리 당과 인민이 들고 나가야할 전투적 구호입니다.

우리는 올해에 농업부문과 건설부문, 과학기술부문의 앞장에서 혁신의 봉화를 높이 추켜들고 나가며 그 봉화가 사회주의건설의 모든 전선에서 비약의 불길로 세차게 타번지도록 하여야 하겠습니다.

올해는 위대한 수령 김일성 동지께서 사회주의 농촌문제에 관한 테제를 발표하신 50돌이 되는 뜻깊은 해입니다.

우리는 농촌에서 사상혁명, 기술혁명, 문화혁명을 힘있게 벌이고 농업생산에서 결정적 전환을 이룩하여 사회주의 농촌체제의 정당성과 생활력을 뚜렷이 실증하여야 합니다.

올해의 경제건설과 인민생활향상을 위한 투쟁에서 농업을 주타격 방향으로 확고히 틀어쥐고 농사에 모든 힘을 총집중하여야 합니다.

농업부문에서는 과학적 영농방법을 적극 받아들이고 농사일을 책임적으로 하여 당이 제시한 알곡고지를 기어이 점령하여야 합니다.

축산을 적극 발전시키고 온실남새와 버섯재배를 대대적으로 하여 더 많은 고기와 남새, 버섯이 인민들에게 차례지도록 하여야 합니다.

건설은 강성국가의 기초를 다지고 인민들의 행복의 터전을 마련하는 중요한 전선입니다. 건설부문에서 선군시대를 대표하는 세계적 수준의 훌륭한 건축물들과 인민들의 생활조건 개선을 위한 건설을 많이 하여 자립경제의 토대를 튼튼히 인민들에게 보다 유족하고 문명한 생활을 안겨주어야 합니다.

청천강계단식발전소 건설과 세포지구 축산기지건설, 고산과수농장건설, 간석지건설, 황해남도 물길공사를 비롯한 주요 대상 건설을 다그쳐 제 기일에 완공하도록 하여야 합니다.

살림집 건설과 합숙건설, 교육조건과 환경을 개선하기 위한 건설을 적극적으로 밀고 나가며 문화봉사기지들을 최상의 수준에서 훌륭히 일떠세워야 합니다. 올해에도 군민협동작전으로 평양시를 더욱 웅장화려하게 건설하고 도, 시, 군들을 해당 지방의 특색이 살아나게 잘 꾸려야 합니다.

과학기술은 강성국가 건설을 추동하는 원동력이며 과학기술 발전에 인민의 행복과 조국의 미래가 달려 있습니다.

과학연구부문에서는 나라의 경제발전과 인민생활 향상에서 전망적으로 풀어야 할 문제들과 현실에서 제기되는 과학기술적 문제들을 풀고 첨단을 돌파하여 지식경제건설의 지름길을 열어 놓아야 합니다.

과학자, 기술자들은 당이 마련해준 과학기술 용마의 날개를 활짝 펴고 과학적 재능과 열정을 총폭발시켜 누구나 다 높은 과학기술성과들을 내 놓음으로써 부강조국 건설에 이바지 하는 참된 애국자가 되어야 합니다.

전 사회적으로 과학기술중시기풍을 세우며 전민과학기술인 재화의 구호를 높이 들고 모든 일꾼들과 근로자들이 현대과학기술을 열심히 배우도록 하여야 합니다. 선행부문, 기초공업부문을 비롯한 인민경제 모든 부문에서 혁신의 불바람을 세차게 일으켜야 합니다.

금속공업과 화학공업은 경제강국을 떠받드는 쌍기둥이며 금속 화학공업을 발전시키는 것은 경제건설과 인민생활 향상을 위한 주요한 담보입니다. 금속 화학공업부문에서 주체화, 현대화의 구호를 높이 들고 우리의 원료, 연료와 최신과학기술에 의거하여 생산을 추켜세우기 위한 투쟁을 힘있게 벌임으로써 인민경제 전반을 활성화하고 인민생활을 향상시키는데 필요한 철강재와 여러 가지 화학제품을 원만히 생산 보장하여야 합니다.

전력공업, 석탄공업을 확고히 앞세워야 합니다.

지금 있는 발전소들에서 전력생산을 최대한으로 늘이기 위한 대책을 세우는 것과 함께 긴장한 전력문제를 근본적으로 풀기 위한 전망계획을 바로 세우고 그 실현을 위한 투쟁에 힘을 넣으며 수력자원을 위주로 하면서 풍력, 지열, 태양열을 비롯한 자연에네르기를 이용하여 전력을 더 많이 생산하도록 하여야 합니다.

탄광들에서 석탄생산을 적극 늘이고 철도운수를 비롯한 교통운수 문제를 결정적으로 풀며 전력, 석탄, 철도운수부문에서 연대적 혁신을 일으켜 나라의 경제발전을 적극 추동해 나가야 합니다.

인민생활 향상에서 주요한 몫을 담당하고 있는 경공업 발전에 큰 힘을 넣어야 합니다.

경공업공장들에서 현대화, CNC화를 적극 다그치고 원료, 자재의 국산화 비중을 높여 생산을 정상화하며 모든 시, 군들에서 자기 지방의 실정에 맞게 지방공업을 발전시켜 여러 가지 질 좋은 인민소비품들을 더 많이 생산하도록 하여야 합니다.

수산부문을 추켜세우기 위한 국가적 대책을 세워야 합니다.

수산부문에서는 최고사령관 명령을 결사 관철하여 물고기 대풍을 마련한 인민군대 수산부문의 모범을 따라 고깃배와 어구를 현대화하고 과학적 방법으로 물고기잡이 전투를 힘있게 벌여 포구마다에 만선의 뱃고동 소리가 높이 울리게 하며 바닷가양식도 대대적으로 하여야 합니다.

지하자원과 산림자원, 해양자원을 비롯한 나라의 귀중한 자원을 보호하고 적극 늘여나가며 나무심기를 전군중적 운동으로 힘있게 벌여 모든 산들에 푸른 숲이 우거지게 하여야 합니다.

인민경제 모든 부문에서 생산적 잠재력과 내부예비를 남김없이 동원하여 생산을 늘이는 것과 함께 절약투쟁을 힘있게 벌여야 합니다.

절약은 곧 생산이며 애국심의 발현입니다. 전사회적으로 절약투쟁을 강화하여 한 와트의 전기, 한 그람의 석탄, 한 방울의 물도 극력 아껴쓰도록 하며 모두가 높은 애국심과 주인다운 태도를 가지고 나라 살림살이를 깐지게 해나가는 기풍을 세워야 합니다.

경제사업에 대한 지도와 관리를 결정적으로 개선하여야 합니다.

당의 령도 밑에 경제에 대한 국가의 통일적 지도를 강화하고 기업체들의 책임성과 창발성을 높이며 모든 근로자들이 생산과 관리에서 주인으로서의 책임과 역할을 다 해 나가도록 하여야 합니다.

교육을 비롯한 문화건설에서 큰 걸음을 내짚어야 합니다.

교육부문에서는 혁명의 요구, 발전하는 시대의 요구에 맞게 교육내용과 방법, 교육조건과 환경을 개선하고 중등일반교육을 비롯한 교육사업에서 새로운 전환을 가져오도록 하여야 합니다.

보건부문에서 인민들의 건강증진을 위한 치료예방사업에 힘을 넣어 인민들에게 사회주의 보건제도의 혜택이 더 잘 미치도록 하여야 합니다.

문학예술은 강성국가 건설에서 혁명적 진군의 나팔수, 힘있는 추동력입니다. 문학예술부문에서는 우리 혁명의 전진속도와 들 끓는 현실에 발맞추어 사상예술성이 높고 사람들의 심금을 울리는 시대적 명작들을 많이 창작하여야 합니다.

온 나라에 체육열풍을 더 세차게 일으켜야 합니다. 체육인들이 세계적인 패권자가 될 높은 목표를 가지고 훈련을 강화하도록 하며 체육과학기술을 발전시키고 체육의 대중화 방침을 관철하여 당의 체육강국 건설구상을 빛나게 실현하여야 합니다.

나라의 방위력을 강화하는데 계속 큰 힘을 넣어야 하겠습니다. 국방력 강화는 국사중의 국사이며 강력한 총대위에 조국의 존엄과 인민의 행복도 평화도 있습니다. 인민군대를 당과 수령, 조국과 인민에게 끝없이 충실한 백두산 혁명강군으로 더욱 강화발전시켜야 합니다. 오늘 인민군대를 강화하는 데서 중심고리는 군대의 기본 전투단위이고 군인들의 생활거점인 중대를 강화하는 것입니다. 모든 중대를 정치사상적으로 군사기술적으로 튼튼히 준비된 최정예 전투대오로, 친혈육의 정이 차 넘치는 정든 고향집으로 만들어야 합니다.

군인들 속에서 정치사상 교양사업을 강화하여 군인들을 금수산태양궁전과 당중앙위원회를 결사 옹위하는 사상과 신념의 강자로 철저히 준비시켜야 합니다. 전투훈련을 강화하고 명사수, 명포수 운동을 힘있게 벌여 군인들을 백발백중의 사격술과 무쇠같은 체력, 강한 규율성을 지닌 일당백의 싸움꾼들로 키워야 합니다.

조선인민내무군안에 당의 영군체계와 혁명적 군풍을 철저히 확립하여 수령보위, 제도보위, 인민보위의 숭고한 사명과 임무를 다하도록 하며 노농적위군은 전투훈련을 강화하고 언제나 만단의 전투동원태세를 갖추어야 합니다.

국방공업부문에서 경량화, 무인화, 지능화, 정밀화된 우리 식의 현대적 무장장비들을 더 많이 만들어 자위적 국방력을 튼튼히 다져 나가야 합니다.

우리 혁명의 정치사상 진지를 더욱 공고히 하여야 하겠습니다. 정치사상 진지는 사회주의 수호전의 승패를 좌우하는 결정적 보루이며 혁명대오를 정치사상적으로 강화하는 것은 우리 앞에 나서는 가장 주요한 과업입니다.

우리는 위대한 장군님께서 온 사회의 김일성주의화 강령을 선포하신 40돌이 되는 뜻깊은 올해 당을 조직사상적으로 공고히 하고 사회의 모든 성원들을 김일성 - 김정일주의자로 튼튼히 준비시키며 혁명대오의 일심단결을 더욱 강화해야 합니다.

당 안에 유일적 령도체계를 철저히 세우고 당대열의 순결성을 확고히 보장하며 당조직들의 전투적 기능과 역할을 높여야 합니다.

일꾼들과 당원들과 근로자들 속에서 사상교양 사업을 강화하여 그들이 언제 어디서나 오직 위대한 김일성 동지, 김정일 동지와 우리 당 밖에는 그 누구도 모른다는 확고한 신념을 가지고 당의 사상과 의도대로만 사고하고 행동하도록 하여야 합니다.

당과 혁명대오의 통일단결에 저해를 주고 일심단결을 해치는 사소한 현상과 요소에 대하여서도 각성있게 대하고 철저히 극복하도록 하여야 합니다. 우리 제도를 좀먹는 이색적인 사상과 퇴폐적인 풍조를 쓸어버리기 위한 투쟁을 강도높이 벌여 적들의 사상문화적 침투책동을 단호히 짓부셔버려야 합니다.

사회주의 강성국가 건설의 모든 전선에서 비약의 불바람을 세차게 일으키기 위하여서는 대중의 정신력을 최대로 발동시켜야 합니다. 창조와 혁신의 가장 큰 예비, 기적창조의 근본 열쇠는 천만군민의 정신력을 발동시키는데 있습니다. 당원들과 근로자들의 정신력을 폭발시키기 위한 사상전, 선전선동의 된바람을 일으켜야 합니다.

모든 당원들과 근로자들이 김정일애국주의를 체질화하고 실천에 철저히 구현하여 부강하고 문명한 사회주의 조국을 일떠세우는 보람찬 투쟁에서 영웅적 위훈의 창조자가 되도록 하여야 합니다. 혁명투쟁과 건설사업의 모든 분야에서 혁명적 규율과 질서를 엄격히 세워야 합니다.

혁명적 규율과 질서를 강화하는 것은 우리 사회의 집단주의적 우월성을 높이 발양시키고 모든 사업에서 성과를 거둘 수 있게 하는 중요한 요인으로 됩니다.

모든 부문, 모든 단위에서 당의 정책과 방침, 국가의 법과 결정지시를 철저히 집행하며 모든 일꾼들과 근로자들이 우리 사회의 주인, 공화국 공민으로써의 높은 자각을 가지고 법 규범과 질서를 지키도록 하여야 합니다.

일꾼들이 혁명의 지휘성원, 인민의 충복으로서의 본분을 다하기 위하여 뛰고 또 뛰어야 합니다.

일꾼들은 당에 대한 절대적인 충실성과 사업에 대한 높은 책임성, 왕성한 의욕을 가지고 일판을 통이 크게 벌이며 끝장을 볼 때까지 완강하게 밀고 나가 당의 구상과 의도를 반드시 실현하여야 합니다.

일꾼들은 인민들의 요구와 이익을 사업의 절대적 기준으로 삼고 오직 인민들이 바라고 좋아하는 일을 하여야 하며 무슨 일을 하든 인민들이 덕을 보게 하여야 합니다.

일꾼들은 인민의 요구, 대중의 목소리에 무한히 충실하여야 하며 언제나 인민을 위해 헌신하는 인민의 참된 심부름꾼으로 살며 일하여야 합니다.

올해는 위대한 수령님께서 조국통일과 관련한 역사적 문건에 생애의 마지막 친필을 남기신 20돌이 되는 해입니다.

우리는 위대한 수령님과 장군님의 유훈을 받들어 올해의 조국통일운동에서 새로운 전진을 이룩하여야 합니다.

나라의 통일문제를 겨레의 지향과 요구에 맞게 해결하자면 외세를 배격하고 우리 민족끼리 입장을 확고히 견지하여야 합니다.

조국통일의 주체는 북과 남, 해외의 전체 조선민족이며 나라의 통일은 오직 우리 민족끼리 입장에 철저히 설 때 민족의 이익과 요구에 맞게 자주적으로 실현할 수 있습니다.

우리 민족문제, 북남관계문제를 외부에 들고 다니며 국제공조를 청탁하는 것은 민족의 운명을 외세의 농락물로 내맡기는 수치스러운 사대매국 행위입니다.

북과 남은 조국통일3대원칙과 북남공동선언에서 천명된 자주의 원칙을 견지하고 우리 민족끼리 입장에 확고히 서야 하며 공동선언들을 존중하고 성실히 이행하여야 합니다.

민족의 안전과 평화를 수호하기 위하여 적극 투쟁하여야 합니다.

미국과 남조선 호전광들은 조선반도와 주변에 핵전쟁 장비들을 대대적으로 끌어들여 북침 핵전쟁연습을 광란적으로 벌이고 있으며 이로 하여 사소한 우발적인 군사적 충돌도 전면전쟁으로 번질 수 있는 위험한 정세가 조성되고 있습니다.

이제 이 땅에서 전쟁이 다시 일어나면 그것은 엄청난 핵재난을 가져오게 될 것이며 미국도 결코 무사하지 못할 것입니다.

전체 조선민족은 내외 호전세력들의 대결과 전쟁책동을 절대로 허용하지 말고 단호히 저지, 파탄시켜야 합니다.

북남사이 관계개선을 위한 분위기를 마련하여야 합니다. 우리 민족이 외세에 의해 갈라져 살고 있는 것만도 가슴아픈 일인데 동족끼리 비방하고 반목질시하는 것은 용납될 수 없으며 그것은 조선의 통일을 바라지 않는 세력들에게 어부지리를 줄 뿐입니다.

백해무익한 비방중상을 끝낼 때가 되었으며 화해와 단합에 저해를 주는 일을 더 이상 해서는 안 될 것입니다. 남조선 당국은 무모한 동족대결과 종북소동을 벌이지 말아야 하며 자주와 민주, 조국통일을 요구하는 겨레의 목소리에 귀를 기울이고 북남관계 개선에로 나와야 합니다.

우리는 민족을 중시하고 통일을 바라는 사람이라면 그가 누구든 과거를 불문하고 함께 나아갈 것이며 북남관계 개선을 위해 앞으로도 적극 로력할 것입니다.

북과 남, 해외의 온 겨레는 참다운 애국의 기치, 우리민족끼리 이념 밑에 굳게 단합하여 조국통일을 위한 거족적 투쟁에 힘차게 떨쳐나섬으로써 올해의 자주통일과 평화번영의 새 국면을 열어나가야 할 것입니다.

지난해에 국제무대에서는 주권국가들이 자주권과 인류의 생명권을 위협하는 제국주의자들의 간섭과 전쟁책동이 끊임없이 계속되었습니다. 특히 세계 최대의 열점지역인 조선반도에서는 우리 공화국을 압살하기 위한 적대세력들의 핵전쟁 책동으로 말미암아 일촉즉발의 전쟁위험이 조성되어 지역과 세계의 평화와 안전을 엄중히 위협하였습니다.

우리 인민에게 있어서 평화는 더없이 귀중하지만 그것은 바라거나 구걸한다고 하여 이루어지는 것이 아닙니다. 조선반도에 우리를 겨냥한 핵전쟁의 검은 구름이 항시적으로 떠돌고 있는 조건에서 우리는 결코 수수방관할 수 없으며 강력한 자위적 힘으로 나라의 자주권과 평화를 수호하고 민족의 존엄을 굳건히 지켜 나아갈 것입니다.

우리 당과 공화국 정부는 앞으로도 자주, 평화, 친선의 대외정책 이념을 확고히 견지하면서 우리나라의 자주권을 존중하고 우리를 우호적으로 대하는 모든 나라들과의 친선협조 관계를 확대 발전시키며 세계의 평화와 안전, 인류공동의 번영을 위하여 적극 로력할 것입니다.

우리 앞에 나서고 있는 투쟁과업은 방대하며 우리의 앞길에 난관도 있지만 위대한 김일성－김정일주의 기치따라 나아가는 우리 혁명위업은 필승불패입니다.

모두다 원대한 포부와 확고한 신심을 가지고 당의 두리에 한 마음 한뜻으로 굳게 뭉쳐 새해에 보다 큰 승리를 위하여 힘차게 싸워나갑시다.

2015년 북한 신년공동사설

친애하는 동지들! 우리는 승리의 신심 드높이 비약하며 전진하는 위대한 조선의 기상과 위용을 뚜렷이 과시한 2014년을 보내고 희망찬 새해 2015년을 맞이합니다.

나는 전체 인민군장병들과 인민들의 다함없는 충정의 마음을 담아 우리 인민의 영원한 수령이시며 주체의 태양이신 위대한 수령님과 위대한 장군님께 가장 숭고한 경의와 새해의 인사를 삼가 드립니다. 나는 혁명적 신념과 애국의 열정을 안고 조국의 존엄과 융성번영을 위하여 헌신적으로 투쟁하고 있는 인민군장병들과 인민들에게 새해의 인사를 드리며 온 나라 가정들에 따뜻한 정이 넘치고 귀여운 우리 어린이들에게 더 밝은 미래가 있기를 축복합니다.

새해를 맞으며 민족의 화합과 조국통일을 위하여 투쟁하고 있는 남녘겨레들과 해외동포들 그리고 자주와 평화를 지향하는 세계 진보적 인민들과 외국의 벗들에게 인사를 보냅니다. 지난 해는 당의 령도밑에 강성국가 건설의 모든 전선에서 최후의 승리를 앞당기기 위한 토대를 튼튼히 다지고 조선의 불패의 위력을 떨친 빛나는 승리의 해였습니다.

지난해에 당과 인민대중의 혼연일체가 보다 굳건해지고 혁명대오의 순결성과 위력이 더욱 강화되었습니다. 인민군 장병들과 인민들 속에서 위대한 수령님과 위대한 장군님에 대한 절절한 그리움이 날을 따라 강렬해지고 수령님과 장군님의 구상과 염원을 현실로 꽃피워갈 열화같은 충정과 순결한 도덕의리심이 높이 발현되었습니다.

우리 당의 인민사랑, 후대사랑의 정치와 과학중시, 교육중시 정책이 현실에 구현되어 당에 대한 인민들의 신뢰가 두터워지고 우리의 일심단결이 공고화 되었습니다. 백두산지구 혁명전적지 답사를 통한 혁명전통교양의 열풍 속에서 전군과 온 사회의 백두의 정신과 기상이 맥박치고 성스러운 주체혁명위업을 끝까지 완성할 신념과 의지가 용암처럼 끓어 번지게 되었습니다.

지난해 인민군대의 전투력이 비상히 강화되고 국방력이 튼튼히 다져졌습니다.

인민군대에서 정치사상사업을 진공적으로 벌이고 실전훈련의 불바람을 일으켜 모든 지휘관, 병사들과 군종, 병종부대들이 사상과 신념의 강자, 그 어떤 정황과 조건에서도 작전전투임무를 능숙하게 수행할 수 있는 무적의 강군으로 준비되었습니다.

전군의 강철같은 군기를 확립하고 군인생활 개선에서 전례없는 성과를 이룩하였습니다.

국방공업부분에서는 우리식의 다양한 군사적 타격수단들을 개발 완성하여 혁명무력의 질적 강화에 크게 이바지 하였습니다.

지난해에 군민협동작전으로 사회주의 경제강국과 문명국 건설에서 커다란 전진을 이룩하였습니다.

어려운 환경과 불리한 조건에서도 지난해 농업과 수산, 과학, 석탄전선을 비롯한 여러 부분에서 생산적 앙양이 일어나 경제강국 건설과 인민생활 향상의 밝은 전망을 열어놓았습니다.

건설부분에서는 조선속도 창조의 불길을 세차게 일으켜 위성과학자주택지구와 김책공업종합대학 교육자 살림집, 연풍과학자휴양소, 10월 8일공장을 비롯하여 주체건축의 기준과 표준으로 되는 기념비적 창조물들을 수많이 일떠세움으로써 아름다운 이상을 실현해 나가는 조선의 모습을 현실로 보여주었습니다.

부강조국 건설에 참가한 인민군 장병들은 결사관철의 정신과 일당백 기상으로 생산과 건설, 현대화 실현에서 돌파구를 열고 훌륭한 전형단위들을 창조하였습니다.

우리 체육인들은 제17차 아시아경기대회와 세계선수권 대회들에서 우리식의 전법으로 굴함 없이 싸워 조국의 영예를 빛내이었으며 사회주의 수호전에 떨쳐나선 인민군 장병들과 인민들을 크게 고무해 주었습니다. 지난해 쟁취한 우리 모든 승리와 귀중한 성과들은 당의 현명한 령도와 당의 두리에 굳게 뭉친 전체 군대와 인민의 불타는 애국충정과 헌신적 투쟁에 의하여 이룩된 빛나는 결실입니다.

나는 주체혁명위업, 선군혁명위업에 대한 확고한 신념을 지니고 완강한 투쟁을 벌여 지난해를 자랑찬 위훈과 변혁의 해로 빛내이는데 공헌한 전체 인민군장병들과 인민들에게 뜨거운 감사를 삼가 드립니다.

동지들!

새해 2015년은 조국해방 70돌과 조선로동당 창건 70돌이 되는 매우 뜻깊은 해입니다.

뜻깊은 새해를 맞으며 우리 인민은 위대한 수령님과 장군님의 현명한 령도밑에 자랑찬 승리만을 떨쳐온 우리 당과 조국의 지난 70년의 영광스러운 역사를 커다란 긍지와 자부심을 가지고 돌이켜보고 있으며 당의 령도따라 백두에서 개척된 주체혁명의 최후승리를 이룩할 신심과 낙관에 넘쳐 있습니다.

우리는 올해에 백두의 혁명정신과 기상으로 적대세력들의 도전과 책동을 단호히 짓부시고 사회주의 수호전과 강성국가 건설의 모든 전역에서 승리의 포성을 높이 울려 조국해방과 당창건 70돌을 혁명적 대경사로 빛내어야 하겠습니다. '모두다 백두의 혁명정신으로 최후승리를 앞당기기 위한 총공격전에 떨쳐나서자'라는 구호를 높이 들고 전체 군대와 인민이 10월의 대축전장을 향하여 힘차게 달려나가야 합니다.

우리는 백두의 넋과 기상을 안고 사상과 총대, 과학기술의 위력으로 사회주의 내 조국의 존엄과 부강번영을 위한 총공격전에서 영예로운 승리자가 되어야 합니다.

올해에 우리는 사회주의 정치사상강국의 불패의 위력을 더욱 강화해 나갈 것입니다.

우리는 천만년 세월이 흘러도 변함없이 위대한 수령님과 위대한 장군님을 주체의 태양으로 높이 모시며 수령님과 장군님의 불멸의 혁명업적을 견결히 옹호고수하고 끝없이 빛내어 나가야 합니다.

당창건 70돌을 맞는 올해 우리 인민이 모든 승리의 조직자이며 향도자인 당의 령도력과 전투력을 강화하는데서 새로운 이정표를 마련해야 합니다. 당의 유일적 령도체계를 세우는 사업을 끊임없이 심화시켜 전당이 당중앙과 사상과 숨결도, 발걸음도 같이 하도록 하여야 합니다. 모든 당조직들은 당의 노선과 정책 관철을 당사업의 주선으로 확고히 틀어쥐고 당정책을 어느 하나도 놓침이 없이 무조건 끝까지 관철하여야 합니다.

어머니 당의 본성에 맞게 당사업 전반을 인민대중 제일주의로 일관시켜 전당에 인민을 존중하고 인민을 사랑하며 인민에게 의거하는 기풍이 차 넘치게 하고 당사업의 주되는 힘이 인민생활 향상에 돌려지도록 하여야 합니다.

모든 당조직과 당일꾼들은 세도와 관료주의를 철저히 극복하며 인민들을 따뜻이 보살피고 잘 이끌어주어 그들 모두가 우리 당을 어머니로 믿고 의지하며 당과 끝까지 생사운명을 같이 해나가도록 하여야 합니다. 당의 위력한 무기인 사상을 틀어쥐고 사상사업을 공세적으로 벌여 우리 혁명의 사상진지를 철통같이 다져나가야 합니다.

위대성 교양과 김정일애국주의교양, 신념교양, 반제계급교양,

도덕교양을 강화하여 모든 당원들과 군인들, 근로자들을 선군혁명투사들로 튼튼히 준비시키며 조국보위와 강성국가 건설의 전투장마다에서 애국충정의 불길, 창조와 혁신의 불바람이 세차게 나래치게 하여야 합니다.

우리는 올해의 혁명무력 건설과 국방력 강화에서 새로운 전환을 일으켜 군사강국의 위력을 더 높이 떨쳐야 하겠습니다.

인민군대에서는 전군에 당의 유일적 영군체계를 확고히 세우며 오중흡7연대 칭호쟁취운동과 근위부대운동을 힘있게 벌여 당이 제시한 군력강화의 4대전략적 노선과 3대과업을 철저히 관철하여야 합니다. 전투정치훈련에서 형식주의, 고정격식화를 배격하고 훈련내용과 방법을 끊임없이 개선하여 훈련의 질을 높이는데서 전변을 가져오도록 하며 적들이 그 어떤 도발책동도 일격에 쳐 물리칠 수 있게 만단의 싸움준비를 갖추어야 합니다. 인민군대 후방사업에서 획기적 전환을 일으켜 군인들에게 더 훌륭한 생활조건을 마련해 주며 모든 대대, 모든 중대들을 최정예전투대오로 당중앙위원회의 뜨락과 잇닿아 있는 병사들의 정든 고향마을과 고향집으로 꾸려야 합니다.

인민군대는 당의 부강조국 건설구상을 받들어 앞으로도 당의 사상관철전, 당정책옹위전에서 선구자, 본보기가 되어야 합니다.

조성된 정세의 요구에 맞게 조선인민내무군 장병들을 수령보위, 제도보위, 인민조위의 칼을 날카롭게 벼리며 노농적위군, 붉은청년근위대는 전투정치훈련을 실전과 같이 하여 전투력을 다지고 자기도와 군, 자기향토를 자체로 지킬 수 있게 전민항전준비를 튼튼히 갖추어야 합니다.

국방공업부분에서는 당의 병진노선을 관철하여 군수생산의 주체화, 현대화, 과학화를 다그치며 우리식의 위력한 최첨단 무장장비들을 적극 개발하고 더욱 완성해 나가야 합니다. 올해에 우리는 과학기술을 확고히 앞세우고 사회주의 경제강국, 문명국 건설에서 전환을 이룩하여야 합니다.

과학기술의 힘으로 모든 부문을 빨리 발전시키고 인민의 낙원을 일떠세우자는 것이 우리 당의 결심이고 의지입니다.

과학전선이 사회주의 강성국가 건설의 앞장에서 힘차게 내달려 높은 자주정신과 과학기술의 위력으로 적들의 악랄한 제재책동을 짓뭉개버리며 모든 경제부문들이 빨리 전진하도록 하여야 합니다.

과학연구부문에서 최첨단 돌파전을 힘있게 벌여 경제발전과 국방력 강화, 인민생활 향상에 이바지하는 가치 있는 연구성과들을 많이 내놓아야 합니다.

모든 부문, 모든 단위들에서 과학기술을 생명으로 틀어쥐고 우리 식의 현대화, 정보화를 적극 다그치며 일꾼들과 근로자들의 과학기술 수준을 높이고 과학기술에 의거하여 모든 사업을 활력있게 밀고나가야 합니다.

우리는 이미 마련된 자립경제의 토대와 온갖 잠재력을 최대로 발동하여 인민생활 향상과 경제강국 건설에서 전환을 이룩하여야 합니다.

뜻깊은 올해 인민생활 향상에서 전변을 가져와야 합니다.

농산과 축산, 수산을 3대 축으로 하여 인민들의 먹는 문제를 해결하고 식생활 수준을 한 단계 높여야 합니다. 농업부문에서 물절약형 농법을 비롯한 과학농법들을 적극 받아들이고 영농물자를 원만히 보장하며 생산조직과 지도를 실정에 맞게 하여 불리한 자연조건을 극복하고 알곡생산 목표를 넘쳐 수행하도록 하여야 합니다.

전국 도처에 마련해 놓은 축산기지와 양어기지, 온실과 버섯생산기지들에서 생산을 정상화하여 인민들이 덕을 보게 하여야 합니다.

당의 구상대로 세포지구축산기지건설을 힘있게 다그치며 축산물 생산과 기지운영 준비를 착실하게 하여야 합니다. 수산부문에서 황금의 새 역사를 창조한 인민군대의 투쟁기풍을 따라 배워 수산업을 결정적으로 추켜 세우며 물고기 대풍을 마련하여 인민들의 식탁 위에 바다향기가 풍기게 하여야 합니다.

경공업부문에서는 인민들 앞에 지닌 책임과 임무를 깊이 자각하고 자체로 일떠 세우기 위한 책략을 세우며 중앙과 지방 경공업공장들에서 생산 정상화의 동음을 높이 울려 우리 인민들과 학생들, 어린이들에게 여러가지 질 좋은 소비품들과 학용품, 어린이 식료품들을 더 많이 차례지게 하여야 합니다.

인민경제의 기본 동력인 전력문제 해결에 큰 힘을 넣으며 선행부문과 주요공업 부문들을 추켜 세우기 위한 투쟁을 힘있게 벌여야 합니다.

지난해 석탄공업 부문과 화력발전소들에서 혁신을 일으킨 기세로 석탄과 전력생산을 늘이며 전기를 극력 절약하기 위한 투쟁을 벌여 당면한 전력수요를 보장하는 것과 함께 전기문제를 전망적으로 해결하기 위한 대책을 현실성 있게 세워나가야 합니다.

우리의 기술, 우리의 자원에 의거하여 금속, 화학공업을 부문을 기간공업 부문들을 발전시키고 철도운수를 추켜 세워 모든 경제부문들이 활기를 띠고 원활하게 전진하도록 하여야 합니다.

대외경제 관계를 다각적으로 발전시키며 원산－금강산 국제관광지들을 비롯한 경제개발구 개발사업을 적극 밀고나가야 합니다.

건설부문에서 조선속도 창조의 열풍을 고조시켜 발전소와 공장, 교육문화 시설과 살림집들을 로동당시대의 기념비적 창조물들로 일떠 세워야 합니다.

청천강계단식발전소와 고산과수농장, 미래과학자거리를 비롯한 주요 건설대상들을 훌륭히 완공하여 10월의 대축전장을 빛나게 장식하도록 하여야 하겠습니다.

전후에 복구건설을 한 것처럼 전당, 전군, 전민이 떨쳐나 산림복구 전투를 힘있게 벌여 조국의 산들을 푸른 숲이 우거진 황금산으로 전변시켜야 합니다.

모든 부문들에서 수림화, 원림화, 과수원화를 실현하기 위한 사업을 일관하게 밀고나가며 평양시와 도, 시, 군 소재지들, 일터와 마을들을 보다 문명하게 꾸리고 정상유지, 정상관리해 나가도록 하여야 합니다. 모든 경제부문 단위들에서 경영전략, 기업전략을 바로 세우고 예비와 잠재력을 남김없이 동원하여 생산을 늘이며 제품의 질과 경쟁력을 높이기 위한 투쟁을 적극적으로 벌여야 합니다. 모든 공장, 기업소들이 수입병을 없애고 원료, 자재, 설비의 국산화를 실현하기 위한 투쟁을 힘있게 벌이며 당에서 내세운 전형단위들을 따라 배워 자기면모를 일신하도록 하여야 합니다. 내각을 비롯한 국가경제지도기관들에서 현실적 요구에 맞는 우리 식 경제관리 방법을 확립하기 위한 사업을 적극적으로 내밀어 모든 경제기관, 기업체들이 기업활동을 주동적으로, 창발적으로 해나가도록 하여야 합니다.

각급 당조직들에서 경제관리방법을 개선하는 사업이 당의 의도에 맞게 진행되도록 당적으로 강하게 밀어주어야 합니다. 사회주의 문명국 건설을 힘있게 다그쳐야 합니다.

교육부분 일꾼들의 역할과 교육사업에 대한 국가적, 사회적 관심을 높이 새 세기 교육혁명을 적극 추진함으로써 전민과학기술인재화, 인재강국화 실현에서 새로운 전진을 이룩하여야 합니다.

온 나라가 체육열기로 끓게 하고 체육인들이 국제경기들에서 공화국기를 더 높이 휘날리며 체육강국 건설의 전망을 열어나가야 합니다. 문학예술부분에서 침체를 불사르고 대중을 투쟁에로 불러일으키는 시대의 명작들을 더 많이 창작하며 보건부분에서 위생방역사업과 치료예방사업을 개선하고 의약품생산을 늘여야 합니다.

온 사회에 민족적 정서와 고상하고 아름다운 생활기풍이 차넘치게 하며 민족유산보호사업을 전국가적, 전인민적 애국사업을 힘있게 벌여 나가야 합니다.

올해에 우리 앞에 나선 방대한 투쟁목표를 성과적으로 실현하기 위하여서는 모든 일꾼들과 당원들, 인민군장병들과 근로자들이 백두의 혁명정신, 백두의 칼바람정신으로 살며 투쟁하여야 합니다.

백두의 혁명정신, 백두의 칼바람정신은 부닥치는 애로와 난관을 맞받아 뚫고 나가는 완강한 공격정신이며 백번 쓰러지면 백번 다시 일어나 끝까지 싸우는 견결한 투쟁정신입니다.

죽어도 살아도 내 나라, 내 민족을 위하여 만난을 헤치며 싸워 승리한 항일혁명선연들의 필승의 신념과 불굴의 기개가 오늘 우리 천만군민의 심장마다에 그대로 맥박쳐야 합니다.

모든 일꾼들과 당원들과 근로자들이 백두의 혁명정신과 창조적 투쟁으로 마련한 자랑찬 선물을 안고 10월을 대축전장에 떳떳이 들어서야 합니다.

온 나라에 우리의 것을 귀중히 여기며 더욱 빛내어 나가는 애국헌신의 기풍이 차 넘치게 하여야 합니다.

우리의 것을 귀중히 여기고 빛내어 나가는 여기에 조선민족제일주의가 있으며 내 나라, 내 조국의 존엄을 떨치고 부강번영을 앞당기는 참다운 애국이 있습니다.

당과 수령의 령도밑에 혁명의 전 세대들이 피와 땀을 바쳐 이룩해 놓은 이 땅의 모든 재부들을 소중히 여기고 더욱 빛내이며 높은 민족적 자존심을 지니고 우리의 힘과 기술, 자원에 의거하여 모든 것을 우리 식으로 창조하고 발전시켜 나가야 합니다.

혁명의 지휘성원들인 일꾼들이 오늘의 총공격전에서 기수, 전위투사가 되어야 합니다.

일꾼들은 숭고한 애국관과 헌신의 각오를 가지고 조국의 부강번영과 인민의 행복을 위하여 멸사복무하여야 하며 스스로 무거운 짐을 맡아 쥐고 대중의 앞장에서 뛰고 또 뛰어야 합니다. 일꾼들은 당의 사상과 의도를 환히 꿰뚫고 대중속에 깊이 들어가 그들을 불러일으켜 당의 노선과 정책을 무조건 끝까지 결사관철하여야 합니다.

일꾼들은 자기부문, 자기단위 사업을 당과 국가 앞에 전적으로 책임져야 하며 패배주의, 보신주의, 요령주의를 철저히 없애고 모든 일을 혁신적으로, 과학적으로 전개해 나가야 합니다.

우리 민족이 외세에 의하여 분열된 때로부터 70년 세월이 흘렀습니다.

그 동안 세계는 멀리 전진하고 시대는 크게 달라졌음에도 불구하고 우리 민족이 아직도 통일을 이루지 못하고 분열의 고통을 겪고 있는 것은 누구나가 다 아는 안타까운 일이며 누구나가 다 통분할 일입니다.

세기를 이어오는 민족분열의 비극을 이제 더 이상 참을 수도, 허용할 수도 없습니다.

지난해 우리는 북남관계 개선과 조국통일을 위한 중대제안들을 내놓고 그 실현을 위하여 성의 있는 로력을 다했습니다. 그러나 내외 반통일세력의 방해책동으로 하여 응당한 결실을 보지못하였으며 북남관계는 도리어 악화의 길로 줄달음쳤습니다. 우리는 비록 정세가 복잡하고 장애와 난관이 가로놓여 있어도 위대한 수령님과 장군님의 필생의 염원이며 민족최대의 숙원인 조국통일을 기어이 이룩하고 이 땅위에 존엄높고 부흥하는 통일강국을 일떠 세워야 합니다.

'조국해방 70돌이 되는 올해에 온 민족이 힘을 합쳐 자주통일의 대통로를 열어나가자' 이것이 전체 조선민족이 들고나가야 할 투쟁구호입니다.

조선반도에서 전쟁위험을 제거하고 긴장을 완화하며 평화적 환경을 마련하여야 합니다.

지금 남조선에서 해마다 그칠 사이 없이 벌어지는 대규모 전쟁연습들은 조선반도의 긴장을 격화시키고 민족의 머리위에 핵전쟁의 위협을 몰아오는 주되는 화근입니다.

상대방을 반대하는 전쟁연습이 벌어지는 살벌한 분위기 속에서 신의있는 대화가 이루어질 수 없고 북남관계가 전진할 수 없다는 것은 두말할 여지도 없습니다. 침략적인 외세와 야합하여 동족을 반대하는 핵전쟁연습에 매달리는 것은 스스로 화를 불러오는 위험천만한 행위입니다. 우리는 나라의 자주권과 존엄을 침해하는 그 어떤 도발과 전쟁책동에도 단호히 대응할 것이며 징벌을 가할 것입니다. 남조선 당국은 외세와 함께 벌이는 무모한 군사연습을 비롯한 모든 전쟁책동을 그만두어야 하며 조선반도의 긴장을 완화하고 평화적 환경을 마련하는 길로 발길을 돌려야 합니다.

우리 민족을 둘로 갈라놓고 장장 70년간 민족분열의 고통을

들씌워온 기본 장본인인 미국은 시대착오적인 대조선 적대시 정책과 무분별한 침략책동에 매달리지 말고 대담하게 정책전환을 해야 할 것입니다.

북과 남은 자기의 사상과 제도를 절대시하면서 체제대결을 추구하지 말며 우리 민족끼리 이념에 따라 민족의 대단합, 대단결을 이룩하여 조국통일 문제를 민족공동의 이익에 맞게 순조롭게 풀어나가야 합니다.

자기의 사상과 제도를 상대방에게 강요하려 하여서는 언제가도 조국통일 문제를 평화적으로 해결할 수 없으며 대결과 전쟁밖에 가져올 것이 없습니다.

우리는 인민대중 중심의 우리 식 사회주의 제도가 가장 우월하지만 결코 그것을 남조선에 강요하지 않으며 강요한 적도 없습니다.

남조선 당국은 북남 사이 불신과 갈등을 부추기는 제도통일을 추구하지 말아야 하며 상대방의 체제를 모독하고 여기저기 찾아다니며 동족을 모해하는 불순한 청탁놀음을 그만두어야 합니다.

북과 남은 이미 합의한대로 조국통일 문제를 사상과 제도를 초월하여 민족공동의 이익에 맞게 풀어나가야 합니다. 북남 사이 대화와 협상, 교류와 접촉을 활발히 하여 끊어진 민족적 유대와 혈맥을 잇고 북남관계에서 대전환, 대변혁을 가져 와야 합니다.

북과 남이 싸우지 말고 힘을 합쳐 통일의 새로운 길을 열어나가는 것은 겨레의 한결같은 소망입니다. 북과 남은 더 이상 무의

미한 언쟁과 별치않은 문제로 시간과 정력을 헛되이 하지 말아야 하며 북남관계의 역사를 새롭게 써 나가야 합니다. 우리 민족의 뜻과 힘을 합친다면 못해낼 일이 없습니다.

북과 남은 이미 통일의 길에서 7.4공동성명과 역사적인 6.15공동선언, 10.4선언과 같은 통일헌장, 통일대강을 마련하여 민족의 통일의지와 기개를 온 세상에 과시하였습니다.

우리는 남조선 당국이 진실로 대화를 통하여 북남관계를 개선하려는 입장이라면 중단된 고위급접촉도 재개할 수 있고 부분별 회담도 할 수 있다고 봅니다.

그리고 분위기와 환경이 마련되는데 따라 최고위급 회담도 못할 이유가 없습니다. 우리는 앞으로도 대화, 협상을 실질적으로 진척시키기 위해 모든 로력을 다할 것입니다.

전체 조선민족은 나라의 통일을 이룩하기 위한 거족적 운동에 한사람같이 떨쳐나서 올해를 자주통일의 대통로를 열어 놓는 일대 전환의 해로 빛내어야 합니다.

지난해 국제무대에서는 제국주의자들의 횡포한 전횡과 노골적인 주권침해 행위로 하여 여러 나라와 지역들에서 전란과 유혈 참극이 계속되고 세계의 평화와 안전은 엄중히 위협 당하였습니다.

특히 사회주의 보루이며 자주와 정의의 성새인 우리 공화국을 고립 압살하기 위한 미국의 극단적인 대조선 적대시 정책으로 하여 조선반도에서는 긴장격화의 악순환이 이어지고 전쟁위험은 더욱 커졌습니다. 미국과 그 추종세력들은 우리의 자위적인 핵 억제력을 파괴하고 우리 공화국을 힘으로 압살하려는 기도가 실현될 수 없게 되자 비열한 인권소동에 매달리고 있습니다.

국제무대에서 힘에 의한 강권이 판을 치고 정의와 진리가 무참히 짓밟히고 있는 오늘의 현실은 우리가 선군의 기치를 높이 추켜들고 핵 억제력을 중추로 하는 자위적 국방력을 억척같이 다지고 나라의 생명인 국권을 튼튼히 지켜온 것이 얼마나 정당하였는가 하는 것을 뚜렷이 실증해주고 있습니다.

우리는 앞으로 국제정세가 어떻게 변화고 주변 관계구도 어떻게 바뀌든 우리 사회주의 제도를 압살하려는 적들의 책동이 계속되는 한 선군정치와 병진노선을 변함없이 견지하고 나라의 자주권과 민족의 존엄을 굳건히 지킬 것입니다.

우리는 혁명적 원칙과 자주적 대에 기초하여 나라의 존엄과 이익을 첫 자리에 놓고 대외관계를 다각적으로 주동적으로 확대 발전시켜 나갈 것입니다.

우리 당과 공화국 정부는 평화를 사랑하고 자주와 정의를 지향하는 세계 진보적 인민들과의 유대와 연대성을 백방으로 강화하며 우리나라의 자주권을 존중하고 우리를 우호적으로 대하는 모든 나라들과의 선린우호관계를 적극 발전시켜 나갈것입니다.

위대한 당의 령도따라 억척불변의 혁명신념과 필승의 기상을 안고 백두의 눈보라마냥 폭풍쳐 내달리는 우리 군대와 인민의 앞길을 가로막을 힘은 이 세상에 없으며 최후의 승리를 반드시 우리의 것입니다.

모두다 당의 두리에 더욱 굳게 뭉쳐 최후승리의 진군가를 높이 부르며 뜻깊은 올해를 위대한 승리의 해, 혁명적 대경사의 해로 빛내이기 위하여 억세게 싸워 나갑시다. 희망찬 새해 2015년을 맞으며 온 나라 가정들에 행복이 깃들기를 축원합니다.

2016년 북한 신년공동사설

친애하는 동지들! 우리는 영광스러운 조선로동당과 조국력사에 빛나는 리정표를 아로새긴 승리자의 긍지와 자부심에 넘쳐 새해 2016년을 맞이합니다.

나는 전체 인민들과 인민군장병들의 열화같은 충정의 마음을 담아 사회주의조선의 영상이시며 주체의 태양이신 위대한 수령님과 위대한 장군님께 가장 숭고한 경의와 새해인사를 삼가 드립니다.

나는 영원히 당과 주체의 한길을 걸어갈 억척의 신념을 안고 사회주의조국의 부강번영을 위하여 헌신적으로 투쟁하고있는 전체 인민군장병들과 인민들에게 새해의 인사를 드리며 모든 가정들에 화목과 정이 넘쳐나고 사랑하는 우리 어린이들의 행복의 웃음소리가 더 높이 울려퍼지기를 축원합니다.

새해를 맞으며 민족의 숙원인 조국통일을 위하여 투쟁하고있는 남녘의 겨레들과 해외동포들, 자주와 정의, 평화를 지향하는 세계 진보적인민들과 외국의 벗들에게 인사를 보냅니다.

2015년은 뜻깊은 사변들과 경이적인 성과들로 수놓아진 장엄한 투쟁의 해, 사회주의조선의 존엄과 위용을 높이 떨친 승리와 영광의 해였습니다.

지난해에 우리는 조선로동당창건 일흔돐을 백두산대국의 자랑스럽고 의의깊은 혁명적경사로 빛내였습니다.

당의 호소를 높이 받들고 노도처럼 떨쳐나선 인민군장병들과 인민들은 백두의 혁명정신과 과감한 군민협동작전으로 영웅적인 투쟁을 벌려 어머니당에 드리는 자랑찬 로력적선물들을 마련하였습니다.

백두산영웅청년발전소와 청천강계단식발전소, 과학기술전당과 미래과학자거리, 장천남새전문협동농장을 비롯하여 당의 사상과 정책이 구현된 만년대계의 창조물들과 사회주의선경마을들이 수없이 일떠서 1년을 10년 맞잡이로 비약하며 전진하는 조국의 기상을 과시하였습니다.

우리의 로동계급과 과학자, 기술자들은 위대한 수령님들의 유훈을 받들어 금속공업의 주체화에서 큰걸음을 내짚었으며 이르는 곳마다에 지식경제시대의 본보기공장, 표준공장들을 일떠세우고 생산공정의 현대화, 정보화를 적극 실현하여 전반적경제발전과 인민생활향상을 위한 투쟁에서 새로운 진격로를 열어놓았습니다. 당의 사상관철전, 당정책옹위전의 불길속에 하늘에서는 우리가 만든 비행기가 날고 땅속에서는 우리가 만든 지하전동차가 달리는 자랑찬 현실이 펼쳐졌으며 사회주의바다향기, 과일향기가 넘쳐나 인민들에게 기쁨을 안겨주었습니다. 미더운 녀자축구선수들을 비롯한 우리의 체육인들은 국제경기들에서 승리하여 금메달로 조국의 영예를 떨치고 우리 군대와 인민들의 전투적사기를 더욱 북돋아주었습니다.

세계의 이목이 집중된 가운데 성대하게 진행된 당창건 일흔돐 경축행사를 통하여 우리는 당의 두리에 천만군민이 철통같이 뭉친 일심단결의 위력과 주체조선의 양양한 전도를 만천하에 과시하였습니다.

10월의 경축광장에 펼쳐진 격동적인 화폭들은 핵폭탄을 터뜨리고 인공지구위성을 쏴올린것보다 더 큰 위력으로 누리를 진감하였으며 일심단결과 총대를 필승의 무기로 틀어쥐고 투쟁하는 우리 당과 군대와 인민의 힘찬 진군은 그 무엇으로써도 가로막을수 없다는것을 똑똑히 보여주었습니다.

지난해에 우리 군대와 인민은 조국과 민족앞에 닥쳐온 전쟁의 위험을 막고 공화국의 존엄과 세계평화를 영예롭게 수호하였습니다.

적대세력의 엄중한 정치군사적도발책동으로 하여 무력충돌로 치닫던 일촉즉발의 위기를 평정하고 전쟁이라는 재앙의 난파도속에서 조국의 존엄과 안전을 지켜낸것은 군민대단결의 거대한 힘, 백두산혁명강군의 무진막강한 위력이 안아온 빛나는 승리입니다.

지난해를 우리가 더욱 기쁜 마음으로 돌이켜보게 되는것은 주체혁명의 혈통, 신념의 대를 굳건히 이어가는 우리의 청년전위들이 당에 대한 충정과 영웅적투쟁으로 세상에 둘도 없는 청년강국의 위용을 떨친것입니다.

위대한 수령님들과 당의 품속에서 교양육성된 우리 청년들은 당이 정해준 조선혁명의 침로따라 폭풍쳐 내달리며 선군시대의 청년돌격정신과 청년문화를 창조하였으며 만사람을 감동시키는 훌륭한 미풍들을 발휘하였습니다. 수백만 청년들이 위대한 수령님들의 혁명사상으로 튼튼히 무장하고 당의 두리에 천겹만겹으로 뭉친 사상과 신념의 강자, 주체혁명위업의 계승자들로 억세게 자라난것은 우리의 더없는 긍지이고 자랑이며 커다란 승리입니다.

지난해의 모든 승리와 성과들은 백두의 넋과 기상을 안고 조국의 부강번영을 위한 총공격전에 떨쳐나선 우리 인민들의 영웅적투쟁에 의하여 마련된 결실이며 그것은 조국과 혁명에 바친 인민군장병들과 인민들의 고귀한 피와 땀의 결정체입니다.

창조로 들끓고 기적으로 충만된 지난 한해를 인민군군인들과 인민들속에서 보내며 우리 당은 애국충정으로 심장을 불태우는 그들의 아름다운 정신세계와 견인불발의 투쟁모습을 가슴뜨겁게 목격하였으며 인민들과 병사들의 믿음에 찬 시선과 진정어린 목소리에서 더 큰 힘과 용기를 얻었습니다.

당의 현명한 령도가 있고 당을 절대적으로 지지하며 결사옹위하는 무적의 군대와 위대한 인민이 있기에 우리는 천만산악도 두렵지 않고 그 어떤 대업도 반드시 이룩할수 있다는 것, 이것이 지난해 투쟁의 자랑스러운 총화입니다.

나는 당에 대한 불타는 충정과 필승의 신념을 안고 조선로동당의 위업을 헌신적으로 받들어 지난해를 영웅적투쟁과 위훈으로 빛내인 전체 당원들과 인민군장병들, 인민들에게 뜨거운 감사를 삼가 드립니다.

동지들!

올해는 조선로동당 제7차대회가 열리는 뜻깊은 해입니다.

조선로동당 제7차대회는 위대한 수령님들의 현명한 령도밑에 우리 당이 혁명과 건설에서 이룩한 성과들을 긍지높이 총화하고 우리 혁명의 최후승리를 앞당겨나가기 위한 휘황한 설계도를 펼쳐놓게 될것입니다.

우리는 주체혁명위업수행에서 력사적인 분수령으로 될 당 제7차대회를 승리자의 대회, 영광의 대회로 빛내여야 합니다.

'조선로동당 제7차대회가 열리는 올해에 강성국가건설의 최전성기를 열어나가자!', 이것이 우리 당과 인민이 들고나가야 할 전투적구호입니다.

전체 당원들과 인민군장병들과 인민들은 당에 대한 불타는 충정과 비상한 애국열의를 안고 총궐기하여 세기를 주름잡으며 최후승리를 향해 내달리는 조선의 기상과 본때를 힘있게 과시하여야 합니다.

경제강국건설에 총력을 집중하여 나라의 경제발전과 인민생활향상에서 새로운 전환을 일으켜야 하겠습니다.

경제강국건설에서 전환의 돌파구를 열자면 전력, 석탄, 금속공업과 철도운수부문이 총진격의 앞장에서 힘차게 내달려야 합니다.

전력문제를 해결하는데 전당적, 전국가적힘을 넣어야 합니다.

지금 있는 발전소들을 정비보강하고 만부하로 돌려 전력생산을 최대한 늘이며 단천발전소건설을 비롯하여 발전능력을 새로 더 조성하기 위한 투쟁과 자연에네르기를 적극 리용하여 긴장한 전력문제를 풀기 위한 사업을 힘있게 밀고나가야 합니다. 모든 부문, 모든 단위에서 생산된 전기를 절약하고 효과있게 쓰기 위한 된바람을 일으켜야 합니다. 석탄공업부문에서 생산적앙양의 불길을 세차게 지펴올려 화력발전소들과 인민경제 여러 부문에 석탄을 충분히 대주어야 합니다.

금속공업부문에 대한 국가적인 보장대책을 강하게 세우고 김철과 황철을 비롯한 금속공장들에서 주체화, 현대화의 성과를 확대하여 철강재생산을 늘여야 합니다. 철도운수부문에서 규률을 강화하고 수송조직과 지휘를 개선하여 렬차의 정상운행을 보장하며 철도의 현대화를 힘있게 다그쳐나가야 합니다.

우리 당은 인민생활문제를 천만가지 국사가운데서 제일국사로 내세우고있습니다.

농산, 축산, 수산부문에서 혁신을 일으켜 인민생활을 개선하는데서 전환을 가져와야 합니다. 농업부문에서 우량품종과 과학농법을 적극 받아들이고 농촌경리의 종합적기계화를 다그치며 영농공정별보장대책을 철저히 세워 알곡생산계획을 반드시 수행하여야 합니다. 당의 부름따라 일떠서고있는 축산과 수산부문에서 생산을 빨리 장성시키고 전국도처에 건설한 양어장과 남새온실, 버섯생산기지들이 은을 내게 하여 인민들의 식탁을 풍성하게 하여야 합니다.

경공업부문에서 공장,기업소들의 현대화를 높은 수준에서 실현하고 원료, 자재보장대책을 세워 생산을 활기있게 내밀며 세계적인 경쟁력을 가진 명제품, 명상품들을 더 많이 내놓아야 합니다.

건설은 국력과 문명의 높이를 직관적으로 보여주는 척도이며 우리 당의 인민적시책을 구현하기 위한 보람차고도 중요한 사업입니다. 건설부문에서 당의 건설방침과 대건설구상을 실현하기 위한 총공격전을 벌려 중요생산시설들과 교육문화시설, 살림집들을 시대의 본보기, 표준이 되게 최상의 수준에서 최대의 속도로 일떠세우며 건설의 대번영기가 끊임없이 이어지게 하여야 합니다.

인민경제 모든 부문에서 투쟁목표를 통이 크게 세우고 내부예비와 잠재력을 남김없이 동원하여 생산정상화의 동음을 높이 울리며 제품의 질제고와 설비, 원료자재의 국산화를 중요한 정책적문제로 틀어쥐고 힘있게 내밀어야 합니다.

전당, 전군, 전민이 떨쳐나 산림복구전투를 본격적으로 벌려야 합니다.

도시와 농촌, 일터와 마을들을 알뜰하게 꾸리며 나라의 자원을 보호하고 대기와 강하천, 바다오염을 막기 위한 적극적인 대책을 세워야 합니다.

과학기술로 강성국가의 기초를 군건히 다지고 과학기술의 기관차로 부강조국건설을 다그쳐나가려는 우리 당의 결심과 의지는 확고합니다. 과학연구부문에서는 주체공업, 사회주의자립경제의 위력을 강화하고 인민생활을 향상시키는데서 나서는 과학기술적문제들을 우선적으로 해결하며 최첨단의 새로운 경지를 개척하기 위한 연구사업을 심화시켜야 합니다. 공장, 기업소, 협동농장들에서 과학기술보급실을 잘 꾸리고 운영을 정상화하여 근로자들이 누구나 현대과학기술을 배우도록 하며 현실에서 제기되는 문제들을 과학기술의 힘으로 풀어나가는 사회적기풍을 확립하여야 합니다.

내각과 국가경제기관들에서 경제작전과 지휘를 결정적으로 개선하여야 합니다. 경제지도일군들은 당정책으로 튼튼히 무장하고 근로자들의 무궁무진한 창조력과 현대과학기술에 의거하여 모든 부문을 빠른 속도로 발전시켜나가는 원칙에서 경제사업을 혁신적으로 작전하고 완강하게 밀고나가야 합니다. 조건이 불리하고 애로가 많을수록 경제발전의 중심고리를 정확히 찾고 거기에 력량을 집중하면서 경제전반을 활성화해나가야 합니다. 주체사상을 구현한 우리 식 경제관리방법을 전면적으로 확립하기 위한 사업을 적극 조직전개하여 그 우월성과 생활력이 높이 발휘되도록 하여야 합니다.

우리 공화국의 정치군사적위력을 백방으로 강화하여야 하겠습니다.

사회주의정치사상진지를 억척같이 다져나가야 합니다.

사상을 혁명의 원동력으로 삼고 5대교양에 화력을 집중하여 전체 군인들과 인민들을 백두의 혁명정신, 백두의 칼바람정신을 뼈속깊이 새긴 사상의 강자들로 튼튼히 준비시키며 그들이 수령의 유훈관철전, 당정책옹위전에서 불굴의 정신력을 총폭발시키도록 하여야 합니다. 당 제7차대회를 맞으며 온 나라가 앙양된 정치적분위기로 세차게 끓어번지도록 정치사업, 화선식선전선동사업을 힘있게 벌려야 하겠습니다.

일심단결은 주체혁명의 천하지대본이며 필승의 무기입니다. 모든 일군들과 당원들과 근로자들이 피끓는 심장을 당중앙위원회의 뜨락에 이어놓고 당과 사상도 숨결도 발걸음도 같이하며 당을 따라 영원히 한길을 가야 합니다. 당조직들과 국가기관들은 인민중시, 인민존중, 인민사랑의 정치를 구현하여 인민의 요구와 리익을 절대시하며 인민들의 정치적생명과 물질문화생활을 책임지고 끝까지 돌봐주어야 합니다. 당조직들은 민심을 틀어쥐고 광범한 대중을 당의 두리에 튼튼히 묶어세우며 일군들속에서 일심단결을 좀먹고 파괴하는 세도와 관료주의, 부정부패행위를 반대하는 투쟁을 강도높게 벌려야 합니다.

나라의 방위력을 철벽으로 다져나가야 합니다.

인민군대에서는 위대한 장군님께서 오중흡7련대칭호쟁취운동을 발기하신 스무돐이 되는 올해에 전군을 당의 유일적령군체계가 확고히 선 혁명적당군, 죽어도 혁명신념 버리지 않는 견결한 당의 군대로 더욱 강화발전시키며 당이 제시한 4대강군화로선 관철에서 전환을 일으켜나가야 합니다. 훈련의 실전화, 과학화, 현대화를 종자로 틀어쥐고 훈련열풍을 세차게 일으켜 모든 군인들을 김일성－김정일군사전략전술과 영웅적전투정신, 완벽한 실전능력을 소유한 현대전의 능수, 진짜배기싸움군들로 준비시켜야 합니다. 인민군대는 시대의 기수, 돌격대가 되여 당이 부르는 강성국가건설의 주요전구들마다에서 돌파구를 열어제 끼며 인민을 위한 좋은 일을 적극 찾아하여야 합니다.

조선인민내무군 장병들은 혁명의 수뇌부와 사회주의제도, 인민의 생명재산을 노리는 계급적원쑤들과 적대분자들의 준동을 맹아단계에서 짓뭉개버리며 로농적위군과 붉은청년근위대 대원들은 전투정치훈련을 강화하고 향토방위를 위한 만단의 전투동원준비를 갖추어야 합니다.

군수공업부문에서 국방과학기술을 발전시키고 국방공업의 주체화, 현대화, 과학화수준을 더욱 높이며 군자리혁명정신을 발휘하여 적들을 완전히 제압할수 있는 우리 식의 다양한 군사적타격수단들을 더 많이 개발생산하여야 합니다.

인민들이 최상의 문명을 최고의 수준에서 누리게 하여야 하겠습니다.

새 세기 교육혁명의 불길높이 교육조건과 환경을 일신하고 교육의 질을 결정적으로 높여 지덕체를 겸비한 인재들을 키워내며 사회주의보건제도의 요구에 맞게 치료예방사업을 개선하여 인민들의 생명과 건강을 적극 보호증진시켜야 합니다.

체육을 대중화, 생활화하여 온 나라가 체육열기로 들끓게 하고 전문체육기술을 획기적으로 발전시켜 국제경기들에서 영웅조선의 새로운 체육신화들을 창조해나가야 합니다. 문학예술부문이 들고일어나 천만군민의 심장을 혁명열, 투쟁열로 불타게 하는 시대의 명작들을 더 많이 창작하여야 합니다.

도덕기강을 세우기 위한 된바람을 일으켜 온 사회에 건전하고 문명한 생활기풍이 차넘치게 하여야 하겠습니다.

모든 일군들과 근로자들이 당 제7차대회가 열리는 올해에 강성국가건설의 최전성기를 열어나가기 위한 투쟁에 한사람같이 떨쳐나서야 합니다.

당의 부름이라면 한마음한뜻으로 떨쳐일어나 산도 옮기고 바다도 메우는 기적을 끊임없이 창조해나가는것은 우리 인민의 투쟁전통이며 기질입니다.

영웅적인 김일성-김정일로동계급은 주체혁명의 핵심부대, 나라의 맏아들답게 당의 사상과 위업을 맨 앞장에서 받들며 경제강국건설에서 새로운 혁명적대고조의 봉화를 추켜들고나가야 합니다. 농업근로자들은 사회주의수호전의 제1제대 제1선참호에 서있다는 책임감을 가지고 분발하여 농업생산에서 전변을 일으켜야 합니다. 지식인들은 지식경제시대의 요구에 맞게 눈부신 과학기술성과로 강성국가건설을 떠밀어나가며 로동당시대의 문명개화기를 열어나가는데서 선각자가 되고 기수가 되여야 합니다.

우리 당은 오늘의 총진군에서 청년들의 역할에 큰 기대를 걸고있습니다. 청년들은 청년강국의 주인으로 내세워준 당의 믿음을 깊이 간직하고 조국을 떠받드는 억센 기둥으로 더욱 튼튼히 준비하며 강성국가건설의 전투장마다에서 기적의 창조자, 청년영웅이 되여야 합니다.

일군들은 현실속에 깊이 들어가 대중의 심장에 불을 달고 모든 사업을 혁명적으로, 과학적으로 전개해나가며 인민을 위한 길에 한몸이 그대로 모래알이 되여 뿌려진대도 더 바랄것이 없다는 고결한 인생관을 지니고 인민을 위하여 멸사복무하는 인민의 참된 충복, 혁명의 유능한 지휘성원이 되여야 합니다.

사회생활의 모든 분야에서 서로 돕고 이끌며 단합된 힘으로 전진하는 우리 사회의 본태와 대풍모를 적극 살려나가야 합니다. 우리의 표대는 주체의 사회주의강국이며 사회주의의 위력은 곧 집단주의위력입니다. 모든 부문, 모든 단위에서 국가적리익, 당과 혁명의 리익을 우선시하고 앞선 단위의 성과와 경험을 널리 일반화하며 집단주의적경쟁열풍속에 더 높이, 더 빨리 비약하여야 합니다.

사회주의강성국가건설에서 자강력제일주의를 높이 들고나가야 합니다. 사대와 외세의존은 망국의 길이며 자강의 길만이 우리 조국, 우리 민족의 존엄을 살리고 혁명과 건설의 활로를 열어나가는 길입니다. 우리는 자기의것에 대한 믿음과 애착, 자기의것에 대한 긍지와 자부심을 가지고 강성국가건설대업과 인민의 아름다운 꿈과 리상을 반드시 우리의 힘, 우리의 기술, 우리의 자원으로 이룩하여야 합니다.

조국통일은 가장 절박하고 사활적인 민족최대의 과업입니다.

조국해방 일흔돐이 되는 지난해에 우리는 온 민족이 힘을 합쳐 자주통일의 대통로를 열어나갈것을 호소하고 그 실현을 위하여 적극 로력하였습니다. 그러나 조국통일과 북남관계개선을 바라지 않는 반통일세력들은 전쟁책동에 광분하면서 교전직전의 위험천만한 사태까지 몰아와 내외의 커다란 우려를 자아냈습니다. 남조선당국은 북남대화와 관계개선의 흐름에 역행하여 우리의 '체제변화'와 일방적인 '제도통일'을 로골적으로 추구하면서 북남사이의 불신과 대결을 격화시켰습니다.

우리는 올해에 '내외반통일세력의 도전을 짓부시고 자주통일의 새시대를 열어나가자!', 이 구호를 높이 들고 조국통일운동을 더욱 힘차게 벌려나가야 합니다.

외세의 간섭을 배격하고 북남관계와 조국통일문제를 민족의 지향과 요구에 맞게 자주적으로 풀어나가야 합니다.

우리 민족을 분렬시킨것도 외세이며 우리 조국의 통일을 가로막고있는것도 다름아닌 미국과 그 추종세력입니다. 그럼에도 불구하고 남조선당국자들은 외세와 야합하여 동족을 반대하는 모략소동에 매여달리면서 우리 민족내부문제, 통일문제를 외부에 들고다니며 청탁하는 놀음을 벌려대고있습니다. 이것은 외세에 민족의 운명을 내맡기고 민족의 리익을 팔아먹는 매국배족행위입니다.

북남관계와 조국통일문제는 어디까지나 우리 민족끼리의 리념에 따라 민족의 자주적의사와 요구에 맞게 민족자체의 힘으로 풀어나가야 합니다. 그 누구도 우리 민족에게 통일을 가져다주지 않으며 또 가져다줄수도 없습니다.

온 겨레는 반통일세력의 사대매국적인 외세와의 공조책동을 반대하여 견결히 투쟁하여야 합니다. 남조선당국은 민족내부문제를 외부에 들고다니며 '공조'를 구걸하는 수치스러운 행위를 그만두어야 합니다.

조선반도에서 전쟁위험을 막고 평화와 안전을 수호하는것은 나라의 통일을 실현하기 위한 근본조건입니다.

오늘 미국의 침략적인 대아시아지배전략과 무분별한 반공화국전쟁책동으로 말미암아 조선반도는 세계최대의 열점지역, 핵전쟁발원지로 되고있습니다. 미국과 남조선호전광들은 해마다 공화국을 반대하는 대규모의 핵전쟁연습을 련이어 벌려놓으면서 조선반도정세를 극도로 격화시키고 북남관계에 엄중한 장애를 조성하고 있습니다. 지난해 8월사태는 북남사이의 사소한 우발적인 사건도 전쟁의 불씨로 되고 그것이 전면전으로 번져질수 있다는것을 보여주었습니다.

미국과 남조선당국은 위험천만한 침략전쟁연습을 걷어치워야 하며 조선반도의 긴장을 격화시키는 군사적도발을 중지하여야 합니다.

조선반도의 평화와 지역의 안정을 위해 인내성있게 로력하는것은 우리의 일관한 립장입니다. 그러나 침략자, 도발자들이 조금이라도 우리를 건드린다면 추호도 용납하지 않고 무자비한 정의의 성전, 조국통일대전으로 단호히 대답해나설것입니다.

조국통일3대원칙과 북남선언들을 비롯한 민족공동의 합의들을 귀중히 여기고 그에 토대하여 북남관계개선의 길을 열어나가야 합니다.

조국통일3대원칙과 북남선언들은 민족공동의 통일대강이며 온 겨레는 그것이 하루빨리 리행되여 통일의 전환적국면이 열리기를 바라고있습니다.

남조선당국이 진정으로 북남관계개선과 평화통일을 바란다면 부질없는 체제대결을 추구할것이 아니라 민족의 총의가 집대성되여있고 실천을 통해 그 정당성이 확증된 조국통일3대원칙과 6.15공동선언, 10.4선언을 존중하고 성실히 리행해나가려는 의지를 보여야 합니다. 남조선당국은 지난해 북남고위급긴급접촉의 합의정신을 소중히 여기고 그에 역행하거나 대화분위기를 해치는 행위를 하지 말아야 합니다. 우리는 북남대화와 관계개선을 위해 앞으로도 적극 로력할것이며 진실로 민족의 화해와 단합,평화와 통일을 바라는 사람이라면 누구와도 마주앉아 민족문제, 통일문제를 허심탄회하게 론의할것입니다.

북과 남, 해외의 전체 조선민족은 내외반통일세력의 도전과 방해책동을 물리치고 우리 민족끼리의 기치밑에 이 땅우에 존엄높고 부강번영하는 통일강국을 기어이 일떠세우고야말것입니다.

미국은 정전협정을 평화협정으로 바꾸어 조선반도에서 전쟁위험을 제거하고 긴장을 완화하며 평화적환경을 마련할데 대한 우리의 공명정대한 요구를 한사코 외면하고 시대착오적인 대조선적대시정책에 계속 매여달리면서 정세를 긴장격화에로 몰아갔으며 추종세력들을 내세워 반공화국 '인권'모략소동에 미쳐날뛰였습니다. 그러나 적들의 그 어떤 모략과 책동도 삶의 터전이고 행복의 보금자리인 인민대중중심의 우리 식 사회주의를 굳건히 수호하고 빛내이려는 우리 군대와 인민의 불굴의 의지를 꺾을수 없었습니다.

적대세력의 도전은 계속되고 정세는 의연히 긴장하지만 우리는 혁명의 붉은기를 높이 들고 자주, 선군, 사회주의의 한길을 따라 변함없이 나아갈것이며 조선반도와 세계의 평화와 안전을 수호하기 위하여 책임적인 로력을 다할것입니다.

우리 당과 공화국정부는 침략과 전쟁, 지배와 예속을 반대하는 세계인민들과의 련대성을 더욱 강화하며 우리 나라의 자주권을 존중하고 우리를 우호적으로 대하는 모든 나라들과의 친선협조관계를 확대발전시켜나갈것입니다.

주체의 사회주의위업은 필승불패이며 조선로동당의 령도따라 나아가는 우리의 앞길에는 승리와 영광만이 있을것입니다.

모두다 필승의 신심과 락관에 넘쳐 혁명의 최후승리를 향하여 힘차게 싸워나아갑시다.

희망찬 새해를 맞으며 온 나라 전체 인민들의 건강과 행복을 축원합니다.

2017년 북한 신년공동사설

친애하는 동지들! 우리는 주체혁명사에 일찌기 없었던 위대한 번영의 새 역사를 창조하며 하루하루를 격동적인 투쟁의 날과 날로 빛내인 2016년을 보내고 새해 2017년을 맞이합니다.

위대한 인민이 안아온 자랑찬 기적의 위대한 한해를 긍지높이 돌이켜보는 뜻깊은 이 자리에서 나는 당과 사상도 뜻도 의지도 하나가 되여 기쁨과 아픔도 함께 나누고 생사운명을 같이하며 역사에 유례없는 만난시련을 웃으며 헤쳐온 전체 조선인민에게 가장 숭엄한 마음으로 뜨거운 인사를 보내며 희망찬 새해의 영광과 축복을 삼가 드립니다.

나는 또한 남녘겨레들과 해외동포들 그리고 자주와 정의를 지향하는 세계 진보적인민들과 벗들에게 따뜻한 인사를 보냅니다.

2016년은 우리 당과 조국역사에 특기할 혁명적 경사의 해, 위대한 전환의 해였습니다.

지난해에 전체 당원들과 인민군장병들, 인민들의 드높은 혁명적 열의와 세계의 커다란 관심 속에 조선로동당 제7차 대회가 대정치 축전으로 뜻깊고 성대하게 진행되였습니다.

당 제7차 대회는 위대한 수령님과 위대한 장군님의 현명한 령도 밑에 주체혁명위업을 백승의 한길로 전진시켜온 우리 당의 영광스러운 투쟁사를 긍지높이 총화하고 김일성－김정일주의 기치따라 사회주의 위업을 완성하기 위한 웅대한 설계도를 펼치였습니다.

역사적인 당 제7차대회를 통하여 당을 따라 영원히 주체의 한길로 나아가려는 우리 군대와 인민의 철석의 의지가 힘있게 과시되고 조선혁명의 만년기틀이 확고히 마련되였습니다.

조선로동당 제7차대회는 위대한 김일성－김정일주의당의 불패의 위력을 시위한 승리자의 대회, 주체혁명위업수행에서 새로운 이정표를 세운 영광의 대회로 조국청사에 길이 빛날 것입니다.

지난해에 주체조선의 국방력 강화에서 획기적 전환이 이룩되여 우리 조국이 그 어떤 강적도 감히 건드릴 수 없는 동방의 핵강국, 군사강국으로 솟구쳐올랐습니다.

제국주의자들의 날로 악랄해지는 핵전쟁위협에 대처한 우리의 첫 수소탄(수소폭탄) 시험과 각이한 공격수단들의 시험발사, 핵탄두 폭발시험이 성공적으로 진행되였으며, 첨단무장장비 연구개발사업이 활발해지고 대륙간 탄도로켓 시험발사 준비사업이 마감단계에 이른 것을 비롯하여 국방력 강화를 위한 경이적인 사변들이 다계단으로, 연발적으로 이룩됨으로써 조국과 민족의 운명을 수호하고 사회주의강국 건설위업을 승리적으로 전진시켜나갈 수 있는 위력한 군사적 담보가 마련되였습니다.

영용한 인민군대는 적들의 무분별한 침략과 전쟁도발책동을 단호히 짓부시고 조국의 안전과 혁명의 전취물을 믿음직하게 보위하였으며, 무적강군의 정치사상적 면모와 군사기술적 준비를 더욱 완벽하게 갖추었습니다.

국방분야에서의 빛나는 성과들은 우리 인민들에게 크나큰 민족적 긍지와 고무적힘을 안겨주고 제국주의자들과 반동세력들을 수치스러운 파멸의 길에 몰아넣었으며 공화국의 전략적지위를 비상히 높이였습니다.

지난해에 우리는 당 제7차대회를 빛내이기 위한 70일전투와 200일전투에서 자랑찬 승리의 포성을 높이 울렸습니다.

70일전투와 200일전투는 적들의 악랄한 반공화국 고립압살책동을 여지없이 짓부시고 사회주의강국 건설의 모든 전선에서 전환적 국면을 열어놓은 전민결사전, 만리마의 새시대를 탄생시킨 거창한 창조대전이였습니다.

김일성-김정일로동계급과 전체 인민들의 영웅적인 투쟁에 의하여 당이 내세운 70일전투와 200일전투의 방대한 목표가 빛나게 수행되였으며 나라의 경제발전에서 새로운 돌파구가 열리게 되였습니다.

우리의 슬기롭고 재능있는 과학자, 기술자들은 지구관측위성 '광명성-4'호를 성과적으로 발사한 데 이어 새형(신형)의 정지위성 운반로켓용 대출력(고출력) 발동기(엔진) 지상분출시험에서 성공함으로써 우주정복에로 가는 넓은 길을 닦아놓았습니다.

우리 식의 무인화된 본보기 생산체계들을 확립하고 농업생산에서 통장훈(확실하고 자랑스러운 승리)을 부를 수 있는 다수확품종들을 육종해낸 것을 비롯하여 나라의 경제발전과 인민생활향상에서 중요한 의의를 가지는 자랑찬 과학기술적 성과들을 연이어 내놓았습니다.

전력과 석탄, 금속, 화학, 건재공업과 철도운수를 비롯한 인민경제 중요부문들에서 생산과 수송전투목표를 수행하여 자립경제의 잠재력을 과시하고 사회주의경제강국건설을 힘있게 추동하였습니다.

수많은 공장, 기업소들과 협동농장들이 최고생산년도수준을 돌파하는 자랑찬 성과를 거두고 인민군대가 앞장에 서서 황금해의 역사를 빛내였으며, 중요대상 건설장들에서 신화적인 건설속도가 창조되고 교육과 보건, 체육부문에서도 훌륭한 성과들이 이룩되였습니다.

뜻밖의 자연재해로 큰 피해를 입은 함북도지구들에 대한 피해복구전투에서도 당의 호소를 높이 받들고 온 나라가 떨쳐일어나 짧은 기간에 기적적 승리를 안아왔습니다.

70일전투와 200일전투기간에 우리는 사회주의강국건설을 위한 새로운 시대정신을 창조하였으며 인민들의 마음속에는 당에 대한 믿음, 사회주의에 대한 신념이 더욱 깊이 뿌리내리게 되였습니다.

온 나라가 불도가니처럼 끓어번진 지난해의 연속적인 철야진군에서 전체 당원들과 근로자들, 군인들과 청년들은 고난과 시련을 용감하게 맞받아나가는 굴함없는 공격정신과 어떤 역경속에서도 당의 부름에 오직 헌신과 실천으로 대답하는 결사관철의 기상, 서로 돕고 이끌면서 비약을 이룩해나가는 집단주의의 위력을 남김없이 떨쳤습니다.

지난해에 우리가 혁명과 건설의 모든 분야에서 눈부신 성과를 이룩할 수 있은 것은 결코 조건이 좋아서도 아니며 하늘이 준 우연도 아닙니다.

그 모든 기적과 승리를 안아온 신비스러운 힘은 다름아닌 천만군민의 일심단결, 위대한 자강력입니다.

적들의 방해책동이 악랄해지고 엄혹한 난관이 겹칠수록 전체 군대와 인민이 당의 두리에 더욱 굳게 뭉쳐 자력갱생, 간고분투의 혁명정신으로 투쟁하였기에 그처럼 어려운 조건에서도 세인을 경탄시키는 기적을 창조할 수 있었습니다.

일심단결이야말로 주체조선의 생명이고 비약의 원동력이며 우리가 갈 길은 오직 자력자강의 한길이라는 바로 이것이 2016년의 장엄한 투쟁 속에서 우리 군대와 인민이 실천으로 확증한 주체혁명의 고귀한 진리입니다.

나는 혁명의 최후승리를 굳게 믿고 사회주의강국건설에 애국충정의 피와 땀을 아낌없이 바쳐 다사다난했던 지난해를 자랑찬 위훈으로 빛내인 전체 인민군장병들과 인민들에게 다시 한 번 뜨거운 감사를 드립니다.

동지들!

우리는 더 큰 승리를 안아오기 위한 새해 행군길에 또다시 떨쳐나서야 합니다.

승리에서 더 큰 승리를 이룩하고 혁명의 전성기를 대번영기로 이어나가는 것은 위대한 수령님과 위대한 장군님의 손길 아래 자라난 우리 군대와 인민의 사상정신적 특질이며 투쟁기풍입니다.

우리는 기적의 2016년 한해를 통하여 비상히 앙양된 혁명적 기세를 더욱 고조시켜 뜻깊은 올해에 당 제7차 대회 결정관철에서 획기적인 전진을 이룩함으로써 인민의 이상과 꿈을 이 땅위에 찬란한 현실로 꽃피워야 합니다.

국가경제발전 5개년전략 수행에 총력을 집중하여야 하겠습니다.

올해는 국가경제발전 5개년전략 수행에서 관건적 의의를 가지는 중요한 해입니다.

지난해에 이룩한 승리를 공고히 하면서 5개년전략 수행의 확고한 전망을 열고 나라의 경제 전반을 보다 높은 단계에 올려세우자면 올해 전투목표를 기어이 수행하여야 합니다.

'자력자강의 위대한 동력으로 사회주의의 승리적 전진을 다그치자!', 이것이 새해의 행군길에서 우리가 들고 나가야 할 전투적 구호입니다.

우리는 자력자강의 위력으로 5개년전략고지를 점령하기 위한 전민총돌격전을 힘차게 벌려야 합니다.

자력자강의 위력은 곧 과학기술의 위력이며 과학기술을 중시하고 앞세우는데 5개년 전략수행의 지름길이 있습니다.

과학기술 부문에서는 원료와 연료, 설비의 국산화에 중심을 두고 공장, 기업소들의 현대화와 생산정상화에서 나서는 과학기술적 문제들을 푸는 데 주력하여야합니다

생산단위와 과학연구기관들 사이의 협동을 강화하며 기업체들에서 자체의 기술개발 역량을 튼튼히 꾸리고 대중적 기술혁신운동을 활발히 벌려 생산확대와 경영관리개선에 이바지하는 가치 있는 과학기술성과들로 경제발전을 추동하여야합니다.

경제전략목표를 수행하기 위한 투쟁에서 전력과 금속, 화학공업부문이 기치를 들고 나가야 합니다.

전력공업부문에서는 발전설비와 구조물 보수를 질적으로 하고 기술개조를 다그쳐 전력생산계획을 어김없이 수행하여야 합니다.

국가통합전력관리체계를 실속있게 운영하고 교차생산조직을 짜고들어(철저히 준비해) 전력생산과 소비 사이의 균형을 맞추며 다양한 동력자원을 개발하여 새로운 발전능력을 대대적으로 조성하여야 합니다.

금속공업부문에서 선진기술을 받아들여 철 생산원가를 낮추고 주체화된 생산공정들의 운영을 정상화하여 철강재를 더 많이 생산하여야합니다.

국가적으로 김책제철연합기업소와 황해제철연합기업소를 비롯한 금속공장들에 대한 원료와 연료, 동력보장대책을 강하게 세워야합니다.

화학공업은 공업의 기초이며 경제의 자립성을 강화하고 인민생활을 향상시키는데서 중요한 역할을 합니다.

화학공업부문에서는 2.8비날론연합기업소의 생산을 활성화하며, 중요화학공장들의 능력을 확장하고 기술공정을 우리 식으로 개조하여 여러가지 화학제품생산을 늘여나가야 합니다. 탄소하나화학공업을 창설하기 위한 사업에 힘을 넣어 단계별과업을 제때에 원만히 수행하여야 합니다.

석탄공업과 철도운수부문에서는 발전소와 금속, 화학공장들의 석탄과 수송수요를 최우선적으로 보장하여야 합니다.

기계공업을 빨리 발전시켜야 합니다. 기계공장들에서 현대화를 다그치고 새형(신형)의 뜨락또르(트랙터)와 윤전기재, 다용도화된 농기계들의 계열생산공정을 완비하며 여러가지 성능높은 기계설비들을 질적으로 생산보장하여야합니다.

올해에 경공업과 농업, 수산업을 획기적으로 발전시켜 인민생활향상에서 보다 큰 전진을 이룩하여야 합니다.

경공업부문에서는 원료와 자재의 국산화를 종자로 틀어쥐고 경영전략을 바로세워 생산을 활성화하며 인민소비품의 다종화, 다양화와 질 제고에서 전환을 가져와야 합니다. 단천지구 광산, 기업소들의 생산을 정상화하여 인민생활향상에서 은을 내도록 하여야합니다.

경제강국건설의 주타격전방인 농업전선에서 과학농사열풍을 일으키고 다수확 운동을 힘있게 벌려야 합니다. 현실에서 우월성이 확증된 우량종자와 과학적인 영농방법을 널리 받아들이며 두벌농사면적을 늘이고 능률적인 농기계들을 적극 창안도입하여 알곡고지를 기어이 점령하여야 합니다. 세포지구 축산기지의 정상운영을 보장하기 위한 대책을 세우며 과일과 버섯, 남새(채소)생산을 늘여 인민들이 덕을 보게 하여야합니다.

수산부문에서 적극적인 어로전을 힘있게 벌리며 양어와 양식을 근기있게 내밀어야 합니다. 현대적인 고기배를 더 많이 무어내고 동해안지구에 종합적인 어구생산기지를 꾸려 수산업의 물질기술적 토대를 강화하여야합니다.

건설부문에서는 여명거리 건설을 최상의 수준에서 완공하고 단천발전소건설과 김종태전기기관차연합기업소현대화공사, 원산지구건설을 비롯한 중요대상건설에 역량을 집중하며 교육문화시설과 살림집들을 더 많이 훌륭히 일떠세워야합니다.

인민경제 모든 부문, 모든 단위에서 자력갱생, 자급자족의 구호를 높이 들고 최대한 증산하고 절약하기 위한 투쟁을 힘있게 벌려 올해 계획을 지표별로 완수하여야 합니다.

국토관리사업에 온 나라가 떨쳐나서야 합니다. 도들에 현대적인 양묘장들을 꾸리고 산림복구전투를 근기있게 밀고나가며 강하천관리와 도로보수, 환경보호사업을 계획적으로 진행하여 국토의 면모를 더욱 일신시켜야 합니다.

국가경제발전 5개년전략수행에서 전환을 일으키자면 경제지도와 기업관리를 뚜렷한 목표를 가지고 혁신적으로 해나가야 합니다. 내각과 경제지도기관들이 인민경제전반을 상승궤도에 확고히 올려세워 나라의 경제를 지속적으로 발전시킬 수 있는 책략을 세우고 완강하게 실천해나가야 합니다.

교육과 보건, 체육, 문학예술을 비롯한 문화분야의 모든 전선에서 새로운 혁명적앙양을 일으켜 문명강국건설을 앞당겨야 하겠습니다. 과학교육의 해인 올해에 전국가적, 전사회적으로 과학교육시설과 환경을 일신시키기 위한 된바람을 일으켜야합니다.

사회주의 정치군사진지를 불패의 보루로 더욱 튼튼히 다져야 하겠습니다.

일심단결은 위대한 수령님과 위대한 장군님의 고귀한 혁명유산이며 일심단결에 우리 식 사회주의의 불가항력적 위력이 있습니다.

천만군민이 당과 한피줄을 잇고 심장의 박동을 맞추며 당의 두리에 사상의지적으로, 도덕의리적으로 철통같이 뭉쳐 조국의 부강번영을 위하여 억세게 싸워나가야 합니다.

당사업과 국가사회생활의 모든 분야에서 주체의 인민관, 인민철학의 최고정화인 인민대중 제일주의를 철저히 구현하며 일심단결의 화원을 어지럽히는 독초인 세도와 관료주의, 부정부패행위를 뿌리뽑기 위한 투쟁을 드세게 벌려야 합니다.

일편단심 당을 따르는 우리 인민의 순결하고 뜨거운 마음과 지향을 가로막고 당과 인민대중을 갈라놓으려는 적들의 비열하고 악랄한 책동을 단호히 짓부셔버려야합니다.

조선인민군 창건 85돌이 되는 올해에 군력강화의 불바람을 세차게 일으켜야 하겠습니다.

인민군대에서 당정치사업을 진공적으로 벌려 전군에 당의 사상과 숨결만이 맥박치게 하며 또다시 올해를 훈련의 해로, 싸움준비완성의 해로 정하고 전체 군종, 병종, 전문병 부대들에서 강도높은 싸움준비열풍을 일으켜 모든 군인들을 그 어떤 침략무리도 일격에 격멸소탕할 수 있는 펄펄 나는 일당백의 만능싸움군, 백두산호랑이들로 키워야 합니다.

조선인민내무군 장병들과 노농적위군, 붉은청년근위대 대원들은 정치군사적으로 튼튼히 준비하고 사회주의제도와 인민의 생명재산을 믿음직하게 보위할 만단의 전투동원태세를 갖추어야합니다.

국방부문의 일군들과 과학자들과 노동계급은 항일의 연길폭탄정신과 전화의 군자리혁명정신을 피끓는 심장마다에 만장약하고 우리 식의 위력한 주체무기들을 더 많이 개발생산하여 선군혁명의 병기창을 억척같이 다져야합니다.

당 제7차대회 결정관철을 위한 올해 전투의 승패는 당조직들과 근로단체조직들의 역할에 달려있습니다.

당조직들은 자기 부문, 자기 단위 앞에 제시된 당정책, 기본혁명과업을 철저히 수행하는 데 당사업의 화력을 집중하여야 합니다.

당에서 중시하는 문제, 생산적 앙양을 일으키는 데서 중심고리로 되는 문제를 정확히 포착하고 역량을 총동원하여 풀어나가야 합니다.

당조직들은 정치사업 무대를 들끓는 전투현장으로 옮기고 혁명적인 사상공세를 들이대여 대중을 당의 사상과 정책을 관철하는 총동원전에로 힘있게 불러일으켜야합니다.

모든 초급당조직들은 제1차 전당초급당위원장대회의 기본정신을 구현하여 올해의 전민총돌격전에서 계속혁신, 계속전진의 기상이 세차게 나래치게 하여야합니다.

청년동맹과 직맹, 농근맹, 여맹 조직들이 총발동되여 대고조진군으로 전 동맹이 부글부글 끓게 하며 동맹원들 모두가 혁신자, 만리마속도의 창조자가 되도록 하여야 합니다.

오늘의 격동적인 시대는 당정책관철의 제일기수인 일꾼들의 사업기풍과 일본새를 혁명적으로 개선할 것을 요구하고 있습니다.

지금 우리 인민들의 투쟁열의는 대단히 높으며 여기에 일군들의 대담하고 과학적인 작전과 능숙한 지휘, 이신작칙의 일본새가 안받침되면 우리에게 점령 못할 요새도 뚫지 못할 난관도 없습니다.

모든 일꾼들은 당과 혁명 앞에 지닌 숭고한 사명감을 깊이 자각하고 대오의 앞장에서 대중을 이끌어나가는 기관차가 되여야 합니다.

혁신적인 안목을 가지고 사업을 통이 크게 설계하며 늘 일감을 찾아쥐고 긴장하게 전투적으로 일해나가야 합니다. 일군들은 패배주의와 보신주의, 형식주의, 요령주의와 단호히 결별하고 당의 구상과 의도를 관철하기 위한 투쟁에 한몸을 촛불처럼 깡그리 불태워야 합니다.

지난해에 우리는 조선로동당 제7차 대회에서 민족의 통일염원과 시대의 요구를 반영하여 주체적인 조국통일노선과 방침을 제시하고 그 실현을 위하여 적극 투쟁하였습니다.

그러나 남조선당국은 우리의 애국애족적 호소와 성의있는 제의를 외면하고 반공화국제재 압박과 북침전쟁소동에 매여달리면서 북남관계를 최악의 국면에 몰아넣었습니다.

지난해에 남조선에서는 대중적인 반정부투쟁이 세차게 일어나 반동적 통치기반을 밑뿌리채 뒤흔들어놓았습니다. 남조선인민투쟁사에 뚜렷한 자욱을 새긴 지난해의 전민항쟁은 파쇼독재와 반인민적정책, 사대매국과 동족대결을 일삼아온 보수당국에 대한 쌓이고 쌓인 원한과 분노의 폭발입니다.

올해는 역사적인 7·4공동성명발표 45돌과 10·4선언발표 10돌이 되는 해입니다. 올해에 우리는 온 민족이 힘을 합쳐 자주통일의 대통로를 열어나가야 합니다.

북남관계를 개선하고 북과 남 사이의 첨예한 군사적 충돌과 전쟁위험을 해소하기 위한 적극적인 대책을 세워나가야 합니다.

북남관계개선은 평화와 통일에로 나아가는 출발점이며 온 겨레의 절박한 요구입니다. 파국상태에 처한 현 북남관계를 수수방관한다면 그 어느 정치인도 민족 앞에 지닌 자기의 책임과 역할을 다한다고 말할 수 없으며 민심의 지지를 받을 수 없습니다.

상대방을 자극하고 대결을 고취하는 온갖 비방중상은 어떤 경우에도 정당화될 수 없으며 제도전복과 '변화'에 기대를 걸고 감행되는 불순한 반공화국 모략소동과 적대행위들은 지체없이 중지되여야합니다.

동족끼리 서로 싸우지 말고 겨레의 안녕과 나라의 평화를 수호하려는 우리의 입장은 일관합니다. 남조선당국은 무턱대고 우리의 자위적 행사들에 대해 걸고들면서 정세를 격화시킬 것이 아니라 북남간의 군사적 충돌을 방지하고 긴장상태를 완화하기 위한 우리의 진지한 로력에 화답해나서야합니다.

또한 무력증강책동과 전쟁연습소동을 벌려놓는 놀음을 걷어치워야합니다.

온 민족이 뜻과 힘을 합쳐 거족적 통일운동의 전성기를 열어나가야합니다.

북과 남, 해외의 전체 조선민족은 민족공동의 위업인 조국통일에 모든 것을 복종시키는 원칙에서 연대연합하고 단결하여야 하며 전민족적 범위에서 통일운동을 활성화해나가야 합니다.

사상과 제도, 지역과 이념, 계급과 계층의 차이를 초월하여 활발히 접촉하고 내왕하며 북남당국을 포함하여 각 정당,단체들과 해내외의 각계각층 동포들이 참가하는 전민족적인 통일대회합을 실현하여야합니다.

우리는 민족의 근본이익을 중시하고 북남관계의 개선을 바라는 사람이라면 그 누구와도 기꺼이 손잡고 나아갈것입니다.

민족의 통일지향에 역행하는 내외반통일세력의 도전을 짓부셔버려야합니다.

남조선을 타고앉아 아시아태평양지배전략을 실현하려는 미국을 비롯한 외세의 침략과 간섭책동을 끝장내며 진정한 민족의 주적도 가려보지 못하고 동족대결에서 살길을 찾는 박근혜와 같은 반통일사대매국세력의 준동을 분쇄하기 위한 전민족적투쟁을 힘있게 벌려야합니다.

미국은 조선민족의 통일의지를 똑바로 보고 남조선의 반통일세력을 동족대결과 전쟁에로 부추기는 민족이간술책에 더이상 매달리지 말아야 하며 시대착오적인 대조선 적대시정책을 철회할 용단을 내려야 합니다.

자주와 정의를 귀중히 여기는 국제사회는 조선반도의 평화와 통일을 가로막는 미국과 추종세력들의 방해책동을 반대하여야 하며 주변나라들이 우리 민족의 통일지향과 로력에 도움이 되는 유익한 일을 하여야합니다.

북과 남, 해외의 온 겨레는 민족의 단합된 힘으로 거족적인 통일대진군을 다그쳐나감으로써 올해를 자주통일의 새 국면을 열어놓는 매우 의의깊은 해로 되도록 그 무엇인가를 하여야합니다.

지난해에 우리 공화국에 대한 제국주의 반동세력의 정치군사적 압력과 제재책동이 극도에 달하였지만 우리 군대와 인민의 필승의 신념을 꺾지 못하였으며 주체조선의 도도한 혁명적전진을 가로막을 수 없었습니다.

우리는 미국과 그 추종세력들의 핵위협과 공갈이 계속되는 한 그리고 우리의 문전 앞에서 연례적이라는 감투를 쓴 전쟁연습소동을 걷어치우지 않는 한 핵무력을 중추로 하는 자위적 국방력과 선제공격능력을 계속 강화해나갈 것입니다.

우리는 반드시 우리의 힘으로 우리 국가의 평화와 안전을 지켜낼 것이며 세계의 평화와 안정을 수호하는데도 적극 기여할 것입니다.

우리 당과 공화국정부는 앞으로도 자주, 평화, 친선의 대외정책이념에 충실할 것이며 자주성을 옹호하는 나라들과 선린우호, 친선협조관계를 확대발전시키고 진정한 국제적 정의를 실현하기 위하여 공동으로 로력할것입니다.

동지들!

또 한해를 시작하는 이 자리에 서고보니 나를 굳게 믿어주고 한마음 한뜻으로 열렬히 지지해주는 세상에서 제일 좋은 우리 인민을 어떻게 하면 신성히 더 높이 떠받들 수 있겠는가 하는 근심으로 마음이 무거워집니다.

언제나 늘 마음뿐이였고 능력이 따라서지 못하는 안타까움과 자책 속에 지난 한해를 보냈는데 올해에는 더욱 분발하고 전심 전력하여 인민을 위해 더 많은 일을 찾아할 결심을 가다듬게됩니다.

나는 위대한 수령님과 위대한 장군님을 믿고 전체 인민이 앞날을 낙관하며 '세상에 부럼없어라'의 노래를 부르던 시대가 지나간 역사 속의 순간이 아닌 오늘의 현실이 되도록 하기 위하여 헌신분투할 것이며, 티없이 맑고 깨끗한 마음으로 우리 인민을 충직하게 받들어나가는 인민의 참된 충복, 충실한 심부름꾼이 될 것을 새해의 이 아침에 엄숙히 맹약하는 바입니다.

그리고 전당에 인민을 위해 멸사복무하는 혁명적 당풍을 세우기 위해 드세게 투쟁해나가겠습니다.

위대한 김일성-김정일주의가 앞길을 밝혀주고 당의 두리에 천만군민이 굳게 뭉친 일심단결의 위력이 있는 한 우리의 승리는 확정적입니다.

모두 다 조선로동당 제7차대회가 펼친 사회주의강국건설의 휘황한 설계도를 따라 광명한 미래를 향하여 힘차게 진군해 나아갑시다.

2018년 북한 신년공동사설

사랑하는 온 나라 인민들과 영용한 인민군장병들 동포 형제 여러분! 오늘 우리 모두는 근면하고 보람찬 노동으로 성실한 땀과 로력으로 지나간 한해에 자신들이 이루어놓은 자랑스런 일들을 커다란 기쁨과 자부심 속에 감회 깊이 추억하며 새로운 희망과 기대를 안고 새해 2018년을 맞이합니다.

나는 희망의 새해를 맞이하면서 온 나라 가정의 건강과 행복 성과와 번영을 축원하며 우리 어린이들이 새해 소원과 우리 인민 모두가 지향하는 아름다운 꿈이 이뤄지길 바랍니다.

동지들!

겹쌓이는 난관과 시련 속에서도 언제나 변함없이 당을 믿고 따르는 강인한 인민의 진정어린 모습에서 큰 힘과 지혜 얻으며 조국번영의 진군길 힘차게 달려온 지난 한해를 돌이켜보면서 나는 얼마나 위대한 인민과 함께 혁명을 하고 있는가 하는 생각에 가슴 뜨거워집니다.

나는 간고하고도 영광스러운 투쟁의 나날에 뜻과 마음을 같이하며 당의 결심을 지지하고 받들어 반만년민족사에 특이할 기적적 승리를 안아온 전체 인민들과 인민군 장병들에게 조선로동당과 공화국정부의 이름으로 충심으로 되는 감사와 새해 인사를 삼가 드립니다.

나는 조국의 통일을 위하여 투쟁하고 있는 남녘의 겨레들과 해외동포들, 침략 전쟁을 반대하고 우리의 정의의 위협에 굳은 연대성을 보내준 세계 진보적 인민들과 벗들에게 새해 인사를 보냅니다.

동지들!

2017년은 자력자강의 동력으로 사회주의 강국 건설사에 불멸의 이정표를 세운 영웅적 투쟁과 위대한 승리의 해였습니다.

지난해 미국과 그 추종세력들의 반공화국 고립 압살 책동은 극도에 달하였으며 우리 혁명은 유례없는 엄혹한 도전에 부닥치게 되었습니다. 조성된 정세와 전진도상에 가로놓인 최악의 난관 속에서 우리 당은 인민을 믿고 인민은 당을 결사옹위하며 역경을 순경으로 화를 복으로 전환하며 사회주의 강국 건설의 모든 전선에서 눈부신 성과를 이룩하였습니다.

우리는 지난해의 장엄한 투쟁을 통하여 위대한 수령님과 위대한 장군님께서 열어주신 주체의 사회주의 한길을 따라 끝까지 나아가려는 절대 불변의 신념과 의지, 전체 인민이 당의 두리에 굳게 뭉친 사회주의 조선의 일심단결을 내외에 힘있게 과시하였습니다.

지난해 우리 당과 국가와 인민이 쟁취한 특출한 성과는 국가 핵무력 완성의 역사적 대업을 성취한 것입니다. 바로 1년 전 나는 이 자리에서 당과 정부를 대표하여 대륙간탄도로케트 추진 사업이 마감 단계에서 추진 중임을 공표하였으며 지난 한해 동안 그 이행을 위한 여러 차례의 시험 발사들 안전하고 투명하게 진행하여 확고한 성공을 온 세상에 증명하였습니다.

지난해 우리는 각종 핵운반 수단과 함께 초강력 열핵무기 시험도 단행함으로써 우리 총적 지향과 전략적 목표를 성과적 성공적으로 달성하였으며. 우리 공화국은 마침내 그 어떤 힘으로도 그 무엇으로도 되돌릴 수 없는 강력하고 믿음직한 전쟁 억제력을 보유하게 되었습니다.

우리 국가의 핵 무력은 미국의 그 어떤 핵 위협도 분쇄하고 대응할 수 있으며 미국이 모험적인 불장난을 할 수없게 제압하는 강력한 억제력으로 됩니다.

미국은 결코 나와 우리 국가를 상대로 전쟁을 걸어보지 못합니다.

미국 본토 전역이 우리 핵 타격 사정권안에 있으며 핵 단추가 내 사무실 책상 위에 항상 놓여 있다는 것, 이는 결코 위협이 아닌 현실임을 똑바로 알아야 합니다.

우리는 나라의 자주권을 믿음직하게 지켜낼 수 있는 최강의 국가 방위력을 마련하기 위해 한평생을 다 바치신 장군님과 위대한 수령님의 염원을 풀어들었으며 전체 인민이 장구한 세월 허리띠를 조이며 바라던 평화수호의 강력한 보검을 틀어쥐었습니다.

이 위대한 승리는 당의 병진노선과 과학중시 사상의 정당성과 생활력의 뚜렷한 증시이며 부강 조국 건설의 확고한 전망을 열어놓고 우리 군대와 인민에게 필승의 신심을 안겨준 역사적 장거입니다.

나는 생존을 위협하는 제재와 봉쇄의 어려운 생활 속에서도 우리 당의 병진 노선을 굳게 믿고 절대적으로 지지해주고 힘있게 떠밀어준 영웅적 조선 우리 인민에게 숭고한 경의를 드립니다.

나는 또한 당·중앙의 구상과 결심은 과업이고 진리이며 실천이란 것을 세계 앞에 증명하기 위해 온 한해 헌신분투한 우리 국방과학자들과 군수노동계급에게 뜨거운 동지적 인사를 보냅니다.

지난해 국가경제 발전 5개년 전략수행에서도 커다란 전진을 이룩하였습니다.

금속공업의 주체화를 실현하기 위한 투쟁을 힘있게 벌여 김책제철연합기업소에 우리식의 산소열법 용광로가 일떠서 무연탄으로 선철 생산을 정상화할 수 있게 되었으며 화학공업의 자립적 토대를 강화하고 5개년 전략의 화학고지를 점령할 수 있는 전망을 열어놓았습니다.

방직 공업, 신발과 편직, 식료공업을 비롯한 경공업 부문의 많은 공장들에서 주체화의 기치를 높게 들고 우리의 기술, 우리의 설비로 여러 생산공정의 현대화를 힘있게 벌여 인민소비품의 다종화, 다양화를 실현하고 제품의 질을 높일 수 있는 담보를 마련하였습니다.

기계공업 부문에서 자력갱생의 기치를 높이들고 과학기술에 의거하여 당이 제시한 새형의 뜨락또르와 화물자동차 생산목표를 성과적으로 점령함으로써 인민경제의 주체화 현대화와 농촌경리의 종합적 기계화를 더욱 힘있게 다그쳐 나갈 수 있는 튼튼한 기초를 마련하였으며 농업 부문에서 과학농법을 적극 받아들여 불리한 기후조건에서도 다수확 농장과 작업반 대열을 내리고 예년에 보기 드문 과일풍작을 안아왔습니다.

우리 군대와 인민은 웅장화려한 려명 거리와 대규모의 세포지구 축산기지를 일떠세우고 산림복구 전투 1단계의 과업을 수행함으로써 군민대단결의 위력과 사회주의 자립경제의 잠재력을 과시하였습니다.

만리마속도 창조를 위한 벅찬 투쟁 속에서 새로운 전형 단위들이 연이어 태어났으며 수많은 공장 기업소들이 연간 인민경제 계획을 앞당겨 수행하고 최고 생산년도 수준을 돌파하는 자량을 떨쳤습니다.

지난해 과학문화 전선에서도 성과를 이룩하였습니다.

과학자 기술자들은 사회주의 강국 건설에서 나서는 과학기술적 문제들을 해결하고 첨단분야의 연구과제들을 완성하여 경제발전과 인민생활 향상을 추동하였습니다.

사회주의 교육체계가 더욱 완비되고 교육환경이 보다 일신되었으며 의료봉사조건이 개선되었습니다. 온 나라의 혁명적 낭만과 전투적 기백으로 들끓게 하는 예술공연 활동의 본보기가 창조되고 우리의 체육인들이 여러 국제경기들에서 우승을 쟁취하였습니다.

지난해 이룩한 모든 성과들은 조선로동당의 주체적인 혁명노선의 승리이며 당의 두리에 굳게 뭉친 군대와 인민의 영웅적 투쟁이 안아온 고귀한 결실입니다.

공화국의 자주권과 생존권 발전권을 말살하려는 미국과 그 추종세력들의 제재봉쇄 책동이 그 어느 때 보다도 악랄하게 감행하는 속에서도 자체의 힘으로 남들이 엄두도 내지 못할 빛나는 승리를 달성할 바로 여기에 우리 당과 인민의 존엄이 있고 커다란 긍지와 자부심이 있습니다.

나는 지난해 사변적인 나날들에 언제나 당과 운명을 함께하고 부닥치는 시련과 난관을 해치며 사회주의 강국 건설위업을 승리적으로 전진시켜온 전체 인민들과 인민군 장병들에게 다시 한번 뜨거운 감사를 드립니다.

동지들. 올해 우리는 영광스러운 조선민주주의 인민공화국 창건 70주년을 맞이하게 됩니다. 위대한 수령님과 위대한 장군님의 최대의 애국유산인 사회주의 우리 국가를 세계가 공인하는 전략국가의 지위에 당당히 올려세운 위대한 인민이 자기 국가의 창건 70돌을 창대히 기념하게 되는 것은 참으로 의의깊은 일입니다.

우리는 주체조선의 건국과 발전 행로의 빛나는 영웅적 투쟁과 집단적 혁신의 전통을 이어 혁명의 최후 승리를 이룩할 때까지 계속 혁신 계속 전진해 나가야 합니다.

공화국 핵무력 건설에서 이룩한 역사적 승리를 새로운 도약대로 삼고 사회주의 강국 건설의 모든 전선에서 새로운 승리를 쟁취하기 위한 혁명적인 총 공세를 벌여 나가야 합니다.

혁명적인 총 공세로 사회주의 강국 건설의 모든 전선에서 새로운 승리 쟁취하자, 이것이 우리가 들고 나가야 할 혁명적 구호입니다.

모든 일꾼들과 당원들과 근로자들은 전후 천리마 대고조로 난국을 뚫고 사회주의 건설에서 일대 앙양을 일으킨 것처럼 전 인민적인 총공세를 벌여 최후발악하는 적대 세력들의 도전을 짓부수고 공화국의 전반적 국력을 새로운 발전 단계에 올려 세워야 합니다.

국가 경제발전 5개년 전략 수행의 세 번째 해인 올해 경제전선전반에서 활성화의 돌파구를 열어 제껴야 하겠습니다.

올해 사회의주의 경제 건설에서 나서는 중심 과업은 당 중앙 위원회 제 7기 2차 전원회의가 제시한 혁명적 대응전략의 요구대로 인민경제의 자립성과 주체성을 강화하고 인민생활을 개선 향상시키는 것입니다.

인민경제의 자립성과 주체성을 강화하는데 총력을 집중해야 합니다. 전력공업 부문에서 자립적 동력 기지들을 정비 보강하고 새로운 동력자원 개발에 큰 힘을 넣어야 합니다.

화력에 의한 전력생산을 결정적으로 늘이며 불비한 발전 설비들을 정비 보강하여 전력손실을 줄이고 최대한 증산하기 위한 투쟁을 힘있게 벌여야 합니다.

도들에서 자기 지방의 특성에 맞는 전력생산 기지들을 일떠 세우며 이미 건설된 중소형 수력 발전소들에서 전력생산을 정상화하여 지방 공업 부문이 전력을 자체로 보장하도록 하여야 합니다.

전 국가적인 교체 생산 조직을 짜고 들며 전력낭비 현상과의 투쟁을 힘있게 벌여 생산된 전력을 효과적으로 이용하기 위한 된바람을 일으키도록 하여야 합니다.

금속공업 부문에서는 주체적인 제철 제강 기술을 더욱 완성하고 철 생산 능력을 확장하며 금속 재료의 질을 결정적으로 높여 인민경제의 철강제 수요를 충족시켜야 합니다. 금속공업 부문의 필요한 전력 철정광 무역탄 갈탄 화차와 기관차 자금을 다른 부문에 앞세워 계획대로 어김없이 보장하여 다음에 철강재 생산

목표를 무조건 수행하며 금속 공업의 주체화를 기어이 완성하여야 하겠습니다.

화학공업 부문에서 탄성하나화학공업창설을 다그치고 촉매생산기지와 린비료공장 건설을 계획대로 추진하며 탄산소다생산공정을 개건 완비하여야 합니다.

기계공업 부문에서는 금성뜨락또르 공장과 승리자동차 연합기업소를 비롯한 기계공장들을 현대화하고 세계적 수준의 기계제품들을 우리 식으로 개발 생산하여야 합니다.

나라의 자립적 경제 토대가 은을 낼 수 있게 석탄과 광물 생산 철도 수송에서 연대적 혁신을 일으켜야 합니다. 특히 철도 운수 부문에서 수송 조직과 지휘를 과학화, 합리화하여 현존 수송능력을 최대한 효과있게 이용하며 철도의 군대와 같은 강한 규율과 질서를 세워 열차의 무사고 정시 운행을 보장하도록 하여야 합니다.

올해의 인민생활 향상에서 전환을 가져와야 합니다. 경공업 공장들이 설비와 생산공정을 로력절약형 전기절약형으로 개조하고 국내 원료와 자재로 다양하고 질 좋은 소비품들을 더 많이 생산 공급하며 도심 군들에서 자체의 원료원천에 의하여 지방경제를 특색있게 발전시켜야 합니다.

농업과 수산전선에서 앙양을 일으켜야 하겠습니다. 우량종자와 다수확 농법, 능률적인 농기계들을 대대적으로 받아들이고 농사를 과학기술적으로 지어 알곡 생산 목표를 반드시 점령하며 축산물과 과일 온실남새와 버섯 생산을 늘여야 합니다.

배무이와 배수리 능력을 높이고 과학적인 어로전을 전개하며 양어와 양식을 활성화하여야 하겠습니다.

올해에 군민이 힘을 합쳐 원산갈마해양관광지구 건설을 최단 기간 내에 완공하고 삼지연군 꾸리기와 단천 발전소 건설, 황해남도 물길 2단계 공사를 비롯한 주요 대상 건설을 다그치며 살림집 건설에 계속 힘을 넣어야 합니다.

산림 복구 전투 성과를 더욱 확대하면서 이미 조성된 산림의 보호관리를 잘 하는 법과 함께 도로의 기술 상태를 개선하고 강하천 정리를 정상화 하며 환경보호 사업을 과학적으로 책임적으로 하여야 합니다. 인민경제의 모든 부분과 단위들에서 자체의 기술역량과 경제적 잠재력을 총 동원하고 증산 전략 투쟁을 힘있게 벌여 더 많은 물질적 재부를 창조하여야 합니다.

자립경제 발전의 지름길은 과학기술을 앞세우고 경제작전과 지휘를 혁신하는데 있습니다. 과학연구 부분에서는 우리식의 주체적인 생산공정들을 확립하고 원료와 자재, 설비를 국산화하며 자립적 경제구조를 완비하는데서 재기되는 과학기술적 문제들을 우선적으로 풀어나가야 합니다.

인민경제 모든 부문과 단위들에서 과학기술 보급 사업을 강화하며 기술혁신 운동을 활발히 벌여 생산장성에 이바지하여야 하겠습니다.

내각을 비롯한 경제지도 기관들은 올해 인민경제 계획을 수행하기 위한 작전안을 현실성있게 세우며 그 집행을 위한 사업을 책임적으로 완강하게 내밀어야 합니다.

국가적으로 사회주의 기업 책임관리제가 공장 기업소 협동단체들에서 실지 은을 낼수있도록 적극적인 대책을 세워야 합니다.

사회주의 문화를 전면적으로 발전시켜야 하겠습니다. 교원 진영을 강화하고 현대 교육 발전 추세에 맞게 교수 내용과 방법을 혁신하며 의료봉사 사업에서 인민성을 철저히 구현하며 우리의 설비와 기구, 여러 가지 의약품 생산을 늘여야 합니다.

대중체육 활동을 활발히 벌이고 우리식의 체육 기술과 경기 전법을 창조하며 만리마 시대의 우리 군대와 인민의 영웅적 투쟁과 생활, 아름답고 숭고한 인간미를 진실하게 반영한 명작들을 창작 창조하여 혁명적인 사회주의 문학예술의 힘으로 부르조아 반동문화를 짓눌려 버려야 하겠습니다.

전사회적으로 도덕기강을 바로 세우고 사회주의 생활 양식을 확립하며 온갖 비사회주의적 현상을 뿌리뽑기위한 투쟁을 드세게 벌여 모든 사람이 고상한 정신 도덕적 풍모를 지니고 혁명적으로 문명하게 생활해 나가도록 하여야 합니다.

위대한 수령님께서 조선인민혁명군을 정규적 혁명무력으로 강화발전 시키신 70돌이 되는 올해의 인민군대는 혁명적 당군으로서의 면모를 더욱 완벽하게 갖추어야 하며 전투훈련을 실전환경에 접근시켜 강도높이 조직 진행하여 모든 군종 병종 전문병 부대들에 일당백의 전투대를 만들어야 합니다.

조선인민 내무군은 계급투쟁의 날을 예리하게 세우고 불순 적대분자들의 준동을 적발분쇄하며 노동적위군 붉은청년근위대는 전투정치 훈련을 힘있게 벌여 전투력을 백방으로 강화하여야 합니다.

국방공업 부문에서는 제8차 군수공업대회에서 당이 제시한 전략적 방침대로 병진노선을 일관하게 틀어쥐고 우리식의 위력한 전략무기들과 무장장비들을 개발 생산하며 군수공업의 주체적인 생산구조를 완비하고 첨단 과학 기술에 기초하여 생산공정들을 현대화하여야 합니다.

핵무기 연구 부문과 로케트 공업 부문에서는 이미 그 위력과 신뢰성이 확고히 담보된 핵탄두들과 탄도로케트들을 대량생산하여 실전배치하는 사업에 박차를 가해 나가야 합니다.

또한 적들의 핵 전쟁 책동에 대처한 즉시적인 핵반격 작전태세를 항상 유지하도록 하여야 하겠습니다.

정치 사상적 위력은 우리 국가의 제일 국력이며 사회주의 강국 건설의 활로를 열어 나가는 위대한 추동력입니다. 우리 앞에 나선 투쟁과업들을 성과적으로 수행 위해서는 전당을 조직사상적으로 더욱 굳게 단결시키고 혁명적 당풍을 철저히 확립하여 혁명과업 건설 사업 전반에서 당의 전투력과 령도적 역할을 끊임없이 높여 나가야 합니다.

모든 당 조직들이 당의 사상과 어긋나는 온갖 잡사상과 이중규율을 절대로 허용하지 말고 당중앙위원회를 중심으로 하는 전당의 일심단결을 백방으로 강화하여야 합니다.

전당적으로 당세도와 관료주의를 비롯한 낡은 사업방법과 작풍을 뿌리 빼고 혁명적 당풍을 확립하기 위한 투쟁을 강도 높이 벌여 당과 인민 대중과의 혈연적 연결을 반석같이 다져 나가야 합니다.

당조직들은 해당 부문 단위들의 사업이 언제나 당의 사상과 의도 당정책적 요구에 맞게 진행되도록 당적 지도를 강화하며 정치사업을 확고히 앞에우고 사상을 발동하는 방법으로 사회주의 강국 건설에서 나서는 문제들을 성과적으로 풀어 나아갸 합니다.

전체 군대와 인민을 당의 두리에 사상의지적으로 굳게 묶어세워 무엇보다 그 어떤 역경 속에서도 당과 생사 운명을 함께하며 사회주의 위업의 승리를 위하여 한 몸 바쳐 싸워나가도록 하여야 합니다.

당 근로단체 조직들과 전문기관들은 모든 사업을 일심단결해 강화하는데 지향시키고 복종시켜 나가야 합니다.

인민들의 요구와 이익을 기준으로 사업을 설계하고 전개하며 인민들 속에 깊이 들어가 고락을 같이하며 인민들의 마음 속 고충과 생활상 애로를 풀어줘야 합니다.

모든 것이 부족한 때일수록 동지들 사이, 이웃들 상이에 서로 돕고 진심으로 위해주는 미풍이 높이 발양되도록 하여야 합니다.

오늘의 만리마 대진군에서 영웅적 조선인민의 불굴의 정신력을 남김 없이 폭발시켜야 합니다. 당 근로단체 조직들은 모든 근로자들이 애국주의를 심장에 새기고 자력갱생의 혁명정신과 과학기술의 원동력으로 만리마속도 창조대전에서 끊임없는 집단적 혁신을 일으켜 나가도록 하여야 합니다.

일꾼들과 당원들과 근로자들이 천리마의 대진군으로 세기적인 변혁을 이룩한 전세대들의 투쟁정신을 이어 누구나 시대에 앞장에서 힘차게 내달리는 만리마 선구자가 되도록 하여야 합니다.

동지들, 지난해에도 우리 인민은 민족의 지향과 요구에 맞게 나라의 평화를 지키고 조국통일을 앞당기기 위하여 적극 투쟁하여 왔습니다. 그러나 우리 공화국의 자위적 핵억제력 강화를 막으려고 감행되는 미국과 그 추종세력들의 악랄한 제재 압박 소동과 광란적인 전쟁 도발 책동으로 하여 조선반도에 정세는 유례없이 악화되고 조국 통일의 앞길에 보다 엄중한 난관과 장애가 조성되었습니다.

남조선에서 분노한 각계각층 인민들의 대중적 항쟁에 의하여 파쇼통치와 동족대결에 메달리던 보수 정권이 무너지고 집권세력이 바뀌었으나 북남관계에서 달라진 것이란 아무것도 없습니다.

오히려 남조선 당국은 온 겨레의 통일지향에 역행하여 미국의 대 조선 적대시 정책에 추종함으로써 정세를 험악한 지경에 몰아넣고 북남 사이의 불신과 대결을 더욱 격화시켰으며 북남 관계는 풀기 어려운 경색국면에 처하게 되었습니다.

이런 비정상적인 상태를 끝장내지 않고서는 나라의 통일은 고사하고 외세가 강요하는 핵전쟁의 참화를 면할 수 없습니다.

조성된 정세는 지금이야말로 북과 남이 과거에 얽매이지 말고 북남관계를 개선하며 자주통일의 돌파구를 열기 위한 결정적인 대책을 세워 나갈 것을 요구하고 있습니다. 이 절박한 시대적 요구를 외면한다면 어느 누구도 민족 앞에 떳떳하게 나설 수 없을 것입니다.

새해는 우리 인민이 공화국 창건 70돌을 대경사로 기념하게 되고 남조선에서는 겨울철 올림픽 경기대회가 열리는 것으로 하려 북과 남에 다 같이 의의있는 해입니다. 우리는 민족적 대사들을 성대히 치루고 민족의 존엄과 기상을 내외에 떨치기 위해서도 동결상태에 있는 북남관계를 개선하여 뜻깊은 올해를 민족사에 특기할 사변적인 해로 빛내어야 합니다.

무엇보다 북남사이의 첨예한 군사적 긴장 상태를 완화하고 조선반도의 평화적 환경부터 마련해야 합니다. 지금처럼 전쟁도 아니고 평화도 아닌 불안정한 정세가 지속되는 속에서는 북과 남이 예정된 행사들을 성과적으로 보장할 수 없는 것은 물론 서로 마주앉아 관계개선 문제를 진지하게 논의할 수도, 통일을 향해 곧바로 나갈 수도 없습니다.

북과 남은 정세를 격화시키는 일을 더 이상 하지 말아야 하며 군사적 긴장을 완화하고 평화적 환경을 마련하기 위하여 공동으로 로력하여야 합니다.

남조선 당국은 온겨레의 운명과 이땅의 평화와 안전을 위협하는 미국의 무모한 북침 핵전쟁 책동에 가담해 정세 격화를 부추길 것이 아니라 긴장 완화를 위한 우리의 성의있는 로력에 화답해 나서야 합니다.

이 땅에 화염을 피우며 신성한 강토를 피로 물들일 외세와의 모든 핵전쟁 연습을 그만둬야 하며 미국의 핵장비들과 침략 무력을 끌어들이는 일체의 행위들을 걷어 치워야 합니다.

미국이 아무리 핵을 휘두르며 전쟁 도발 책동에 광분해도 이제는 우리에게 강력한 전쟁 억제력 있는 한 어쩌지 못할 것이며 북과 남이 마음만 먹으며 능히 조선반도에서 전쟁을 막고 긴장을 완화시켜 나갈 수 있습니다.

민족적 화해와 통일을 지향해 나가는 분위기를 적극 조성하여야 합니다. 북남 관계 개선은 당국만이 아니라 누구나 바라는 초미의 관심사이며 온민족이 힘을 합쳐 풀어나야가 할 중대사입니다. 북과 남사이 접촉과 내왕 협력과 교류를 폭넓게 실현하며 서로의 오해와 불신을 풀고 통일의 주체로서의 책임과 역할을 다해야 할것입니다.

우리는 진정으로 민족적 화해와 단합을 원한다면 남조선의 집권 여당은 물론 각계각층 단체 들과 개별적 인사들을 포함하여 그 누구에게도 대화와 접촉 내왕의 길을 열어 놓을 것입니다.

상대방을 자극하면서 동족 간의 불화와 반복을 격화시키는 행위들은 결정적으로 종식되어야 합니다. 남조선 당국은 지난 보수정권 시기와 다름없이 부당한 구실과 법적 제도적 장치들을 내세워 각계층 인민들의 접촉과 내왕을 가로막고 남북통일 기운을 억누를 것이 아니라 민족적 화해와 단합을 도모하는데 유리한 조건과 환경을 조성하기 위해 로력해야 합니다.

북남 관계를 하루빨리 개선하기 위해서는 북과 남의 당국이 그 어느 때보다 민족 자주의 기치를 높이 들고 시대와 민족 앞에 지닌 자기의 책임과 역할을 다해야 합니다.

북남관계는 언제까지나 우리 민족 내부의 문제이며 북과 남이 주인이 되어 해결해야 할 문제입니다. 그러므로 북남 사이에 제기되는 모든 문제는 우리민족끼리 원칙에서 풀어 나가려는 확고한 입장과 관점을 가져야 합니다. 남조선 당국은 북남관계의 문제를 외부에 들고 다니며 청탁하여 얻을 것은 아무 것도 없으며 오히려 불순한 목적을 추구하는 외세에게 간섭할 구실을 주고 문제 해결의 복잡성만 조성한다는 것을 알아야 합니다.

지금은 서로 등을 돌려대고 자기 입장이나 밝힐 때가 아니며 북과 남이 마주앉아 우리민족끼리 북남 관계 개선 문제를 진지하게 논의하고 그 출로를 과감하게 열어 나가야 할 때입니다.

남조선에서 머지 않아 열리는 겨울철 올림픽 경기대회에 대해 말한다면, 그것은 민족의 위상을 과시하는 좋은 계기로 될 것이며 우리는 대회가 성과적으로 개최되기를 진심으로 바랍니다. 이러한 견지에서 우리는 대표단 파견을 포함하여 필요한 조치를 취할 용의가 있으며 이를 위해 북남 당국이 시급히 만날 수도 있습니다.

한 핏줄을 나눈 겨레로서 동족의 경사를 같이 기뻐하고 서로 도와주는 것은 응당한 일입니다. 우리는 앞으로도 민족자주의 기치를 높이 들고 우리민족끼리 해결해 나갈 것이며 민족의 단합된 힘으로 내외 반통일세력의 책동을 짓부시고 조국통일의 새 역사를 써 나갈 것입니다. 나는 이 기회에 해외의 전체 조선동포들에게 다시 한번 따뜻한 새해 인사 보내면서 의의 깊은 올해의 북과 남에서 모든 일이 잘되기를 진심으로 바랍니다.

동지들!

지난해 국제정세는 세계의 평화와 안전을 파괴하고 인류에게 핵참화를 들쒸우려는 제국주의 침략 세력과는 오직 정의의 힘으로 맞서야한다 우리 당과 국가의 전략적 판단과 결단이 천만번 옳았다는 것을 뚜렷이 실증하였습니다.

우리는 평화를 사랑하는 책임있는 핵강국으로서 침략적인 적대 세력이 우리 국가의 자주권과 이익을 침해하지 않는 한 핵무기를 사용하지 않을 것이며 그 어떤 나라나 위협도 핵으로 위협하지 않을 것입니다.

그러나 조선반도의 평화와 안전을 파괴하는 행위에 대해서는 단호하게 대응해 나갈 것입니다. 우리 당과 공화국 정부는 우리나라의 자주권을 존중하고 우리를 우호적으로 대하는 모든 나라들과의 선린우호관계를 발전시켜 나갈 것이며 정의롭고 평화로운 새 세계를 건설하기 위하여 적극 로력할 것입니다.

동지들!

2018년은 우리 인민에게 있어서 또 하나의 승리 해로 될 것입니다.

새해의 장엄한 진군길이 시작되는 이 시각 인민의 지지를 받기고 있기에 우리의 진군은 필승불패라는 확신으로 나는 마음이 든든하며 전력을 다하여 인민의 기대에 기여이 보답할 의지를 더욱 굳게 가다듬게 됩니다.

조선로동당과 공화국 정부는 인민의 믿음과 힘에 의거하여 주체혁명 위업의 최후 승리를 이룩할 때까지 투쟁과 전진을 멈추지 않을 것이며 전체 인민의 존엄 높고 행복한 생활을 누리는 사회주의 강국의 미래를 반드시 앞당겨 올 것입니다.

모두다 조선로동당의 령도에 따라 영웅조선의 기상을 떨치며 혁명의 새 승리를 향하여 힘차게 앞으로 나아갑시다.

2019년 북한 신년공동사설

사랑하는 온 나라 인민들과 인민군 장병들, 동포 형제, 자매들, 동지들과 벗들. 우리는 지울 수 없는 또 한 번의 역사에 깊은 발자취를 남기며 조국과 혁명, 민족사의 뜻깊은 사변들이 아로새겨진 2018년을 보내고 희망의 꿈을 안고 새해 2019년을 맞이하였습니다.

새해 즈음하여 나는 격동적인 지난해 나날들의 우리 당과 숨결과 보폭을 함께하며 사회주의 건설에 헌신하여온 전체 인민과 인민 장병들에게 인사를 드리며 온 나라에 사랑과 희망, 행복이 넘쳐나기를 조언합니다.

나는 민족의 화해와 단합, 평화·번영의 새 역사를 써나가기 위하여 우리와 마음을 같이 한 남녘 겨레들과 해외 동포들에게 따뜻한 새해 인사를 보냅니다.

나는 사회의 진보와 발전, 세계의 평화와 정의를 위해 로력하고 있는 각국의 수반들과 벗들의 사업에서 성과가 있기를 바랍니다.

동지들, 2018년은 우리 당의 자주노선과 전략적 결단에 의하여 대내외 종사에서 커다란 변화가 일어나고 사회주의 건설이 새로운 단계에 들어선 역사적인 해였습니다.

지난해 4월에 진행된 당중앙위원회 제7기 제3차 전원회의는 병진 노선의 위대한 승리 하에 토대하여 우리 혁명을 새롭게 상승시키고 사회주의 전진 속도를 계속 높여나가는 데서 전환적 우위를 가지는 중요한 계기가 되었습니다.

사회주의에 대한 필승의 신념을 지니고 강고한 투쟁의 길을 걸어온 우리 인민은 자주권 수호와 평화 번영의 군건한 담보를 마련하고 부강 조국 건설이 더 높은 점령기 위한 혁명적 대진군에 떨쳐나서게 되었습니다.

우리 주동적이면서도 적극적인 로력에 의하여 조선 반도에서 평화로 향한 기류가 형성되고 공화국의 국제적 권위가 계속 높아가는 속에 우리 인민은 커다란 긍지와 자부심을 안고 영광스러운 조선민주주의인민공화국 창건 70돌을 성대히 건축하였습니다.

9월의 경축 행사들을 통해서 온 사회의 사상적 일색화와 당과 인민의 일신 단결을 하고 튼튼한 자립경제와 자위적 국방력을 갖춘 우리 공화국의 위력과 사회주의 위협에 끝까지 투쟁하려는 영웅적 조선 인민의 강렬한 의지를 세계 앞에 힘있게 과시하였습니다.

지난해 전체 인민이 경제건설에 총력을 집중할 때에 대한 당의 새로운 전략적 노선 관철, 자립경제의 토대를 일층 강화하였습니다.

인민 경제와 주체화 노선을 관철하기 위한 투쟁에서 의미 있고 소중한 전진이 이룩되었습니다.

북창화력발전연합기업소의 전력 생산 능력이 훨씬 늘어나고 김철과 황철을 비롯한 금속공장들에서 주체와의 성과를 확대하였으며 화학공업의 자립적 토대를 강화하기 위한 사업이 힘있게 추진되었습니다.

우리의 힘, 우리의 기술, 우리의 자원으로 만들어낸 긍지와 보람으로 보기만 해도 흐뭇한 각종 기재들과 경공업 제품들이 질적 수준이 한 계단 도약하고 대량 생산되어 우리 인민들을 기쁘게 해 주고 있습니다.

석탄 공업 부문의 노동계급 모든 어려움 속에서 자립경제의 생명선을 지켜 결사적인 생산 투쟁을 벌였으며 농업 부문에서 알복 증산을 위하여 투쟁한 결과 불리한 조건에서도 이룩한 단위들과 농장공들이 수많이 배출되었습니다.

군수공업 부분에서는 집중할 때 대한 우리 당의 정치적 호소를 심장으로 받아 여러 가지 농기구와 건설기계, 협동품들과 인민소비품들을 생산하여 경제 발전과 인민 생활 향상을 추동하였습니다.

지난해 당의 원대한 구상과 작전에 따라 로동당 시대를 빛내기 위한 방대한 대외 건설 사업들이 입체적으로 통 크게 전개됨으로써 그 어떤 난관 속에서도 끄떡없고 멈춤이 없으며 더욱 떨쳐 일어나 승승장구해 나가는 사회주의 노선의 억센 기상과 우리의 자립경제에 막강한 잠재력이 현실로 과시되었습니다.

과학개혁사업에서 혁명적 전환을 일으키는 데서 당중앙위원회의 전원의 뜻을 높이 받들고 과학개혁사업에서 발전을 추동하고 인민 경제의 활성화에 이바지하는 가치 있는 연구 성과들을 내놓았으며 교육의 현대화, 과학화가 적극 추진되고 전국의 많은 대학과 중학교, 소학교들의 교육 조건과 환경이 개선되었습니다.

문화예술 부분에서는 대집단 체조와 예술공연을 창작 공연하여 대내외에 커다란 반향을 불러일으키고 주체 예술의 발전 면모와 특유와 우월성을 뚜렷이 시행하였습니다.

동지들!

혁명의 연대기에 자랑찬 승리의 한 세기를 새긴 지난해의 투쟁을 통하여 우리의 자기 위업의 정당성과 우리 국가의 불패의 힘에 대하여 다시금 확신하게 되었습니다.

부종의 도전을 맞받아나가는 우리 인민의 불굴의 투쟁에 의하여 우리 국가의 자강력은 끊임없이 육성되고 사회주의 강국으로 향한 발걸음은 더욱 빨라지고 있습니다.

나는 이 자리를 빌려 당을 떠나 승리의 기운을 멈춤 없이 달려 조국 총사에 달려온 전체 인민들과 인민군 장병들에게 다시 한번 뜨거운 감사를 드리고 싶습니다.

동지들!

주체혁명의 새 시대를 빛내기 위한 투쟁 속에서 더욱 세련되고 억세어진 우리 당과 인민은 보다 큰 힘과 포부를 안고 새해의 징검길에 나섰습니다.

올해 우리 앞에는 나라의 자립적 발전 능력을 확대, 강화하여 사회주의 건설의 진일보를 위한 확고한 전망을 열어놓아야 할 투쟁 과업에 나서고 있습니다.

우리에게는 사회주의 더 밝은 앞날을 자력으로 개척해 나갈 수 있는 힘과 토대, 우리 식의 투쟁 방향과 창조 방식이 있습니다.

당의 새로운 전략적 노선을 틀어쥐고 자력갱생, 견인불발하여 투쟁할 때 나라의 국력은 배가 될 것이며 인민들의 꿈과 이상은 훌륭히 실현되게 될 것입니다.

'자력갱생의 사회주의 건설의 새로운 진격로를 열어나가자.' 이것이 우리가 들고 나가야 할 구호입니다.

우리는 조선 혁명의 전 노선에서 언제나 투쟁의 기치가 되고 비약의 원동력으로 되어온 자력갱생을 번영의 보금으로 틀어쥐고 사회주의 건설에 전 전선에서 혁명적 방향을 일으켜 나가야 합니다.

사회주의 자립경제 위력을 더욱 강화하여야 하겠습니다.

우리는 자체의 기술력과 자원, 전체 인민의 높은 창조 정신과 혁명적 열의에 의하여 국가 경제 발전의 전략적 목표를 성과적으로 달성하며 새로운 장성 단계로 이행하여야 합니다.

인민 경제 전반을 정비, 보강하고 활성화하기 위한 국가적인 작전을 바로 하고 강하게 집행해 나가야 하겠습니다.

자립경제의 잠재력을 남김없이 발현시키고 경제 발전의 새로운 요소와 동력을 살리기 위한 전략적 대책들을 강구하며 나라의 인적, 물적 자원을 경제건설에 실리 있게 조직 동원하여야 합니다.

국가경제사업에서 중심을 틀어쥐고 연쇄 고리를 추켜세우며 전망적 발전을 도모하면서 경제 활성화를 추진해 나가야 합니다.

경제 전반에 대한 국가의 통일적 지도를 원만히 지도하고 근로자들이 자각적 열의와 창조력을 최대한 발동할 수 있도록 관리방법을 혁신하여야 합니다.

내각과 국가 경제 지도부들은 사회주의 경제 법칙에 맞게 비핵화와 개혁과 사업, 재정 및 경제적 공간들이 기업체들의 생산 활성화와 확대 재생산에 적극적으로 작용하도록 하여야 합니다.

경제사업의 효율을 높이고 기업체들이 경영활동을 원활하게 해 나갈 수 있게 기구체계와 사업체계를 정비하여야 합니다.

인재와 과학기술은 사회주의 건설에서 대도약을 일으키기 위한 우리 주된 전략적 자원이고 무기입니다.

국가적으로 인재 육성과 과학기술 발전 사업을 목적 지향성 있게 추진하며 그에 대한 투자를 늘려야 합니다.

세계적인 교육 발전 추세와 교육학적 요구에 맞게 교수 내용과 방법을 혁신하여 사회경제발전을 도모해 나갈 인재들을 질적으로 키워내야 합니다.

새 기술 개발 목표를 높이 세우고 실용적이며 경제적 이의가 큰 핵심 기술 연구의 역량을 집중하여 경제 장성의 견인력을 확보하여야 하며 과학연구기관과 기업체들이 긴밀히 협력하여 생산과 기술발전을 추동하고 지적 창조력을 증대시킬 수 있도록 제도적 조치를 강구하여야 합니다.

인민 경제 모든 분야에서 국가경제발전 5개년 전략 목표 수행에 박차를 가해야 하겠습니다.

전력 문제 해결에 선제적인 힘을 넣어 인민 경제 활성화의 돌파구를 열어야 합니다.

올해 사회주의 경제건설에서 나서는 가장 주요하고도 절박한 과업의 하나는 전력 생산을 획기적으로 늘리는 것입니다.

전력공업 부문에 대한 국가적인 투자를 집중하여 현전 전력 생산 토대를 정비 보강하고 최대한 효과적으로 이용하면서 절실한 부분과 대상부터 하나씩 현대화하여 전력 생산을 당면한 최고 생산연도 수준으로 끌어올려야 합니다.

나라의 전력 문제를 풀기 위한 사업을 전 국가적인 사업으로 틀어쥐고 오랑천발전소와 단천발전소를 비롯한 수력발전소 건설을 다그치고 조수력과 풍력, 원자력 발전 능력을 전망성 있게 조성해 나가며 도, 시군들에서 자기 지방의 다양한 에너지원을 효과적으로 개발, 이행하여야 합니다.

석탄 공업은 자립경제 발전의 첫 전선입니다.

석탄이 꽝꽝 나와야 긴장한 전력 문제를 풀 수 있고 금속공업을 비롯한 인민 경제의 여러 부분에 연료, 동력 수요를 충족시킬 수 있습니다.

석탄 공업 부문에서는 화력탄 보장에 최우선적으로 힘을 넣어 화력발전소들에서 전력 생산을 순간도 멈춤 없이 정상화해 나가야 하여야 하겠습니다.

온 나라가 떨쳐나 탄광업을 물질 기술적으로 힘있게 지원하고 석탄 생산에 필요한 설비와 자재, 탄부들의 생활 조건을 보장하기 위한 국가적인 대책을 강하게 세워야 합니다.

경제건설의 쌍 기둥인 금속공업과 화학공업의 주체화 실현에서 더 큰 발전을 이룩해야 합니다.

금속공업 부분에서는 주체화된 제철, 제강 공업들을 과학기술쪽으로 완비하고 정상 운영하면서 생산원가를 최대한 낮추며 철 생산 로력이 늘어나는 데 맞게 철광석과 내화물, 합금철을 원만히 보장하기 위한 작전 안을 원만히 세우고 집행해야 합니다.

화학공업 부분에서 인비료공장 건설과 탄소와 다그치고 공업과 섬유공업을 발전시키며 현전 화학 설비와 에너지 절약형, 로력 절약형으로 개조하여야 합니다.

올해의 화학비료 공장들의 만가동을 보장하고 생산소의 생산을 추켜세우는 데 국가적인 힘을 넣어야 합니다.

철도를 비롯한 교통 운수 부분에서 규율 강화에 된바람을 일으키고 수송능력과 통과 능력을 높여 수송의 긴장성을 불며 기계제작공업 부분에서는 기계 설비와 가공 기술을 혁신하여 여러 가지 현대적인 기계 설비들을 우리의 실정에 맞게 우리 식으로 개발, 생산하여야 합니다.

인민 생활을 획기적으로 높이는 것은 우리 당과 국가의 제일가는 중대사입니다.

사회주의 경제건설의 주 타격 전방인 농업 전선에서 전산 투쟁을 힘 있게 벌려야 합니다.

내각과 해당 부분들에서는 영농 공정별에 따른 과학 기술적

지도들을 실속 있게 짜고 들고 올해 농사에 필요한 영농물자를 원만히 보장하여 알곡 생산을 결정적으로 늘려야 합니다.

농사의 주인인 농작원들의 의사와 이익을 존중하고 사회주의 분배원칙의 요구를 정확히 구현하여야 합니다.

당에서 밝혀준 축산업 발전의 4대 고리를 틀어쥐고 나가며 닭공장을 비롯한 축산기지들을 현대화, 활성화하고 협동농장들의 공동 축산과 개인 부업 축산을 장려하여 인민들에게 더 많은 고기와 알이 차려지게 하여야 합니다.

수산 부문의 물질 기술적 토대를 강화하고 물고기잡이와 양어, 양식을 하며 수산자원을 보호, 증식시켜 수산업 발전의 새 길을 열어나가야 합니다.

경공업 부분에서는 현대화, 국산화 질 제고의 기치를 계속 높이 들고 인민들이 좋아하는 여러 가지 소비품들을 생산, 보장하며 도, 시, 군들에서 기초식품공장을 비롯한 지방공업 공장들을 현대적으로 일신하고 자체의 원료 자원에 의거하여 생산을 정상화하여야 합니다.

우리는 올해에도 조국의 부강과 인민의 행복을 위한 거창한 대건설 사업들을 통이 크게 벌여야 합니다.

사회주의 이상향으로 원산갈마해안관광지구와 새로운 관광지구를 비롯한 우리 시대를 대표할 대상 건설들을 최상의 수준에서 완공하여야 합니다.

건축 설계와 건설공법들을 계속 혁신하고 마감 국산화와 질적 발전을 이룩함으로써 모든 건축물들을 우리 식으로 화려하게 세우고 인민들이 문명과 낙을 누리게 해야 하여야 합니다.

국가적인 대대적으로 벌어지는 데 맞게 시멘트 생산을 우리가 계획한 대로 확장하여야 합니다.

산림 복구 전투 2단계 과업을 적극 추진하며 울림 녹화와 도시 경영, 도로관리사업을 개선하고 환경오염을 철저히 막아야 합니다.

모든 부분, 모든 단위에서 가능성, 잠재력을 최대한 탐구 동원하여 증산하고 절약하며 인민 경제 계획을 지표별로 완수하여야 합니다.

사회주의 우리 국가의 정치 힘을 백방으로 다져나가야 하겠습니다.

인민철학을 당과 국가 활동에 철저히 구현하여 광범한 곤죽을 당의 두리에 튼튼히 묶어세워야 합니다.

당과 정권기관, 근로작전기관은 무슨 일을 작전하고 전개하든 인민의 이익을 최우선 절대시하고 인민의 마음의 목소리에 귀를 기울이며 인민이 바라고 덕을 볼 수 있는 일이라면 천사만사를 제쳐놓고 달라붙어 무조건 해내야 합니다.

언제 어디서나 어떤 조건과 환경에서나 인민을 위해 멸사봉공하고 인민 생활에 첫째 가는 관심을 돌리며 모든 사람들을 품에 안아 보살펴주는 사랑과 믿음의 정치가 인민들에게 뜨겁게 가닿도록 하여야 합니다.

당과 대중의 혼연일체를 사회주의 제도를 침식하는 제도와 관료주의, 부정부패의 크고 작은 행위들을 짓뭉개버리기 위한 투쟁의 열도를 높여야 하겠습니다.

전체 당원들과 근로자들은 정세와 환경이 어떻게 변하든 우리 국가제일주의를 신념으로 간직하고 우리 식으로 사회주의 경제 건설을 힘있게 다그쳐 나가며 세대를 이어 이어온 사회주의 우리 집을 우리 손으로 세상에 보란 듯이 훌륭하게 꾸려나갈 애국의 열망을 안고 성실한 피와 땀으로 조국의 위대한 역사를 써나가야 합니다.

사회주의 문명 건설을 다그쳐야 하겠습니다.

온 사회의 혁명적 학습 기풍과 문화 건설 생활 기풍을 세워 누구나 발전하는 시대의 요구에 맞는 다방면적인 지식과 문화적 소양을 지니도록 하여야 합니다.

문화예술 부분에서는 시대와 현실을 반영하고 대중의 마음을 틀어잡는 영화와 노래를 비롯한 문예작품들을 훌륭히 창작하여 민족의 정신문화적 능력을 풍부히 하고 오늘의 혁명적 힘있게 추진하여야 합니다.

인민들이 사회주의 복원제도의 우월성을 느낄 수 있게 의료기관들을 현대화하고 의료기관들의 면면을 일신하고 의료봉사 수준을 높여야 합니다.

대중체육활동을 활발히 벌이고 전문체육기술을 발전시켜 온 나라의 기백과 낭만이 차 넘치게 하며 국제 경기들에서 계속 조선 사람들이 슬기와 힘을 떨쳐야 합니다.

사회주의 생활양식과 고상한 도덕 기풍을 확립하기 위한 된바람을 일으켜 우리 인민의 감정 정서와 약관에 배치되는 비도덕적이고 비문화적인 풍조가 나타나지 않도록 하며 우리 사회를 덕과 정으로 화목한 하나의 대가족으로 꾸려나가야 합니다.

국가 방위력을 튼튼히 다져야 하겠습니다.

인민 군대는 4대 강군화 노선을 일관하게 틀어쥐고 투쟁하여 당과 혁명, 조국과 인민의 안전을 믿음직하게 수호하며 사회주의 건설의 정투장마다에서 지난날과 마찬가지로 계속 기적적인 신화들을 창조함으로써 혁명 군대의 위력.

우리 당의 군대로서의 불패의 위력을 남김없이 과시하셔야 합니다.

조선인민 내무부는 혁명의 방패답게 우리 당과 제도, 인민을 결사 보위하여야 하며 노농정의군은 창건 60돌을 맞는 올해 전투력 강화에서 전환을 가져와야 합니다.

강력한 자위적 국방력은 국가의 초석이며 평화 수호의 담보입니다.

군수공업 부분에서는 조선 반도의 평화를 무력으로 믿음직하게 담보할 수 있게 국방 공업의 주체화, 현대화를 다그쳐 나라의 방위력을 세계의 선진국가 수준으로 계속 향상시키면서 경제건설을 적극 지원하여야 하겠습니다.

올해 우리 앞에 나선 전투적 과업을 성과적으로 수행하려면 혁명의 일꾼들이 결심과 각오를 단단히 하고 분발하여 투쟁하여야 합니다.

당 정책 관철의 주체, 그 주인은 다름 아닌 인민 대중이며 현실을 누구보다도 잘 아는 것도 인민 대중입니다.

일꾼들은 늘 들끓는 현실에 침투하여 모든 것을 직접 자기 눈으로 보고 실태를 전면적으로 분석해야 하며 군중 속에 깊이 들어가 그들과 같이 살면서 그들을 발동하여 제기되는 문제를 풀어나가야 합니다.

당의 구상에 자기의 이상과 포부를 따라 세우며 끊임없이 실력을 쌓고 시야를 넓혀 모든 사업을 당이 바라는 높이에서 완전무결하게 하는 능숙한 조직자, 완강한 실천가가 되어야 합니다.

일꾼들은 어려운 일에 한몸을 내던지고 조국과 인민을 위해 밤잠을 잊고 하여야 하며 인민이 높아가는 웃음소리에서 투쟁의 보람을 찾아야 합니다.

오늘날 사회주의 건설에서 청년들이 한몫 단단히 해야 합니다.

청년들은 최근에 당의 전투적 호소를 받들고 새로운 시대의 신화들을 창조한 그 정신과 본때로 당이 부르는 혁명초소들에서 척후대의 영예를 빛내야 합니다.

격동적인 오늘의 시대의 청년들은 새 기술의 개척자, 새 문화의 창조자, 대 비약의 선구자가 되며 청년들이 일하는 그 어디서나 청춘의 기백과 활력이 차넘치게 하여야 합니다.

당 조직들의 역할을 결정적으로 높여야 합니다.

각급 당 조직들은 시대와 혁명 발전의 요구에 맞게 정치사상사업을 진능적으로 벌여 우리 인민의 강인한 정신력이 사회주의 건설 전역에서 높이 발휘되도록 하여야 합니다.

행정경제 일꾼들이 당 정책 관철을 위한 작전과 지휘를 책임적으로 하도록 떠밀어주며 자기 부문, 자기 단위에서 집단적 혁신과 경쟁 열풍을 세차게 일으켜 나가야 합니다.

도, 시, 군 당 위원회들은 농사와 개혁사업, 지방공업 발전에서 전환을 가져오기 위한 투쟁을 강하게 내밀어야 합니다.

동지들!

지난해는 70여 년의 민족분열 사상 일찍이 있어본 적이 없는 극적인 변화가 일어난 격동적인 해였습니다.

우리는 항시적인 전쟁 위기에 놓여 있는 조선반도의 비정상적인 상태를 끝장내고 민족적 화해와 평화번영의 시대를 열어놓을 결심 밑에 지난해 전초부터 북남 관계의 대전환을 위한 주동적이며 과감한 조치들을 수행하였습니다.

과감한 기대와 관심 속에 한 해 동안 세 차례 북남 수뇌 상봉과 회담이 진행된 것은 전례없는 일이며 이것은 북남관계가 완전히 새로운 단계에 들어섰다는 것을 뚜렷이 보여주었습니다.

조선반도에 더 이상 전쟁이 없는 평화시대를 열어놓으려는 확고한 결심과 의지를 담아 채택된 판문점 선언과 9월 평양 공동선언, 북남 군사 분야 합의서는 북남 사이 무력에 의한 동족상잔을 종식시킬 것을 확약한 사실상의 불가침 선언으로써 참으로 중대한 의의를 가집니다.

북과 남의 체육인들이 국제경기대회에서 공동으로 진출하여 민족의 힘을 떨칠 때 예술인들은 평양과 서울을 오가며 민족적 화해와 통일 열기를 뜨겁게 고조시켰습니다.

여러 가지 장애와 난관을 과감하게 극복하면서 철도, 도로, 산림, 보건을 비롯한 다양한 분야의 협력사업들을 추진하여 민족의 공동 번영을 위한 의미 있는 첫걸음을 내딛었습니다.

지난 한 해 동안 북남관계에서 일어난 놀라운 변화들은 우리 민족끼리 서로 마음과 힘을 합쳐나간다면 조선반도를 가장 평화롭고 길이 번영하는 민족의 참다운 보금자리로 만들 수 있다는 확신을 온 겨레에 안겨주었습니다.

아직은 첫걸음에 불과하지만 북과 남이 뜻을 합치고 지혜를 모아 불신과 대결의 최극단에 놓여 있던 북남관계를 신뢰와 화해의 관계로 확고히 돌려세우고 과거에는 상상조차 할 수 없었던 경이적인 성과들이 짧은 기간에 이룩된 데 대하여 나는 대단히 만족하게 생각합니다.

우리는 미중의 사변들로 훌륭히 장식한 지난해의 귀중한 성과들에 토대 하에 새해 2019년에 북남 관계 발전과 평화 번영, 조국 통일을 위한 투쟁에서 더 큰 전진을 이룩하여야 합니다.

온 민족이 역사적인 북남 선언들을 철저히 이행하여 조선반도의 평화와 번영, 통일의 전성기를 열어나가자. 이 구호를 높이 들고 나가야 합니다.

북남 사이 군사적 적대관계를 근원적으로 청산하고 조선반도를 항구적이며 공고한 평화지대로 만들려는 것은 우리의 확고부동한 의지입니다.

북과 남은 이미 합의한 대로 대치 지역에서의 군사적 적대관계 해소를 지상과 공중, 해상을 비롯한 조선반도 전역으로 이어놓기 위한 실천적 조치들을 적극 취해 나가야 합니다.

북과 남이 평화 번영의 길로 나가기로 확약한 이상 조선반도

정세 긴장의 근원으로 되고 있는 외세와의 합동 군사연습을 더 이상 허용하지 말아야 하며 외부로부터의 전략자산을 비롯한 전쟁장비 반입도 완전히 중지되어야 한다는 것이 우리의 주장입니다.

정전협정 당사자들과의 긴밀한 연계 밑에 조선반도의 현 정전체계를 평화체계로 전환하기 위한 다자 협상도 적극 추진하여 항구적인 평화 보장 토대를 실질적으로 마련해야 합니다.

온 겨레는 조선반도 평화의 주인은 우리 민족이라는 자긍을 안고 일치단결하여 이 땅에서 평화를 파괴하고 군사적 긴장을 부추기는 일체의 행위들을 저지 파탄시키기 위한 투쟁을 힘차게 벌여 나가야 할 것입니다.

북남 사이의 협력과 교류를 전면적으로 확대 발전시켜 민족적 화해와 단합을 공고히 하고 온 겨레가 북남 관계 개선의 덕을 실제로 볼 수 있게 하여야 합니다.

당면하여 우리는 개성공업지구에 진출하였던 남측 기업인들의 어려운 사정과 민족의 명산을 찾아보고 싶어 하는 남녘 동포들의 소망을 헤아려 아무런 전제조건이나 대가 없이 개성공업지구와 금강산 관광을 재개할 용의가 있습니다.

북과 남이 굳게 손잡고 겨레의 단합된 힘에 의한다면 외부의 온갖 제재와 압박도 그 어떤 도전과 시련을 민족 번영의 활로를 열어나가려는 우리의 앞길을 가로막을 수 없을 것입니다.

우리는 북남 관계를 저들의 구미와 이익에 복종시키려 하면서 우리 민족의 화해와 단합, 통일의 앞길을 가로막는 외부 세력의 간섭과 개입을 절대로 허용하지 않을 것입니다.

북과 남은 통일에 대한 온 국민의 관심과 열망이 전례없이 높아지고 있는 오늘의 좋은 분위기를 놓치지 말고 전 민족적 합의에 기초한 평화적인 통일방안을 적극 모색해야 하며 그 실현을 위해 진지한 로력을 기울여나가야 할 것입니다.

북과 남, 해외 온 겨레는 용기백배하여 북남 선언을 관철하기 위한 거족적 진전을 더욱 가속화함으로써 올해를 북남 관계 발전과 조국 통일 수호를 위한 또 하나의 획기적인 전환을 가져오는 역사적인 해로 빛내어야 합니다.

동지들!

지난해 우리 당과 공화국 정부는 세계의 평화와 안전을 수호하고 여러 나라들과의 친선을 확대 강화하기 위하여 책임적인 로력을 기울였습니다.

3차례에 걸치는 우리 중화인민공화국 방문과 쿠바 공화국 대표단의 우리나라 방문은 사회주의 국가들의 전략적인 의사소통과 전통적인 친선 협조 방식을 하는 데 있어서 특기할 사변으로 되었습니다.

지난해 우리나라들과 세계 여러 나라들 사이 당 국가 교류가 활발히 되어 깊어지고 국제사회의 건전한 발전을 추동하려는 입장과 의지가 확인되었습니다.

역사적인 첫 조미 수뇌 상봉과 회담은 가장 적대적이던 조미 관계를 극적으로 전환시키고 조선반도와 지역의 평화와 안전을 보장하는 데 크게 기여하였습니다.

6·12 조미 공동선언에서 천명한 대로 새 세기 요구에 맞는 두 나라의 요구를 수립하고 조선반도의 항구적이며 공고한 평화체제를 구축하고 완전한 비핵화로 나가려는 것은 우리 당과 공화국 정부의 불변한 입장이며 나의 확고한 의지입니다.

이로부터 우리는 이미 더 이상 핵무기를 만들지도 시험하지도 않으며 사용하지도 전파하지도 않을 것이라는 데 대하여 내외에 선포하고 여러 가지 실천적 조치들을 취해 왔습니다.

우리의 주동적이며 선제적인 로력에 미국이 신뢰성 있는 조치를 취하며 상응하는 실천 행동으로 화답에 나선다면 두 나라 관계는 보다 더 확실하고 획기적인 조치들을 취해 나가는 과정을 통해서 훌륭하고도 빠른 속도로 전진하게 될 것입니다.

우리는 조미 두 나라 사이 불미스러운 과거사를 계속 고집하며 떠안고 갈 의사가 없으며 하루빨리 과거를 매듭짓고 두 나라 인민들의 지향과 시대 발전의 요구에 맞게 새로운 관계 수립을 향해 나아갈 용의가 있습니다.

지난해 급속히 진전된 북남관계 현실이 보여주듯이 일단 하자고 결심만 하면 못해낼 일이 없으며 대화 상대방이 서로의 고질적인 주장에서 대범하게 벗어나 호상 인정하고 존중하는 원칙에서 공정한 제안을 내놓고 올바른 협상 자세와 문제 해결 의지를 가지고 임한다면 반드시 서로에게 유익한 정착점에 가 닿게 될 것입니다.

나는 미국과의 관계에서도 올해 북남 관계가 대전환을 맞은 것처럼 쌍방의 로력에 의하여 앞으로 좋은 결과가 꼭 만들어질 것이라고 믿습니다.

나는 지난 6월 미국 대통령과 만나 유익한 회담을 하면서 건설적인 의견을 나누었으며 서로가 안고 있는 우려와 뒤엉킨 문제 해결의 방도에 대하여 인식을 같이 했다고 생각합니다.

나는 앞으로도 언제든 또다시 미국 대통령과 마주앉을 준비가 되어 있으며 반드시 국제사회가 환영하는 결과를 만들기 위해 로력할 것입니다.

다만 미국이 세계 앞에서 한 자기의 약속을 지키지 않고 우리 인민의 인내심을 오판하면서 일방적으로 그 모습을 강요하려 들고 의연히 공화국에 대한 제재와 압박으로 나간다면 우리로서도 어쩔 수 없이 부득불 나라의 자주권과 국가의 최고 이익을 수호하고 조선반도의 평화와 안정을 이룩하기 위한 새로운 길을 모색하지 않을 수 없게 될 수도 있습니다.

조선반도와 지역의 정세 안정은 결코 쉽게 마련된 것이 아니며 진정으로 평화를 바라는 나라라면 현 국면을 소중히 여겨야 할 공동의 책임을 지고 있습니다.

주변 나라들과 국제사회는 조선반도의 긍정적인 정세 발전을 추동하려는 우리의 성의 있는 입장과 로력을 지지하며 평화를 파괴하고 정의에 역행하는 온갖 행위와 도전들을 반대하여 투쟁하여야 할 것입니다.

우리 당과 공화국 정부는 자주, 평화, 친선의 이념에 따라 사회주의 나라들과의 단결과 협조를 계속 강화하며 우리를 우호적으로 대하는 모든 나라들과의 관계를 발전시켜나갈 것입니다.

동지들!

우리는 내 나라, 내 조국을 위해 후대들의 더 밝은 웃음을 위해 결사분투할 각오를 다시금 가다듬으며 새해 여정을 시작하게 됩니다.

가혹한 경제 봉쇄와 제재 속에서도 자기 힘을 믿고 자기 손으로 앞길을 개척하면서 비약적인 발전을 이룩한 지난 한 해를 긍지 높이 총화하면서 다이시 한 번 재삼 확신하게 되는 것은 미국과는 그 어떤 외부적인 지원이나 그 누구의 도움 없이도 얼마든지 능히 우리 인민의 억센 힘과 로력으로 우리식 사회주의 발전의 길을 따라 힘차게 전진해 나갈 수 있다는 진리입니다.

올해에도 우리 전진 과정은 부단한 장애와 도전에 부닥칠 것이나 그 누구도 우리의 결실과 의지, 힘찬 진군을 돌려세우지 못할 것이며 우리 인민은 반드시 자기의 아름다운 이상과 목표를 빛나게 실현할 것입니다.

모두 다 참다운 인민의 나라, 사회주의 인민의 부강 발전과 한마음 한뜻으로 힘차게 일해 나갑시다.

『Voice of America』, 『노컷뉴스』, 『뉴시스』, 『동아일보』, 『로동신문』,
　　『민주조선』, 『아시아경제』, 『연합뉴스』, 『자유아시아방송』, 『자주
　　민보』, 『조선신보』, 『조선중앙TV』, 『조선중앙통신』, 『청년전위』,
　　『통일뉴스』.

강운빈, 『위대한 주체사상총서 6: 인간개조리론』, 평양: 사회과학출판
　　사, 1985.

과학백과사전출판사 편, 『조선전사』 29, 평양: 과학백과사전출판사,
　　1991.

국회입법조사처 편, 「북한 주민의 영양섭취 현황과 시사점」, 『지표로
　　보는 이슈』, 2016년 3월 25일.

근로자사 편, 「숨은 영웅들의 모범을 따라배우는 운동은 새로운 형태의
　　공산주의적대중운동」, 『근로자』 1(통권 453호), 근로자사, 1980.

길태근, 「북한의 사회적 불평등 재생산구조에 대한 이론적 모델 구성」,

『계간 북한연구』 여름호, 1994.

김강혁, 「음악과 정치」, 『조선예술』 제3호, 평양: 문학예술출판사, 1998.

김관호 외, 『통일농업 마스터 플랜 수립을 위한 기초연구』, 한국농어촌
　　공사 농어촌연구원, 2016.

김근식, 「김정은 시대의 '김일성－김정일주의': 주체사상과 선군사상의
　　추상화」, 『한국과 국제정치』 84호, 경남대극동문제연구소, 2014.

김민·한봉서, 『위대한 주체사상 총서9: 령도체계』, 평양: 사회과학출판
　　사, 1985.

김병로, 『북한사회의 종교성: 주체사상과 기독교의 종교양식 비교』,
　　통일연구원, 2000.

김병로, 『주체사상의 내면화 실태』, 민족통일연구원, 1994.

김수민, 「2009년 북한 개정헌법의 정치적 함의」, 『평화학연구』 10권
　　4호, 2009.

김수민, 「북한의 후계 체제: 형성과 전망」, 『평화학연구』 11권 4호,
　　2010.

김연철 외, 『북한 어디로 가는가』. 플래닛미디어, 2009.

김유민, 『후계자론』, 출판지 불명: 신문화사, 1984.

김일남 외, 『조선농업사』 4, 평양: 농업출판사, 1991.

김일성, 「군중단체의 지도사업에 관하여」, 『조선노동당대회 자료집』
　　1, 국토통일원, 1979~1980.

김정웅, 『종자와 작품창작』, 사회과학출판사, 1987.

김정은, 『김정일애국주의를 구현하여 부강조국건설을 다그치자』, 평
　　양: 조선로동당출판사, 2013.

김정은, 『우리의 사회과학은 온사회의 김일성-김정일주의화 위업수행에 적극 이바지하여야 한다』, 평양: 조선로동당출판사, 2012.

김정일, 「과학기술을 발전시키기 위한 몇가지 문제에 대하여」, 『김정일선집』 9권, 평양: 조선로동당출판사, 1998.

김정일, 「경제사업을 개선하는데 나서는 몇가지 문제에 대하여」, 『김정일 선집』 14권, 평양: 조선로동당출판사, 2000.

김정일, 「사회주의는 과학이다」, 『김정일 선집』 13, 평양: 조선로동당출판사, 1998.

김정일, 「전당과 온 사회에 유일사상체계를 더욱 튼튼히 세우자」, 『김정일 주체혁명 위업의 완성을 위하여』 3, 평양: 조선로동당출판사, 1987.

김정일, 「주체사상교양에서 제기되는 몇 가지 문제에 대하여」, 『김정일선집』 8, 평양: 조선로동당출판사, 1998.

김정일, 「영화예술을 발전시키는데서 나서는 몇가지 문제에 대하여」, 『김정일선집』 6권, 평양: 조선로동당출판사, 1995.

김정일, 『김정일선집』 2권, 평양: 조선로동당출판사, 1993.

김정일, 『영화예술론』, 평양: 조선로동당출판사, 1973.

김정일, 『음악 예술론』, 평양: 조선로동당출판사, 1992.

김창성, 『영광스러운 당중앙의 현명한 령도밑에 진행되는 3대혁명붉은기쟁취운동』, 과학백과사전출판사, 1983.

김창익, 「숨은 영웅들의 모범을 따라배우는 운동은 사회주의건설을 다그치는 위력한 기술개조운동」, 『근로자』 2(통권 454호), 근로자사, 1980.

노귀남, 「가정생활: 소설 속의 모습을 중심으로」, 『북한의 사회문화』, 한울아카데미, 2006.

량설, 「작품의 내용을 직관적으로 전달한 깊이있는 음악형상」, 『조선예술』 10호, 평양: 문학예술출판사, 2007.

리숙경, 「들꽃소녀」, 『조선예술』 12호, 문학예술출판사, 2012.

리영호, 「전당과 사회의 김일성−김정일주의화 위업 실현에서 이룩하신 불멸의 업적」, 『천리마』 1호, 평양: 천리마사, 2014.

문예출판사 편, 「령도적단위의 영예를 빛내이는 길에서: 3중3대혁명붉은기 사리원시 미곡협동농장에서」, 『천리마』 5호, 2015.

문예출판사 편, 「당정책을 더욱 민감하게 반영하자」, 『조선문학』 9호, 문예출판사, 1977.

문예출판사 편, 「위대한 수령님께서 제시하신 웅대한 강령을 높이 받들고 혁명적문학작품창작에서 새로운 양양을 일으키자」, 『조선문학』 11호, 문예출판사, 1980.

문학예술출판사 편, 「쌀은 곧 사회주의이며 쌀은 곧 공산주의이다」, 『조선녀성』 1호, 평양: 문학예술출판사, 2006.

민병남, 「영화예술은 대중교양의 위력한 수단」, 『조선영화』 3호, 문학예술종합출판사, 1993.

박근효, 「선군시대 소설문학에서 인민군군인들이 지닌 열렬한 조국애에 대한 예술적형상화」, 『사회과학원학보』 1호, 사회과학출판사, 2013.

박헌옥, 「위대한 당의 령도따라 새해 총진군을 다그치자」, 『월간 북한』 314호, 북한연구소, 1998.

배성인, 「1990년대 북한의 지배담론의 변화」, 『북한연구』 3편, 2000.

백과사전출판사 편, 『조선대백과사전』 13권, 평양: 백과사전출판사, 1998.

백과사전출판사 편, 『조선대백과사전』 19권, 평양: 백과사전출판사, 2000.

백재욱, 「숨은 영웅들의 모범을 따라배우는 운동은 우리 혁명의 새로운 단계에서 발생한 공산주의적대중운동」, 『근로자』 2(통권 454호), 근로자사, 1980.

백철, 「주체의 사회주의정치제도는 수령, 당, 대중의 일심 단결에 토대한 공고한 정치제도」, 『주체의 사회주의 정치제도』, 평양: 평양출판사, 1992.

백철송, 「일군들이 틀어쥐고나갈 중요한 문제」, 『천리마』 4호(특간호), 천리마사, 2013.

백학순, 『북한 권력의 역사: 사상·정체성·구조』, 한울, 2010.

부경생 외, 『북한의 농업: 실상과 발전방향』, 서울대학교출판부, 2001.

사회과학출판사 편, 『문학예술사전』, 사회과학출판사, 1972.

송홍근, 「북한 공작원 리호남 15년 스파이 행각」, 『신동아』 통권 612호, 동아일보사, 2010.

심영택, 「작은것과 큰 것」, 『조선예술』 8호, 문학예술출판사, 2012.

안찬일, 『주체사상의 종언』, 을유문화사, 1997.

양문수, 「최근의 북한경제 해석과 평가를 둘러싼 몇 가지 논쟁」, 『KDI 북한경제 리뷰』 18권 12호, 2006.12.

역사문제연구소 편, 「북한의 유일체제와 주체사상의 기능」, 『한국정치의 지배이데올로기와 대항이데올로기』, 역사비평사, 1994.

오성호, 「주체시대의 북한시 연구: 숨은영웅의 형상과 그 의미」, 『현대문학의연구』 36권, 2008.

오천일, 「김일성-김정일주의는 주체시대를 대표하는 위대한 혁명사상」, 『철학연구』 4호, 평양: 과학백과사전출판사, 2012.

원대성, 「유훈의 뜻을 받드는 마음: 조선인민군4.25영화예술촬영소를 찾아서」, 『조선영화』 7호, 문학예술종합출판사, 1996.

원일진, 「절세위인의 불멸의 업적을 칭송한 노래: 가요 〈조선의 힘〉에 대하여」, 『조선예술』 3호, 평양: 문학예술출판사, 2012.

윤황, 「이명박 정부의 대북정책에 대한 북한의 반응: 실태와 배경」, 『평화학연구』 10권 1호, 2009.

이석, 「총론: 2014년 북한경제 평가와 2015년 전망」, 『KDI북한경제리뷰』 1월, 2015.

이수원, 「북한 음악을 통해 본 경제발전전략」, 『북한학보』 제36집 1호, 북한연구소, 2011.

이수원, 「북한 주체사상학습체계의 종교성 연구: 기독교 종교 활동과의 비교를 중심으로」, 『통일문제연구』 제23권1호, 평화문제연구소, 2011.

이유진, 「최근 북한의 수산업 동향과 정책방향 연구」, 『산은조사월보』, 2015.

이종석, 『조선로동당연구: 지도사상과 구조 변화를 중심으로』, 역사비평사, 2003.

이태섭, 「1990년대 북한의 경제위기와 군사체제로의 전환에 관한 연구」,

『통일부 신진학자 연구논문 모음집』 3, 통일부, 2001, 231~250쪽.

임을출, 「김정은 시대의 경제특구 정책: 특징, 평가 및 전망」, 『동북아경제연구』 27권 3호, 2015.

장현일, 「〈들꽃〉의 아름다움을 돋구어낸 탐구적인 화면형상」, 『조선예술』 3호, 문학예술출판사, 2013.

전미영, 「북한의 대중 설득정책과 김일성 담화의 언어 전략」, 『현대북한연구』 3권 1호, 2000.

전영선, 「김정일 시대 통치스타일로서 '음악정치'」, 『현대북한연구』 10권 1호, 2007.

전영선, 「문학예술 창작이론으로서 종자론」, 『북한의 문학과 문예이론』, 동국대학교출판부, 2003.

朝鮮新報社, 『祖國』 1호, 東京: 朝鮮新報社, 2006.

조선중앙통신사 편, 『조선중앙년감 1995』, 조선중앙통신사, 1996.

조웅철, 「김정일애국주의를 구현하는것은 선군시대 문학예술의 중요한 과업」, 『사회과학원학보』 4호, 사회과학원출판사, 2013.

최원철, 「김정일애국주의의 본질」, 『사회과학원학보』 3호, 사회과학출판사, 2012.

최진욱·전현준·정영태, 『북한의 대남비방 공세의 의도와 전망』, 통일연구원, 2009.

탁진·김강일·박홍제, 『김정일 지도자』(2부), 동경: 동방사, 1984.

통계청 편, 『2016 북한의 주요통계지료』, 통계청, 2016.

통계청, 『남북한 경제사회상 비교 2007』, 통계청, 2007.

통계청, 『북한의 주요통계지표 2011』, 통계청, 2011.

통계청, 『통계청 정책연구용역: 통계로 보는 남북한 변화상 연구』, 통계청, 2011.

통일부, 『주간동향』 제473호, 통일부, 2000.

통일연구원 현안연구팀, 『진부한 북한의 대남비방 선전공세의 배경』, 통일연구원, 2012.

한송남, 『연출가의 영화적 재구성』, 문학예술출판사, 2008.

한승호, 「〈광명성3호〉 발사 이후 북한의 전략」, 『평화학연구』 13권 4호, 2012, 113~127쪽.

한승호, 「북한 사회주의 정치체제와 통치담론의 지속성」, 『통일과법률』 제7호, 법무부, 2011.

한승호, 「북한 은하수관현악단의 2010년 〈설명절 음악회〉 공연 연구」, 『북한학연구』 6권 1호, 2010.

한승호, 「북한의 통치담론 작동 메커니즘에 관한 연구: 『강성대국건설』 담론을 중심으로」, 동국대학교 박사논문, 2012.

한승호·이수원, 「김정은 시대의 새로운 구호 '김정일애국주의' 의미와 정치적 의도」, 『국방정책연구』 29권 2호, 2013.

현대경제연구원 편, 「북한 농업개혁이 북한 GDP에 미치는 영향」, 『현안과 과제』 14(36), 2014.

현종호, 「종자를 잡은 다음 거기에 세부를 집중시키고 력점을 찍어 풀어나가는 것은 혁명적문학예술작품의 사상예술적 수준을 높이는 기본담보」, 『조선문학』 8호, 문예출판사, 1974.

홍국원, 「우리식 영화창조체계는 주체의 사회주의 영화예술을 발전시켜나가는 위력한 무기」, 『조선영화』 7호, 문학예술종합출판사, 1994.

KOTRA, 『2006 북한의 대외무역동행』, KOTRA, 2007.

KOTRA, 『2010 북한의 대외무역동향』, KOTRA, 2011.

KOTRA 홈페이지(http://www.globalwindow.org/).

한국은행 홈페이지(http://www.bok.or.kr/).

발표지면

김정은 시대의 북한 정치사상

　김정은 시대의 새로운 구호 '김정일애국주의' 의미와 정치적 의도,
『국방정책연구』 제29권 제2호, 2013, 113~138쪽.

김정은 시대의 경제: 농축수산업

　북한 신년사(2013~2017)를 통해 본 김정은 시대의 농축수산업 분석,
『평화학연구』 제18권 제1호, 2017, 109~130쪽.

김정은 시대의 문학예술: 조선예술영화

　김정은 시대의 북한 '조선예술영화' 분석: 조선예술영화 〈들꽃소녀〉를
중심으로, 『통일인문학통일인문학』 제59집, 2014.09, 343~372쪽.

김정은 시대의 문학예술: 음악

　2013년 모란봉악단 신년음악회의 의미와 정치적 의도, 『평화학연구』

제14권 제4호, 2013, 247~264쪽.

김정은 시대의 북한 대남전략

김정은 시대의 대남비방 분석, 『북한학보』 제37권 제2호, 2012, 117~
146쪽.